KB266948

100 WAYS
AMERICA IS
SCREWING UP
THE WORLD

미국이 세계를 망친 100가지 방법

MIT 대 교수가 독한 마음 먹고 쓴 자기비판서

존 터먼 지음 | 이종인 옮김

재인

미국이 세계를 망친 100가지 방법

초판 1쇄 펴낸 날 2008년 5월 16일 **지은이** 존 터먼 **옮긴이** 이종인 **펴낸이** 박설림
펴낸곳 도서출판 재인 **디자인** 오필민
등록 2003. 7. 2 제300-2003-119 **주소** 서울시 강남구 도곡동 467-6 대림아크로텔 1812호
전화 02-571-6858 **팩스** 02-571-6857

ISBN 978-89-90982-26-1 03300 Copyright ⓒ 재인, 2008 Printed in Korea.

책값은 뒤표지에 있습니다. 잘못된 책은 바꿔 드립니다.

차례

환경과 경제

지식과 문화

보수·우익과 기독교 근본주의

패권주의와 외교 정책

미국이 사랑한 독재자들

미국이 일으킨 여섯 번의 추악한 전쟁

마지막 10가지 골칫거리

우리 미국은 오랫동안 자기만족에 푹 빠져 있었다. 이런 상태는 아주 일찍이 시작되었다.

1630년, 매사추세츠 주 베이 콜로니(Bay Colony)의 첫 번째 총독으로 부임한 존 윈스롭은 이렇게 말했다.

"우리는 모든 사람들이 우러러보는 '언덕 위의 도시(청교도들이 신대륙으로 건너갈 때 품었던 이상적 세계관을 상징하는 표현 · 옮긴이)'가 될 것입니다."

이 말에 담긴 오만함이 행동으로 나타나는 데에는 그리 오래 걸리지 않았다. 그로부터 6년 뒤, 베이 콜로니의 병사들은 피쿼트 족 인디언 마을을 불태우기 시작했다. 당시의 한 목격자는 그 광경을 다음과 같이 묘사했다.

가까스로 화재를 피한 사람들은 칼에 찔려 죽었다. 어떤 사람들은 난자당했고, 어떤 사람들은 창에 찔렸다. 그들은 순식간에 죽어 갔고 도망친 사람은 극히 드물었다. 이때 적어도 4백 명은 죽었을 것이라고 생각한다. 사람들이 불에 타고, 흐르는 피에 그 불이 꺼지는 광경은 실로 끔찍했지만, 그런 희생을 치르고 얻은 승리는 달콤한 것이었다. 나는 신에게 기도했다. 신은 우리 편에 서서 멋지게 싸웠으며, 우리에게는 빠른 승리와 영광을, 적에게는 모욕을 주었다.

'신이 우리 편에 서서(밥 딜런이 즐겨 사용하는 표현이다)' 함께 싸운다는 생각은 미국의 역사를 관통하고 있다. 1846년의 멕시코 전쟁 직전, 미국의 한 언론은 이렇게 선언했다.

"텍사스를 합병하는 것은 해마다 늘어나는 수백만 명의 국민을 자유롭게 발전시키기 위해 신으로부터 부여받은 대륙 확장이라는 명백한 사명을 실현하는 것이다."

1898년, 윌리엄 매킨리 대통령은 백악관을 방문한 일단의 목사들 앞에서 무릎을 꿇고 신에게 기도한 뒤, 자신은 필리핀을 인수하기로 결정했으며, 필리핀 사람들을 문명화하고 기독교화하는 것이 미국의 의무라는 신의 응답도 이미 들었노라고 말했다. 그리고 이들의 문명화 사명 때문에 적어도 50만 명의 필리핀 사람들이 죽었다.

이런 엄연한 현실에도 자화자찬의 미사여구는 전혀 수그러들지 않았다. 필리핀에서 학살을 자행하던 당시, 미국의 전쟁 장관 엘리후 루트(Elihu Root)는 이렇게 말했다.

"미국 병사들은 이 세상 그 어떤 나라의 병사들과도 다릅니다. 그들은 자유와 정의, 법과 질서, 평화와 행복을 지키는 전위대입니다."

역사적 사실을 왜곡하면 자화자찬이 한결 수월해진다. 조지 W. 부시 대통령은 필리핀 전쟁이 끝난 지 1백 년 뒤, 필리핀 국회에 초대되어 이렇게 연설했다.

"미국은 필리핀 사람들의 위대한 승리에 기여했다는 사실을 자랑스럽게 생각합니다. 우리 병사들은 힘을 합해 필리핀 사람들을 식민 통치에서 해방시켰습니다."

우드로 윌슨(노벨 평화상을 수상한 미국의 28대 대통령 · 옮긴이)은 대부분의 역사책과 국제 관계 관련 서적에서 이상주의의 대변자로 묘사되지만, 그의 실제 행동을 생각해 볼 때 그러한 묘사가 과연 타당한지는 의문이다. 가령 1914년 멕시코의 베라크루스를 폭격한 것, 1915년 수많은 저항자들을 학살하면서 아이티를 군사적으로 점령한 일, 1916년의 도미니카 공화국 점령, 제1차 세계 대전 당시 살육의 현장 유럽으로 미군을 파견한 일 등이 모두 윌슨의 소행이다. 그리고 그의 이런 행동들은 '정의'라는 이름으로 포장되었다. 1914년 멕시코를 무참히 공격한 지 불과 몇 달 뒤, 윌슨은 해군 사관학교 졸업생들 앞에서 이렇게 연설했다.

"미국은 해군과 육군을…… 침략의 도구가 아니라 문명화의 도구로 사용해 왔다. ……미국의 이상은 인류에 봉사하는 것이며, 성조기가 바람에 나부낄 때마다 여러분은 다른 국가들이 종종 망각하는 사명을 가슴 깊이 새겨야 한다. 그 사명이란 '정복' 하는 것이 아니라 '봉사' 하는 것이다."

제2차 세계 대전의 승리는 자신들의 힘을 세계에 행사해도 좋다는 미국의 생각에 힘을 실어 주었다. 『타임』·『라이프』·『포천』 지의 소유주인 헨리 루스의 말처럼 미국은 이제 "우리가 옳다고 생각하는 목적을 위해, 적절하다고 생각하는 수단을 사용해서 세계에 충분히 영향력을 행사할 권리"가 있었다. 루스는 20세기가 "미국의 세기가 될 것"이라고 선언했다.

실제로 미국은 20세기 후반을 통해 이러한 호언을 실현하기 시작했다. 미국 기업들은 전 세계에 진출했다. 미국의 군대는 베트남에서 10년 동안 전쟁을 치렀고 파나마, 그레나다, 이라크 등지에서 단기전을 펼쳤다. 미국은 비밀공작을 통해 이란과 과테말라, 칠레 등의 민주적으로 선출된 정부를 전복시켰다. 뿐만 아니라 이란과 필리핀, 인도네시아, 카리브 해 연안 등의 군사 독재 정권을 후원했다.

피델 카스트로의 쿠바 정부를 전복시키려다 실패했고, 베트남에서는 마지못해 철수했지만, 미국은 여전히 세계적으로 수백 곳의 군사 기지를 보유하고 있다. 자신들의 침략 행위를 '테러리즘 억제'와 '민주주의 선양'이라는 미사여구로 은폐하면서 원유가 풍부한 중동에 더 많은 군사 기지를 세워 원유 확보에 열을 올리고 있다.

1991년, 소련의 붕괴로 경쟁 상대인 군사 강대국이 사라지자, 아버지 부시는 그해의 연두 교서에서 "새로운 세계 질서"가 등장할 것이라고 말했다. 그는 자신의 역사관을 이렇게 피력했다.

"미국은 지난 2백 년 동안 세계에 봉사함으로써 자유와 민주주의의 감동적인 사례로 기록되었습니다."

민주당 대통령들 또한 미국이 세계에 기여한 것에 대해 터무니없이 칭송했고, 자국의 미덕을 다른 국가에 전파하는 것이 미국의 임무라는 확신에 차 있었다. 빌 클린턴은 1993년 봄 웨스트포인트 졸업식에서 이렇게 연설했다.

"여러분이 이곳에서 배운 가치들은…… 미국은 물론 '전 세계'로 퍼져 나갈 것입니다."

이러한 생각은 조지 W. 부시의 2005년 1월 취임 연설에서 또다시 나타났다. 그는 전 세계에 자유를 퍼뜨리는 것이 "우리 시대의 요구"라고 말했다. 『뉴욕 타임스』는 그의 연설이 "이상주의적이라는 점에서 매우 인상적"이라고 평했다. 부시의 이런 연설이 있기 바로 전날, 『타임스』에는 피로 뒤범벅된 채 웅크리고 앉아 울부짖는 이라크 소녀의 사진이 실렸다. 소녀의 가족이 탄 차가 미군의 검문에 불응하여 멈추지 않고 달렸다는 이유로 미군이 그들에게 발포해 소녀의 부모가 목숨을 잃은 직후였다.

정치 지도자들이 조국을 칭송하는 것은 놀라운 일이 아니다. 정치 활동에는 으레 자화자찬이 따르기 마련이다. 하지만 미국이 특별히 고

결한 나라라는 생각은 정치 지도자들뿐 아니라 미국의 지식인들에 의해서도 빈번히 표현되어 왔다. 그들은 미국이 여타 국가들에 지배력을 행사하는 '제국주의 국가'라는 점을 인정하면서도 이것이 과거의 대영 제국이나 프랑스, 네덜란드, 독일 등의 제국주의와는 형태와 성격이 다르다고 생각한다.

정치 평론가 찰스 크로트해머(Charles Krauthammer)는 자신의 글에서 "우리는 제국주의 국가들 중 유일하게 자비를 많이 베푸는 국가이다."라고 말한 바 있다. 또한 하버드 케네디 스쿨의 마이클 이그나티예프(Michael Ignatieff) 교수는 "21세기는 새로운 발명품이다. ⋯⋯전 세계의 주도권을 장악하는 데에는 자유 시장과 인권, 민주주의가 필수적이다."라고 말하기도 했다. 이런 말들은 심지어 미국이 이라크에서 전쟁을 벌이는 와중에도 튀어나왔다. 3년이 지난 시점에서 약 3만 명에서 10만 명에 이르는 이라크 인이 목숨을 잃었다.

아주 오래전, 존 윈스롭이 선언한 '언덕 위의 도시'에서는 "모든 사람들이 우리를 우러러보았다". 하지만 기술과 과학의 발전, 대다수 국민의 높은 생활수준, 상대적인 표현의 자유 등, 이 나라가 이룩한 명백한 업적에도 미국에 대한 선망의 눈길은 갈수록 줄어든다.

미국을 깡패 국가라고 인식하는 사람들이 전 세계적으로 점차 많아지고 있다. 그럼에도 미국 정부는, 2002년 국가 안보 전략에도 명시했듯, "미국의 지배에 잠재적인 위협이 되는 것을 제거하기 위해 무력을 사용할 수 있는 일방적인 권리를 가지며, 필요하다면 선제공격을 할 수도 있다."고 주장하면서 갈수록 국제 협약을 무시한다.

실제로 미국은 2003년 3월, 유엔의 승인 없이 이라크를 침공함으로써 이 말을 입증했다. 유엔 헌장은 자국을 방어할 목적으로만 무력을 사용할 수 있도록 했는데, 미국은 이 헌장을 위반한 것이다. 그뿐만 아니다. 미국은 또다시 국제 사회와 거리를 둔 채, 1백여 개 국가가 동의한 지뢰 금지 조약에 서명하길 거부했다. 국제 사법 재판소와의 협력도 거부했으며, 클린턴 행정부 시절이던 1995년에는 1백45개국이 채택한 '생물 무기 금지 협약 검증 의정서' 채택을 거부했다.

또한 미국은 선진 산업국 중에서는 유일하게 교토 의정서에 서명하지 않았다. 권위 있는 잡지 『사이언스』의 편집자 도널드 케네디가 지적했듯이, 미국은 오만하게도 "지구 온난화 방지를 위한 다각적 협약을 무시"한 것이다. 미국은 우주 중립에 관한 국제 조약을 위반하면서 우주에 무기를 배치하는 전략적 마스터플랜을 수립하기도 했다.

2005년, 미 국무부는 인권 침해에 관한 연례 보고서를 통해 인권 침해 국가의 이름을 거론했다. 당시 국무부 대변인은 이렇게 말했다.

"인권을 증진하는 것은…… 우리 정책의 기반이자 최우선 관심사입니다."

그러자 전 세계로부터 이에 대한 분노의 반응이 쏟아졌다. 미국이 '혐의자'를 고문한다는 분명한 증거가 있음에도 인권 침해국의 명단에서 빠졌다는 것이었다. 한 터키 신문은 이렇게 논평했다.

"관타나모 포로수용소는 물론이고, 아부그라이브 감옥의 인권 침해 사건조차 언급하지 않았다."

오스트레일리아 시드니의 한 신문은, 미국이 혐의자들—재판에 회부되지 않았거나 어떤 혐의 사실도 입증되지 않은 사람들—을 모로코나 이집트, 리비아, 우즈베키스탄 등, 미 국무부 스스로 "고문을 사용한다"고 말한 바 있는 국가의 감옥으로 보낸다고 지적했다.

존 터먼의 책에서 나타난 미국에 대한 강력한 비판은 이 나라가 특별히 도덕적인 나라라는 이념 속에 성장한 독자들(터먼이나 나 자신도 마찬가지이다)에게 아주 혼란스러울지 모른다. 학교에 입학하자마자 우리는 "모든 이에게 자유와 정의를 약속"하는 국기와 국가에 대해 충성을 맹세했다. 그리고 미국 국가를 부르면서 이곳이 "자유의 땅, 용감한 자들의 고향"이라고 찬양했다. 하지만 그런 가사가 미국에 수백만 명의 노예가 살던 시절에 지어진 것임은 생각조차 못 했다.

일부 독자들은 노예 제도와 인종주의, 경제 불평등, 인디언 학살, 패권 전쟁 등을 지적하는 것이 비애국적인 행위라고 생각할지 모른다. 그럼에도 나는 존 터먼의 책을 환영한다. 우리가 너무 오랫동안 미국의 선행(사실 터먼이 말한 대로, 선한 행동이 영 없는 것은 아니다)만 칭송하고, 미국이 오랜 역사를 통해 인권을 침해한 사실은 무시해 왔다고 생각하기 때문이다. 나는 우리가 민족주의적인 오만에서 벗어나 스스로를 정직하게 바라보는 것이야말로 국가에 진정으로 봉사하는 길이라고 믿는다.

이제 우리는 애국심의 진정한 의미를 좀 더 신중하게 생각해 보아야 한다. 만약 애국심이 정부의 행동을 무비판적으로 지지하는 것이며 정부를 비판하는 것이 자동적으로 비애국적 행위가 된다면, 그런 애국심은 전체주의와 하등 다를 바가 없다. 진정한 민주주의 국가가 되기 위해서는, "정부란 모든 이들의 생명과 자유, 행복 추구에 대한 평등한 권리를 보장할 것을 목적으로 국민들에 의해 인위적으로 설립된 존재이다."라고 표명하고 있는 〈독립 선언서〉의 원칙을 되살려야만 한다.

나아가 〈독립 선언서〉는 이렇게 선언하고 있다.

"그 어떤 형태의 정부라도 이런 목적을 파괴한다면, 국민은 언제든지 그 정부를 바꾸거나 없앨 권리가 있다."

만약 정부를 바꾸거나 없앨 권리가 인정된다면, 그 정부를 비판할 권리도 당연히 인정될 것이다. 민주주의에 대한 이 같은 정의는 '정

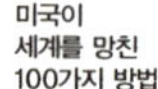

부'와 '국가'를 뚜렷하게 구분할 것을 요구한다. 그리고 진정한 애국심이란 '국가'가 견지하는 원칙에 충실한 것이다.

이러한 원칙을 완벽하게 이해한 애국적인 미국인들은 언제나 있었다. 그들은 이 나라가 특별히 칭송받을 가치가 있다고 생각하지 않으며, 미국이 다른 국가의 희생을 담보로 국력을 확대할 권한을 부여받지는 않았다고 주장한다. 그들은 또한 오만한 민족주의의 유혹에 빠지지 않는다.

노예 출신인 프레더릭 더글러스는 1852년 독립 기념일 연설에서 뉴욕 로체스터의 백인 청중을 향해 이런 질문을 던졌다.

"여러분의 7월 4일이 미국의 노예들에게는 어떤 의미일까요? 나는 이렇게 대답하겠습니다. 일 년 중의 다른 어떤 날보다도 7월 4일은 엄청난 불공평과 잔인성을 일깨우는 날이라고. 여러분의 기념일이 저들에게는 하나의 속임수일 뿐입니다. 여러분이 자랑하는 자유는 부정한 면허장이며, 국가의 위대함은 과장된 자만심……, 자유와 평등의 외침은 공허한 비웃음입니다. ……지금 이 시간, 지구 상에서 미국인보다 더 폭력적이고 피에 물든 관습을 지닌 민족은 없을 겁니다."

더글러스의 동료이자 역시 노예 제도 폐지론자인 윌리엄 로이드 개리슨 또한 국가에 무조건 충성해야 한다는 사상을 거부했다. 그는 이렇게 말했다.

"나의 국가는 세계이다. 나의 동포는 인류이다."

멕시코 전쟁과 그것이 불러온 민족주의 열풍에 화가 난 헨리 데이비드 소로는 또한 이렇게 말했다.

"민족이라니! 민족이 다 무엇이란 말인가? ……그들은 마치 벌레처럼 떼 지어 모여든다."

우리 시대의 소설가 커트 보네거트는 『고양이 요람』에서 '그랜펄룬스(Granfalloons. 어떤 공통의 정체성과 목적을 가진 공동체를 일컫는 신조어. 공통의 목적이라는 것이 신의 설계를 실현하는 것으로 실상은 아무 의미가 없다 · 옮긴이)'라는 추상적 개념을 묘사하고 있는데, 이것은 민족과 시간, 장소를 초월하는 개념이다.

우리는 마틴 루서 킹의 탄생일을 해마다 전국적으로 기념하며, 그를 이 나라의 위대한 선지자 중 한 사람으로 인정한다. 그는 가혹한 말로 미국 정부를 비판하길 서슴지 않았다. 베트남 전쟁이 한창일 당시 그는 "미국 정부는 오늘날 세계에서 가장 큰 폭력을 행사하는 주체이다."라고 말했다.

부당한 권위에 이의를 제기하고, 도전하고, 저항하며, 미국인뿐 아니라 모든 사람이 생명과 자유와 행복 추구의 권리를 가졌다고 주장하는 것은 우리 미국의 명예로운 전통이다. 그리고 존 터먼은 바로 그런 전통과 사상에 입각하여 이 책을 썼다. 이런 책을 쓰고 읽고 출판하는 행위야말로 민주주의를 고양하는 일이다.

미국은 정말로 100여 가지의 방식으로 세계를 망쳐 놓았을까?

미국의 국제적 역할을 이처럼 불손하게 표현하는 것이 너무 냉소적이고 경솔해 보일지는 모르지만, 여기에는 진지하게 생각해 볼 만한 구석이 있다. 지금까지 여러 강대국이 그러했듯, 미국도 헤아릴 수 없이 많은 방식으로 권력을 휘둘러 왔다. 미국 문화와 제품은 점점 전 세계 문화와 소비자의 선택을 지배한다. 미국은 경제적 의제(議題)를 제한함으로써 글로벌 상업 행위를 규제하는 국제기구들에 압력을 행사해 왔다. 그러면서도 미국은 자국이 인류 역사상 단 하나뿐인 자유와 선의의 횃불이라고 자처한다. 자유와 기회의 평등, 정치적 권리, 행복 추구에 관한 미국의 숭고한 이상은 지난 2백여 년 동안 전 세계에 많은 꿈을 주었고, 나는 이 기념비적인 업적에 머리 숙여 경의를 표한다. 그러나 우리가 미국의 업적에 대해 이처럼 잘 아는 이유는 그것이 이 나라의 일상에서 그저 배경 음악처럼 늘 울려 퍼지고 있기 때문이다. 우리는 미국이 세계에서 추진한 여러 가지 일이 왜 실패로 귀결되거나 더 심하게는 재앙에 가까운 결과를 가져왔는지, 그 이유와 과정에 대해 잘 알지 못한다.

나는 여러분들이 이 책을 하나의 무조건적인 비판서로 취급하지 말고 문제 해결을 위한 대안 제시로 봐 주었으면 한다. 미국의 감상적인 자기애가 균형을 잡으려면 때때로 상당한 현실 감각이 필요하다. 또한 미국이 지구 상의 다른 나라와 어떤 식으로 상호 작용을 하는지에 대해 새롭게 살펴볼 필요도 있다. 과학 기술과 이민, 무역 등으로 더 작아지고 서로 연결된 '글로벌화'의 세상에서 우리가 살고 있다는 것은 초등학생도 아는 사실이다. 하지만 우리는 글로벌화라는 것이 강대국, 그중에서도 미국이 주도하는 것이며, 소수 미국인의 이익을 목적으로 한다는 사실에 대해서는 잘 모른다. 글로벌화의 손길은 과연 무엇을 향한 것인가? 승자는 누구이며 패자는 누구일 것인가?

미국은 원체 거대하고, 부유하고, 역동적인 나라이기 때문에 미국인의 행위 중 많은 부분이 전 세계적으로 영향을 미치고, 악의나 고의성이 없더라도 지구 방방곡곡에 매일같이 여파가 미친다.

어쩌면 사족일지도 모르지만 상처 입은 자존심의 비명을 피하기 위해 한 마디 한다면, 세상을 덜 안전하고 덜 공정하며 덜 깨끗한 곳으로 만든 것이 전적으로 미국만의 책임은 아니다. 사실 범인은 한둘이 아니다. 그중에는 대영 제국이나 소비에트 연방, 대부분의 종교 등과 같이 다소 오래된 것들도 있고, 알카에다같이 새로 생겨난 것들도 있다. 하지만 미국은 내가 태어나서 자라고 벌어먹고 사는 나라이며, 또한 소위 권위 있다는 사람들이 걸핏하면 말하는 대로 '세계 유일의 초강대국'이다. 그러니만큼 좀 더 높은 기준이 필요하다고 본다.

이것을 반미 선동이라거나 좌파의 넋두리, 반대파의 무차별 저격이라고 말하는 사람도 있을 것이다. 하지만 조금만 시각을 달리해 '가까운 사람들끼리의 진실된 얘기', 또는 '21세기에 대한 불굴의 사랑 얘기'라고 생각하면 어떨까.

여기서 몇몇 분에게 감사의 말씀을 전하고자 한다. 사려 깊은 지원을 아끼지 않은 존 윌리엄스와 하퍼콜린스 출판사 분들, 서문을 써 주었으며 삶의 본보기가 된 하워드 진, 자료 조사를 도와준 시머스 매키어넌, 아이디어를 준 여러 친구와 동료들, 주말과 새벽마다 글을 쓰기 위해 다락방으로 올라가는 나를 오랫동안 참아 준 나의 가족.

자, 그럼 이제 '100가지 방법'이 과연 어떤 식으로 세계를 망쳐 놓았는지 살펴보기로 하자. 어떤 대목은 흥미롭지만 무척 도발적이다. 또 대부분은 비록 농담처럼 이야기하지만 사실은 무척 심각한 내용이다. 나는 이 책이 대화를 촉발하는 수단이 되기를 바라며, 이 책을 읽은 독자들이 내 웹 사이트, www.johntirman.com에 들어와 생각을 함께 나누기를 희망한다. 내 웹 사이트에는 이 책에서 제기한 문제들을 해결하기 위해 노력하는 기관들에 대한 링크를 비롯해 여러 가지 참고 자료가 준비되어 있다.

무엇보다도 나와 동시대를 살아가는 시민들에게 이 책이 유익하고, 생각을 불러일으키며, 자성의 계기가 될 수 있기를 바란다. 또한 그럼으로써 앞으로 여러 해 동안 열띤 토론과 구체적 실천이 일어나기를 희망한다.

지구 기후 변화 일으키기

---------- 강대국이 세계 여러 지역의 사람들에게 영향을 끼치는 방식에는 다음 네 가지가 있다.

- 직접적으로 영향을 미친다. 예) 전쟁 일으키기.
- 해야 할 행동을 하지 않음으로써 비참한 결과를 초래한다. 예) 인종 대학살 방관.
- 서서히, 그러나 돌이킬 수 없는 영향을 미친다. 예) 문화적 다양성 말살하기.
- 나 몰라라 하거나 완전히 무시한다. 예) 에이즈 확산 초기 10년 동안 미국의 대처 방식.

이와 같은 네 가지 현상이 한꺼번에 나타나는 사건은 아주 드물다. 하지만 지구의 기후 변화에 관한 한 미국은 거의 단독으로 원인을 제공했고, 개선 대책을 방해했으며, 모른 척으로 일관했고, 이 일에 엄청난 책임이 있음을 적극적으로 부인해 왔다.

오늘날, 국제회의 석상에서 지구 온난화 문제처럼 심각한 의제는 없다. 온실 가스를 대기나 바다로 배출하는 것은 지구 환경에 가장 큰 영향을 끼치는 행위로, 헤아릴 수 없는 인간적 고통과 경제적 비용을 초래한다. 이 문제는 예방이 가능하고 피해를 상당히 줄일 수도 있지만 미국은 지금까지 이에 대해 무시하는 태도로 일관해 왔다. 그 이유를 파고들다 보면, 미국이 오늘날 국제 사회에서 어떤 식으로 행동하고 있는지를 잘 알 수 있다.

우선, 기후 변화와 관련한 몇 가지 사실을 살펴보자.

대기 온도 상승을 포함한 지구의 기후 변화는 인간이 만든 공장과 자동차, 과학 기술 등이 내뿜은 이산화탄소에 기인한다. 지구가 더워지면 고산과 극지의 만년설이 녹아 해수면이 상승한다. 그 결과 기후가 따뜻해질 뿐 아니라 매우 변덕스러워지고, 가뭄과 삼림 화재가 갈수록 자주 발생한다. 대기의 이산화탄소 수치가 높으면 농작물과 가축, 전염병 발생에도 영향을 끼친다. 또한 만년설이 녹으면서 생긴 민물이 바다에 흘러들며, 대기 중의 이산화탄소도 바다에 흡수되는데, 이것은 해수의 온도와 해류, 해양 생물의 생존 능력을 변화시킬 가능성이 있다(이러한 현상은 이미 관측된 바 있다). 사실, 바다는 지구 기후 현상의 많은 부분을 지배한다. 예를 들어, 약 1만 2천 년 전에는 빙하가 녹으면서 해류의 순환을 방해한 결과, 빙하기가 도래하기도 했다.

이런 기후 변화가 어떤 결과를 가져올 것인지를 예측하기란 쉽지 않다. 그 이유는 변화의 속도를 가늠하기가 어려운 데다 거기에는 엄청나게 다양한 시스템이 복합적으로 작용하기 때문이다. 생태계는 역동적이어서 수백만 가지의 측정이 가능하거나 불가능한 방법으로 상호 작용을 한다. 이를테면 극지방의 영구 동토층이 녹으면 해수면이 상승할 뿐 아니라 대기권 밖으로 반사되는 햇볕의 양도 줄어든다. 또한 반사되지 못한 햇볕은 바다에 흡수되어 온도 상승의 순환 고리를 형성한다. 이와 유사한 역학이 토양 미생물에서도 관찰된다. 기온 상승으로 성장기가 길어지면 메탄을 더 많이 생산하고 방출하게 되는데, 그것을 모두 합하면 어마어마한 양이 된다.

그런데 온도 변화의 가시적인 효과만 서서히 나타나는 것이 아니라, '열 관성(Thermal Inertia)'으로 인해 만일 우리가 온실 가스의 확산을 즉시 멈추게 하더라도 그 효과가 나타나는 데에는 수세기가 걸릴 수 있다.

아무튼, 아무리 보수적인 관점에서 보더라도 기후 변화의 영향이 엄

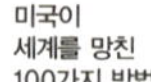

청난 것만은 확실하다. 생물학적 다양성이 상실되고, 농경 전환에 막대한 비용이 들어가며, 모든 종에 걸쳐 10퍼센트 이상이 잠재적으로 멸종할 것이고, 해안 도시들의 생활 및 노동 조건도 대대적으로 조정되어야 할 것이다. 또한 멕시코 만류의 상실에 따라 북유럽에는 한파가 몰아치고, 기온 상승으로 인해 새로운 전염병이 확산될 것이다. 이 모든 것이 불과 몇십 년 안에 실제 상황이 될 것으로 예측된다.

과학이 내놓은 결론은 자명하다. 기후학자와 해양학자를 비롯해 기후 변화를 연구하는 모든 학자들 사이에는 큰 이견이 없다. 앞서의 예측에 회의적인 과학자들도 환경이 파괴된다는 사실 자체를 부정하는 것이 아니라, 그 잠재적 규모를 의심할 뿐이다.

이 모든 상황을 야기한 책임은 산업 혁명과 그에 따른 산업 시대의 등장에 있다. 특히 전 세계의 공장과 자동차와 발전소를 가동하는 데 사용되는 화석 연료—석탄과 석유—를 그 주범으로 꼽을 수 있다. 이미 약 2백 년 전부터 전 세계가 산업화되었으므로, 지구 상의 모든 인간에게 그 책임을 돌릴 수도 있을 것이다. 하지만 미국은 이 공해의 전당에서 왕좌를 차지하고 있다.

미국은 타의 추종을 불허하는 세계 최대의 오염원이다. 미국은 그 어떤 국가보다도 많은 온실 가스를 배출하고 있다. 전 세계 인구의 4퍼센트가 사는 나라에서 지구 전체 이산화탄소 배출량의 25퍼센트를 차지하는 것이다. 이것은 미국을 제외한 공업 국가들의 이산화탄소 배출량을 모두 합친 것과 같은 수치이며, 1인당 배출량은 영국이나 일본의 몇 배에 이른다. 그리고 현재의 추세로 볼 때 미국은 앞으로도 오랫동안 지금의 위치를 유지할 것이다.

유엔과 세계 대부분의 국가에서는 비극적인 결말을 피하기 위해 스스로의 명예를 걸고 다각적인 노력을 기울여 왔다. 그중 대표적인 것이 '교토 의정서' 인데, 이것은 각 나라들에 2012년까지 온실 가스 배출량을 1990년 수준 이하로 서서히 낮추라고 요구하는 온건한 조치이다. 이 협약은 1997년에 완결되어 2005년 말까지 유럽 공동체의 모든 나라와 러시아, 캐나다, 일본을 비롯한 세계 157개국이 서명, 비준했다. 여기에 최대 공업국인 G-8의 모든 국가가 참여했지만 유독 한 나라만 빠졌다. 그것은 물론 미국이다. 이유가 무엇일까?

대다수 미국인이 교토 의정서와 이산화탄소 배출 제한에 찬성하며 많은 관심을 보였던 것을 감안할 때, 부시(아버지) 대통령이 아무런 행동도 취하지 않은 점과, 이후 클린턴 대통령이 보여 준 뜨뜻미지근한 리더십은 일종의 수수께끼이다. 그러나 경제계 거물들이 반대 세력으로 포진해 있고, 9·11 테러 이후 국민들이 테러리즘의 위협에 대처하는 데만 골몰해 있었다는 데서 원인을 찾을 수도 있을 것 같다. 사실 알고 보면 테러리즘이란 기후 변화 문제에 비하면 사소한 문제이다.

거대 기업을 등에 업은 반대 세력은 과학계의 일치된 결론에 의심의 눈초리를 보내는 한편, 문제 해결을 위한 즉각적인 조치에 드는 단기 비용을 과장해서 선전하고 있다. 그들은 신뢰할 수 없는 연구 기관들을 전면에 내세워 각종 연구 자료와 뉴스를 생산해 내고 있는데, 문제는 이런 연구 자료와 뉴스들이 공신력 있는 과학 연구소들의 것과 구분되지 않고 다루어진다는 점이다. 기업들은 대중이 과학계의 결론과 문제의 긴급성을 의심하도록 선동함으로써 환경 변화의 심각성을 훼손해 왔다.

기업들의 그러한 전략이 어떤 효과를 가져왔는지를 가장 분명하게 보여 주는 것이 바로 부시 대통령의 행동이다. 그는 2001년, 한 서한에서 이렇게 말했다.

"나는 교토 의정서에 반대합니다. 그 이유는 그것이 경제에 심각한 해를 끼칠 것이기 때문입니다."

그는 또한 2005년 G-8 정상 회담 직전에는 인간의 환경 파괴 행동이 기후 변화에 '어느 정도' 영향을 끼친다는 것을 인정하면서도 "교토 협약이 우리 경제를 파멸시킬 것"이라고 말했다. 그는 미국이 전 세계 온실 가스의 배출량에서 차지하는 비율의 '증가'를 18퍼센트 정도 줄이겠다고 제안했으나, 그것은 숫자 놀음에 지나지 않는다. 왜냐하면 2012년의 전 세계 온실 가스 배출량은 1990년의 배출량보다 3분의 1 가량 더 증가할 것이기 때문이다.

부시는 신기술의 발달이 문제 해결의 열쇠라고 말한다. 이것은 '기술 만능주의'적 사고방식으로, 거기에는 핵 발전소를 포함해 그 효과가 의심스러운 기술들을 확산하는 것이 포함되어 있다. 미국이 이처럼 석유 기반 연료를 고집하는 반면, 다른 국가들은 에너지 효율성을 향상하고 가스 배출을 줄임으로써 생산성과 경제를 크게 촉진하는 방향으로 앞서 나가고 있다. 미 의회와 역대 대통령들의 기술 만능주의적 사고는 자동차 연료 효율성 문제에 대한 그들의 태도에서도 드러난다. 자동차 연비는 하룻밤에 세 배라도 향상할 수 있지만, 자동차 및 정유 업계와 그 동지들—부시를 포함한—이 그 길을 봉쇄하고 있다. 하지만 적어도 부시는 아직 로널드 레이건처럼 "나무가 자동차보다 환경을 더 많이 오염시킨다."고 말하지는 않았다.

한 가지 흥미로운 사실은 보수파들의 입장이 뒤바뀌었다는 것이다. 모름지기 보수주의 철학이라는 것은 말 그대로 사회와 제도를 보존하고, 급진적인 변화를 거부하며, 선대로부터 이어져 내려오는 것을 뒤엎으려는 인간의 행동을 경계하는 것이다. 기후 변화야말로 그 어떤 것보다도 인류 문명이 상속받은 사회와 제도, 자연 유산을 훼손하는 존재이다. 따라서 환경 보존을 위해 행동하지 않는 것은 보수주의의

위 2007년 12월 12일 인도네시아 발리에서 열린 UN 기후 변화 회의에 참석한 각국 대표들. 이 회의에서 오스트레일리아가 교토 의정서에 서명함으로써 미국은 기후 변화 협약에 가입한 178개국 중 유일하게 교토 의정서를 비준하지 않은 나라로 남았다.

아래 칠레 파타고니아 빙원의 빙벽 일부가 무너져 내리고 있다. 극지방을 제외한 세계 최대의 빙원인 파타고니아 빙원은 최근 지구 온난화의 영향으로 그 면적이 급속하게 줄어들고 있다.

기존 입장에 위배되는 일이다. 그리고 자신의 행동에 책임을 지는 일이야말로 보수주의 철학에 어울리는 일이다. 오늘날 보수파들이 자신의 이익을 모든 것에 우선시하는 행위는 아마도 보수파의 철학적 뿌리일 18, 19세기의 보수주의 철학에 완전히 배치된다.

온실 가스를 감축하기 위한 신중한 행위에는 비용이 별로 들지 않을 것이다. 새로운 제품과 서비스가 창출되면 그에 따라 새로운 '환경 친화적' 일자리도 창출될 것이다. 부담해야 할 비용이 늘어날지도 모르지만, 나중에 문제가 발생할 때 들어갈 비용에 비하면 아무것도 아니다. 이것은 환경 경제학에서는 이미 잘 알려진 사실이다. 따라서 연료의 효율성을 높일 수 있는 일에 투자하는 것은 어느 모로 보나 합당한 일이다. 그리고 그것이야말로 보수주의적 접근 방식이라고 할 수 있다.

지금으로부터 20여 년 전, 그러니까 지구 온난화와 기후 변화 문제가 처음 알려졌을 당시에 우리는 이 문제에 대처하기 시작했어야 한다. 당시에도 미국은 온실 가스를 가장 많이 배출하는 국가였다. 세계 경제의 거인이자 인권의 수호자이며 첨단 과학 기술의 대표 주자로서 미국은 당연히 문제 해결에 앞장섰어야 한다. 냉전 종식은 새로운 아메리칸 글로벌리즘을 이룩할 수 있는 완벽한 동기를 제공했다. 그것은 우리에게나 또 다른 나라들에나 정당하고 지속 가능한 세계 경제를 창조해 낼 수 있는 기회였다.

그러나 우리는 그 기회를 살리지 못했다. 우리는 퇴보했고, 계속 내리막으로 미끄러지고 있으며, 우리의 무책임한 행동은 지구 상의 모든 이에게 악영향을 끼치고 있다. 지구 온난화에 관련된 비용과 위험, 그 고통은 오늘날 우리 앞에 놓인 최고의 난제이다.

002

독극물 수출

---------- 악은 여러 가지 형태로 다가온다. 그것은 항공기를 조종하여 마천루를 들이받고, 무고한 사람들을 대량 학살하며, 정의에 대한 집단적 망상을 낳는다. 하지만 악은 때때로 단순하고도 노골적으로 형태를 드러낸다.

미국 기업들은 지난 몇십 년 동안, 사람들에게 유해하거나 독성이 있다고 밝혀진 화학 물질과 제품들을 제3세계 국가에 수출해 왔다. 미국 의회와 대통령이 이러한 '투기(投棄)' 행위를 막기 위해 나선 적은 거의 없다. 그 결과, 전 세계적으로 수백만 명이 겪지 않아도 될 고통을 겪었다.

적어도 1970년대부터 사회 운동가들은 미국의 약품 회사들이 자국 내에서는 사용이 금지된 농약을 해외에 판매하는 것을 경고해 왔다. 그러나 그러한 행위를 막으려는 시도는 법률적인 허점과 백악관의 술책 때문에 좌절되었다. 1981년, 카터 대통령은 미국에서 금지된 물질의 수출을 제한하는 행정 명령에 서명했지만, 그 며칠 뒤 취임한 레이건 대통령은 그것을 철회했다.

그나마 제3세계의 제초제 사용을 제한하려는 미국의 노력이 있었던 것은 제초제가 묻은 농산물들이 미국 시장으로 역수입될 것을 우려했기 때문이다.

미국에서는 매년 약 3백억 달러어치의 독성 물질이 생산되며, 수십만 명이 뜻하지 않게 독극물에 노출되어 숨진다. 개발도상국에서는 매년 농민 7명 중 1명이 심한 농약 중독을 일으킨다는 보고가 있다. 또한 농약에 의한 사망의 99퍼센트는 남반구에서 일어난다. 어린이는 특히 위험하고, 영양 결핍 아동—개발도상국의 아동 2억 명이 이에 해당된다—은 그중에서도 가장 취약하다. 암과 그 밖의 치명적 혹은 만성적인 질병들이 독성 물질에 노출됨으로써 생겨날 가능성이 있다. 직접적인 접촉은 독극물을 뿌리거나 저장할 때 발생하고, 간접적인 접촉은 음식물 섭취나 지하수 오염으로 발생한다.

화학 업계와 그 옹호자들은 오랫동안 농약이 해충을 억제하고 농업 생산을 증가시키기 때문에 큰 이득을 준다고 주장해 왔다. 하지만 해충은 저항력이 생겼고, 대체 영농 방식은 화학 업계가 수출하는 대량의 독성 물질이 불필요하다는 것을 증명했다.

농약 문제와 쌍벽을 이루는 또 다른 투기 문제가 있다. 바로 유독 산업 폐기물을 제3세계에 수출하는 문제이다. 문제의 심각성은 1980년대의 여러 저술과 언론 보도를 통해 밝혀졌고, 이에 국제 사회가 행동에 나선 결과 유독 폐기물의 투기를 억제하거나 막는 네 가지 조약을 통과시켰다. 1992년 발효되어 이후 보완을 거친 '바젤 협약'은 이런 조약들 중에서 가장 중요한 것으로 여겨진다. 이 협약은 선진국이 유해 폐기물을 개발도상국에 수출하는 것을 금지하는데, 실제로 이 협약이 발효된 이후 선진국의 폐기물 수출 물량이 극적으로 감소했다. 그러나 이 협약에도 허점은 있는데, 예를 들어 독성 화학 물질을 많이 포함하고 있는 컴퓨터나 휴대 전화 부품에 관한 조항이 빠진 것이다.

대부분의 국가에서 바젤 협약을 비준했다. 미국은 비준을 하지 않은 몇 안 되는 국가들 중 하나이다. 그리고 미국의 수출업자들은 통상적으로 이 협약을 빠져나가고 있다. 두 번째로 중요한 조약은 PCB(폴리염화비페닐)와 다이옥신 등 잘 분해되지 않는 유기 오염 물질인 열두 가지의 유해 물질을 금지하는 '스톡홀름 조약'으로, 98개국이 서명·비준해 2004년부터 시행되었다. 미국은 이 조약 역시 아직까지 비준하지 않았다. 부시 대통령은 2001년 이 조약에 서명하는 쇼를 벌였으나 결국 상원에 비준을 요청하지 않았다.

독성 화학 물질과 농약으로 인한 환경 파괴와 인명 피해는 그 규모를 추정하기가 거의 불가능하다. 시민운동 단체인 '바젤 행동 네트워크(Basel Action Network)'는 이렇게 지적했다.

"'개발', '글로벌화', '자유 무역'이라는 미명하에 부자 나라들이 폐기물을 대량으로 방출하는 것은 사실상 환경 정의에 대한 폭력이며 환경과 인권에 대한 범죄로 간주될 수 있다."

사람들이 잘 아는 법률 용어를 빌리자면 이것을 '반인류적 범죄'라고 표현할 수 있을 것이다.

003

신자유주의 경제의 실패

---------- 소련의 공산주의가 스스로 무게를 감당하지 못하고 붕괴했을 때, 미국 정계와 언론계의 엘리트들은 자본주의의 승리를 떠들어 댔다.

"시장 경제 이데올로기가 스스로의 우월성을 증명함으로써 역사에 한 획을 그었다. 이제 갈등은 없을 것이며, 적어도 자본주의의 정당성에 관한 논란은 일어나지 않을 것이다. 애덤 스미스가 이기고 카를 마르크스가 졌다. 승부는 끝났다."

크렘린의 마르크스가 패배했다는 사실에는 의심의 여지가 없다. 하지만 '자본주의가 완전한 승리를 거두었다'는 것은 사실이 아니다. 자본주의와 그 핵심적 메커니즘인 시장은 경제 교류를 위한 강력한 시스템이다. 그러나 대부분의 시장은 일정한 사회적 간섭을 통해 일반인들을 그 역기능으로부터 보호하고 있다. 그리고 그와 같은 다양한 간섭과 규제, 안전망, 사회 투자 프로그램 등을 두루 갖춘 나라를 가장 성공한 나라로 평가한다. 북유럽 국가들이 대표적이라고 할 수 있다. 자본주의의 화신이자 자본주의가 가장 크게 성공을 거둔 나라인 미국 역시 사회 보장 제도가 잘 갖추어져 있다.

미국에서는 사회 보장이 뉴딜 정책 이후 경제 정책 토론의 핵심 주제였다. 정부가 시장에 간섭해야 한다는 이론의 근거는 '시장은 가만히 내버려 두면 많은 사람들을 빈곤하게 만들 뿐만 아니라 불황과 호황 사이를 정신없이 널뛴다'는 것이었다. 이에 따라 자본주의의 큰 장점인 '혁신'을 방해하지 않으면서도 자본주의를 더욱더 완전하게 하고 안정시키기 위해서 뉴딜 정책과 금융 시장의 안정을 비롯한 유사 조치들이 생겨나게 되었다. 시장에 질서를 부여하기 위해 취해진 이러한 조치들은 공공 기관이 시행을 담당하고 사회 보장 제도가 그 완충제 역할을 했는데, 제2차 세계 대전 이후에는 미국뿐 아니라 유럽을 비롯한 세계 여러 나라에서도 받아들이게 되었다.

유럽이 질 좋은 공공 건강 보험과 견실한 공교육 등 광범위한 사회 보장 제도를 미국보다 더욱 성공적으로 운영하고 있다는 것은 주지의 사실이다. 대부분의 서유럽 국가는 삶의 질이나 공정성과 관련한 여러 가지 사회 복지 정책이 매우 발달되어 있다. 반면, 미국은 레이건 정부가 사회 보장 제도를 집중적으로 공격한 덕분에 가계 소득은 침체를 벗어나지 못하고 사회 안전망은 무너졌으며(물론 기업의 이익을 보호하는 조치는 예외로 하고) 불평등은 크게 증가했다. 레이건과 그의 몇 안 되는 추종자들은 "규제와 사회 비용을 줄임으로써 '시장의 마술'이 모든 사람에게 훨씬 큰 부를 가져다주는 동시에 사회 문제를 어느 정도 해결해 줄 것"이라고 노래를 불렀다. 그리고 그런 일은 절대로 일어나지 않는다는 것이 명명백백해졌다.

그런데 이러한 시장 만능주의가 어떻게 빈곤국을 원조하는 기관들을 장악하게 되었는지에 관해서는 잘 알려지지 않은 것 같다. 세계은행과 국제 통화 기금(IMF), 세계 무역 기구(WTO)는 제2차 세계 대전으로 피폐해진 경제를 소생시키고 세계 자본주의를 안정시키기 위해 설립된 기관이다. 이 중 세계은행은 국가 재건과 개발에 소요되는 자금을 빌려 주거나 원조하며, IMF는 부채에 시달리는 국가를 돕고 외환 시세를 안정시키는 기능을 한다. WTO는 무역 장벽을 낮추기 위해 설립되었다. 이 국제기구들은 여러 가지 난관에 부딪친 적도 있었지만, 그럼에도 당초 의도대로 활동해 많은 성공을 거두었다.

그런데 레이건과 마거릿 대처는 집권 이후에 자신들의 자유 시장에 대한 열정을 자국 경제뿐 아니라 세계 경제에도 주입하기로 결정했다. 미국이 영국의 강력한 후원하에 지배하던 세계은행과 IMF는 보수주의로 급선회하게 되었고, 그 결과 약하고 가난한 나라들은 최악의 불운한 상황에 놓이게 되었다.

새로운 정책의 주된 내용은 이른바 '구조 조정 프로그램(SAP. Structural Adjustment Programs)'이라고 불리는 것이었다. 이제 세계은행의 대출을 받으려는 국가들은 자유 시장의 모델에 따라 경제를 개혁해야만 했다. 물론, 그 대상이 되었던 몇몇 국가, 주로 아프리카와 아시아, 라틴 아메리카 국가들과 나중의 구소련권 국가들은 비효율적이고 파벌이 판치는 관료주의가 만연해 있었던 게 사실이다. 그렇다 하더라도 그 치료약은 너무 독했고 환자들 중 다수가 사실상 숨을 거두었다.

이 일이 실패한 원인은 복합적이지만, 한마디로 말하면 개인과 기업에 대한 보호가 없었기—제거되었기—때문이다. 대상국 정부는 예산

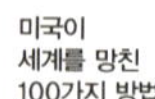

을 대폭 삭감해야 했고, 때로는 사회 보장이나 건강, 교육, 심지어 안전에 관한 예산마저 줄여야 했다. 또한 기업과 협동조합, 기타 전통적인 방식의 보호는 무너졌다. 자유 무역주의는 외국의 투자자들—제1세계의 부자들—이 수익성 높은 자산, 주로 천연자원 같은 것들을 마음껏 사들일 수 있다는 것을 의미했다. 대량 실업과 사회 붕괴, 경제적 몰락이 뒤를 이었다. 농업은 설 자리를 잃었고 농민과 그 가족들은 일자리를 찾아 도시로 흘러들었다. 교육받지 못한 젊은이들은 일자리를 구할 수 없었고 사회적 권위가 와해되고 범죄가 늘어났다.

대부분의 국가에서 이 정책이 실패한 이유는 간단하다. 나라가 너무 취약하거나 저개발 상태여서 세계화된 자본주의를 견뎌 낼 힘이 없었던 데다가, 상황이 악화되었을 때 그들 마음대로 사용할 수 있는 도구가 없었고, 때로는 종족 간, 또는 기타 내재적인 갈등에 시달렸기 때문이다. 뛰어난 학자이며 세계은행 전임 부총재인 조지프 스티글리츠(Joseph Stiglitz)는, "그 결과 많은 사람들에게 가난을, 많은 국가들에 사회적, 정치적 혼란을 안겨 주었다."면서 시련을 통과해 일련의 경제 성장을 이룩한 몇몇 국가의 경우 "부자들, 특히 상위 10퍼센트에 속하는 사람들은 이득을 봤지만 빈곤은 여전히 남아 있었으며, 일부에서는 빈곤층의 소득이 심지어 줄기도 했다."고 말했다. 어디선가 많이 들어 본 얘기 같지 않은가?

이 정책에서 가장 어리석었던 점은 우리가 미국과 유럽의 경험을 통해 경제 성장과 번영에 대해 학습했던 모든 것을 완전히 무시했다는 점이다. 미국과 유럽에서는 가족과 개인에 대한 보호뿐 아니라 산업과 금융에 대한 보호도 점진적으로, 그러나 확고하게 자리 잡았고, 그 결과 세계 시장에서의 경쟁과 혼란을 수월하게 견딜 수 있었다. 그러나 1980년대와 1990년대의 개발도상국들에는 사회 보장 제도가 전혀 없었고 기업 보호 정책 또한 거의 없었다. SAP가 실패했다는 것은 경제학자들 사이에서는 이미 널리 알려진 사실이지만, 그럼에도 이 정책은 여전히 이런저런 형태로 국제 개발의 이념으로 군림한다.

그 결과, 개발도상국들은 여러모로 비극을 겪고 있다. 국민들은 일자리를 찾아 해외로 해외로 떠났다. 그들의 외환 송금액―해외 이주자들이 고국에 보낸 돈―은 매년 1천5백억 달러에 달하는데, 이 액수는 공적인 개발 원조 자금의 세 배에 달한다. 천연자원은 마구 파헤쳐지고 퍼 올려짐으로써 엄청난 속도로 줄어드는 반면 정작 채굴되는 국가에 돌아가는 이익은 극히 일부분에 불과하다. 생태학적 피해는 때때로 무서울 정도이다. 수출 주도형 성장을 강요한 결과 이들 국가의 농업은 북반구 시장을 위한 작물 생산의 형태로 탈바꿈했고, 그럼에도 생산 당사국은 자급자족을 이룩하지 못했다. 그런 데다가 수출 시장의 상황까지 악화되자 의지할 곳이 없어진 이들은 기근에 시달리기도 했다. 공중 보건 시스템은 AIDS가 확산되던 바로 그 시점에 붕괴되었다.

제3세계의 무력 분쟁은 어쩌면 사회가 붕괴되면서 치안이 약화되고 약탈 기회는 많아졌으며, 소집 가능한 청년 인구가 증가했기 때문인지도 모른다. 요컨대 SAP는 여러 국가에 불평등과 사회 분열을 낳은 재앙이었다.

이러한 현상은 과연 피할 수 없는 것이었을까?

신자유주의 경제(‘자유주의’는 원래 정치적 의미를 지닌 말로서, 봉건적, 중상주의적 규제에 반대한 애덤 스미스와 같은 사람들이 사용했던 말이다)도 물론 나름대로의 효용이 있고, 특히 시장이 제대로 기능할 때에는 바람직하기도 하다. 하지만 ‘남반구의 경제 개발’은 그러한 정책을 적용하기에 적합지 않은 대상이었고, 특히 이들 나라에서는 기존의 개발 모델이 아직 실패를 하지도 않은 상황이었다. 미국이나 유럽을 경제적으

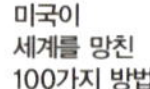

로 부강하게 만든 요소들은 수십 년 혹은 수백 년에 걸쳐 확립된 것인데, 그들에 비해 자원이 훨씬 부족한 개발도상국들이 시장을 개방함으로써 하룻밤 새에 경제 개발을 이룩하기를 기대했던 것이다.

레이건과 그의 사단이 주도한 신자유주의 정책은 또한 제3세계의 부채를 늘려 놓았다. 이 문제를 연구한 학술 논문은 "부채가 심각한 국가들의 채무 증가 속도는 정말 놀랄 정도이다"라고 지적한다.

"1970년, 부채가 과중한 15개국은 1백79억 달러의 대외 부채가 있었고 그것은 GNP의 9.8퍼센트에 달했다. 1987년에 이르러 이 15개국은 GNP의 47.5퍼센트에 이르는 4천20억 달러의 부채를 짊어졌다. 또한 이들 나라의 이자 부담은 1970년 27억 8천9백만 달러에서 1987년 3백62억 달러로 치솟았다."

특히 다수의 라틴 아메리카 국가가 여기에 속했고, 그중에서는 이 기간 혹은 그 직후에 내란이나 분쟁을 겪은 나라도 많았다. 니카라과, 멕시코, 볼리비아, 알제리, 콩고, 코트디부아르 등이 신자유주의 정책의 희생국이다. 보노(Bono. 아일랜드 출신의 록 그룹인 U2의 보컬로, 제3세계 기아 및 부채 해결을 위한 국제 사회의 노력을 앞장서서 호소하고 있으며 그 공으로 2003년과 2005년 노벨 평화상 후보에 오르기도 했다 · 옮긴이) 같은 유명 인사들과 교회가 엄청난 압력을 행사한 결과, 약간의 부채 경감이 이루어졌지만 여전히 부채에 시달리는 국가들이 많고, 그들은 국가 경제 개발에 지출되는 돈보다 악성 채무로 인해 나가는 돈이 더 많다.

미국은 제3세계에 대해서는 보호망 없는 자유 경제를 주장하면서도 한편으로는 여전히 자국 시장을 보호하거나 보조금을 지급하고 있으며, 이런 위선(유럽도 마찬가지이다)은 그들이 대외적으로 시장 만능주의를 외치는 상황임을 감안할 때 무척 놀라운 일이다. 결론은 자명하다. 자유 시장으로의 이행은 '세계 경제의 발전'이라는 비전과는 아무

상관이 없고, 소수의 부유한 개인과 기업, 국가의 경제적 풍요를 위한 전략일 뿐이다. 그것은 침체된 미국 중하층의 입장에서는 비극이며 남반구의 수십억 인구에게는 재앙이 되는, 파괴적이고 불공평하며 영구적으로 손해를 입히는 일련의 일방적 정책일 뿐이다. 미국이 저지른 도덕적 잘못은 어쩌면 영원히 치유되지 않을지도 모른다.

004
제3세계 식량 안보를 위협하는 농업 보조금

오랫동안 높은 생산성과 농업 윤리를 자랑하던 미국의 농업은 오늘날 전 세계의 소규모 영농인들에게 손해를 입히고 있으며 미국인의 건강과 복지에도 기여하지 못하는 일종의 카르텔이 되어 가고 있다.

미국 정부는 농업 부문에 상당한 규모의 보조금을 주고 있는데, 매년 약 2백억 달러에 달하는 그 돈의 대부분은 4대 농업 재벌에게 돌아간다. 이런 쓸데없는 짓을 미국의 양당은 계속해서 되풀이해 왔다. 농업 보조금의 폐해를 줄이려는 시도가 있기는 했지만 세부 사항 몇 가지만 바뀌었을 뿐, 시스템 자체는 변함없이 굴러가고 있다. 굳이 변한 것을 들자면 이 제도가 점점 부유한 농업 재벌들의 이익에 영합하면서 새로운 기업의 시장 진입을 막는다는 것이다. 그리고 이로 인해 싼값에 덤핑한 농산물을 수입하는 개발도상국의 농민이 입는 피해는 실로 막대하다.

농업 보조금의 가장 환상적인(?) 측면 중 하나는 그것이 우리 건강에 막대한 영향을 미친다는 것이다. 옥수수를 한번 생각해 보자. 정부는 지난 10년 동안 약 5백억 달러의 보조금을 옥수수 경작인들에게 지급했고, 그 결과 소비될 가능성이 없는 엄청난 양의 옥수수가 미국 내륙에 쌓이게 되었다. 보조금 때문에 가격이 하락한 옥수수는 멕시코의 농업을 해치고 일부 농민들을 북쪽으로 몰아냈을 뿐 아니라 식품 가공업자들로 하여금 다른 감미료 대신 콘 시럽을 사용하도록 부추겼다. 액상 과당의 형태로 사용되는 콘 시럽은 청량음료를 비롯한 거의 모든 가공 식품에 첨가물로 들어간다. 문제는 콘 시럽이 건강에 해롭다는 것이다.

1960년대 후반에 개발된 액상 과당은 1970년에는 그 사용량이 10배로 늘어났다. 이것은 비만의 큰 원인이 되었고, 특히 아동에게 좋지 않은 영향을 주었다. 의학 전문가들이 지적하는 미국 내의 높은 당뇨병 발생률도 콘 시럽과 관련이 있다. 이러한 결과를 놓고 볼 때, 콘 시럽이 절약시켜 주는 얼마 안 되는 돈에 비해 너무나 값비싼 대가를 치르는 것이 아닐 수 없다.

고과당 콘 시럽 문제—폴 뉴먼이 경영하는 유기농 식품 브랜드 '뉴먼스 오운(Newman's Own)'의 레모네이드에까지도 콘 시럽이 들어간다—는 농업 보조금이 건강에 미치는 나쁜 영향의 일부에 불과하다. 가령 유전자 변형 식품 문제도 농업 보조금이 촉발하는 폐해로 들 수 있다.

미국은 앞장서서 유전자 변형 식품을 허용한 나라이다. 현재 몇몇 해외 원조 프로그램은 유전자 변형 종자를 원조받는 국가에 제공하도록 되어 있는데, 유전자 변형 종자들은 곡물로 자란 후 거기서 다시 종자를 채취할 수 없도록 유전적으로 조작되어 있어 원조받은 지역의 농민들은 매년 새 종자를 사야만 한다. 이것은 농작물의 다양성을 해치는 결과를 가져오는 동시에, 종자의 특허를 소유한 농업 재벌에게 큰 이득을 준다.

거대 기업에 의해 좌우되는 식량 정책은 개발도상국에 값싼 농산물을 쏟아 부음으로써 큰 문제가 되기도 하는데, 그런 농산물 중 다수가 보조금을 받아 가며 수출용으로 특별히 재배된 것들이다. 미국의 빈곤국 식량 원조 예산 중 상당 부분이 자국 내 잉여 농산물을 사들이는 데 쓰인다. 하지만 경제학자들이 인정하듯이, 이것은 대단히 비효율적인 원조 방식이다. 비용과 에너지가 많이 들뿐더러, 아프리카나 라틴 아메리카와 같이 경제 개발과 식량 확보가 밀접한 연관을 가진 국가들의 농산물 가격을 붕괴시킴으로써 소규모 농민들이 설 자리를 잃게 만든다.

세계은행의 보고에 따르면, 미국의 농업 보조금이 개발도상국들에 입히는 피해는 매년 3천5백억 달러에 달한다. 그런데 해외 원조에 투입되는 미국의 공적 개발 자금은 그 7분의 1인 5백억 달러에 불과하다. 이에 관한 한 유럽도 미국 못지않은 책임이 있다. 보조금 덕분에 남아돌아가는 미국과 유럽의 식량이 기아선상에서 허덕이는 전 세계 약 8억 명의 인구를 구제할 것이라고 생각하는 사람도 있을지 모르지만, 실제로는 생산, 판매, 운송 시스템의 왜곡과 현지 농업에 미치는 나쁜 영향 때문에 식량 확보에 기여하지 못하고 있다.

미국의 농업 보조금은 식량 이외의 품목에까지 손길을 뻗치고 있는데, 면화 생산자들에게 주어지는 연간 2천8백억 달러의 보조금은 면화 재배로 생계를 잇는 가난한 나라의 1천만 농민들에게 고통을 주고 있다.

이런 웃기는 현상은 자유 시장에 대한 강박적인 주장과, '미국이 세계를 먹여 살린다'는 자부심에 찬 선언을 무색하게 만든다. 미국의 해외 원조—사실상의 차관과 개발 원조금—는 납세 규모로 보나 남반구 소농에 끼친 피해로 보나 농업 보조금에 비해 턱없이 적은 액수다. 따라서 단언하건대, 이런 종류의 보조금과 보호주의가 지속되는 한 미국의 정치·여론 엘리트가 거드름을 피우며 떠들어 대는 자유 시장 운운은 완전히 위선일 뿐이다.

전 세계 빈민에 대한 피해 외에도 사람들의 건강에 미치는 악영향과 환경 파괴, 농촌 사회 붕괴 등 미국 농업 정책의 폐해는 이루 말할 수 없다. 이와 관련하여 '농업 무역 정책 연구원(Agriculture and Trade Policy)'의 한 보고서는 다음과 같이 지적한다.

"기아는 불가피한 것이 아니다. 영양 결핍은 식량 부족 때문이 아니라, 경제를 구축하는 방식과 기아 문제에 대한 정치적 선택의 결과일 뿐이다. 21세기를 사는 우리에게는 기아를 물리칠 수단이 있다. 우리는 식량을 충분히 재배하고 있고, 재분배의 경제학을 잘 알고 있으며, 포괄적인 의사 결정을 보장해 주는 정치적 도구를 가졌다. 또한 적절하고 영양가 있는 음식물에 대한 모든 이들의 기본적인 요구를 충족시킬 능력이 있다."

농업 재벌들에게 과도한 보조금을 지급함으로써 미국은 제3세계의 식량 확보와 국제 정세 안정을 위태롭게 하고 있으며, 인류에게 가장 큰 선물이 되어야 할 식량 문제에 대해 무엇이 원칙 있는 행동인지를 판단할 수 있는 우리의 감각마저 위협하고 있다.

005

세계로 가는 월마트

---------- 월마트의 소유주인 아칸소 주의 월턴 가문은 전 세계에서 가장 부유한 사람들로, 세계 최대의 소매 체인을 소유한 미국의 대표적인 고용주이자 엄청난 돈을 벌어들이는 사업가이다. 월마트는 놀라운 성공 스토리를 지녔는데, 8백40억 달러에 이르는 그들의 재산도 그렇지만 미국의 비즈니스 관행을 변화시키고

세계 경제의 귀감이 되었다는 점에서도 남다르다고 할 수 있다.

동시에 월마트의 약탈 행위는 지금까지 있어 온 '빈곤과 최저 생활 임금'에 관한 논쟁 중 가장 흥미롭고도 유용한 논쟁을 불러일으키고 있다. 미국인의 평균 소득이 지난 30년 동안 제자리에 머물러 있다는 점을 감안할 때, 이것은 세계의 다른 국가들에도 의미가 깊은 매우 중요한 사안이다.

월마트 비판론자들의 주장은 간단하다. 월마트의 영업 방식은 해외의 노동력에서 매장 내부의 노동력에 이르기까지 최저 가격을 요구하는데, 이것은 노동자들을 가난에서 벗어나지 못하도록 하는 한편, 이 국제적인 괴물과의 경쟁이 불가능한 소규모 토착 기업들을 무력화한다는 것이다. '월마트화(Wal-Martification)'는 지금도 여전히 순조롭게 진행되고 있으며, 월마트는 가는 곳마다 대형 매장의 독보적인 존재로 뿌리내리고 있다. 이러한 일은 특히 경쟁이 적고 대도시보다 부담이 덜한 소규모 상권에서 두드러지게 나타난다.

월마트 옹호론자들은 두 가지를 주장한다. 그 첫째는 저렴한 가격이 곧 '선(善)'이라는 것이다. 가난한 사람들이 월마트에서 물건을 사는 이유는 가격이 저렴하기 때문이며, 그 덕분에 그들이 간신히 살아 나갈 수 있는 것이다. 따라서 의도된 것이든 아니든 간에 거기서 얻어지는 사회적 이득은 매우 크며, 또한 이것은 자유 경쟁 원리에 비춰 볼 때 당연한 결과로서 장기적으로 동네의 구멍가게는 도태될 수밖에 없다는 것이다. 둘째로, 저임금과 장시간 노동, 부족한 혜택에도 월마트에 일자리를 얻으려고 하는 사람들이 줄을 선다는 것이다.

마치 월마트의 기업 전략 보고서를 그대로 옮겨 놓은 듯한 이러한 주장을 반박하는 것은 어려운 일이 아니다. 그러나 그들의 주장이 바로 일반적인 세계화 논쟁의 핵심 사항이라는 점에서 좀 더 진지하게 생각해 볼 필요가 있다.

'저가 전략' 이라는 슬로건에 가려 간과하고 있는 사실이 한 가지 있다. 그것은 월마트라는 기업이 낮은 가격과 충분한 이익을 유지하면서도 국내외적으로 더 나은 임금을 지급하고 더 많은 이익을 돌려줄 수 있는 부유한 기업이라는 것이다. 이것은 월마트의 해외 아웃소싱 가격과 수입 가격, 그리고 판매직이나 사무직원들의 저임금이 과연 공정한 것인가를 논의해 볼 필요가 있다는 것을 의미한다.

이런 식의 비즈니스 모델이 결국 크고 작은 소매상 모두를 몰락시킬 것이라는 비판의 소리가 흘러나오고 있다. '미국 진보 센터(Center for American Progress)' 의 선임 경제학자인 크리스티안 웰러는『워싱턴 포스트』의 월마트 옹호 칼럼을 비판하면서 이렇게 말했다.

"종업원의 절반 이상에게 건강 보험 혜택을 주지 않는 등, 월마트의 비즈니스 관행은 자사 종업원의 구매력을 실질적으로 감소시킬 것이다. 다른 회사들이 월마트를 따라 한다면—틀림없이 그렇게 될 터인데—수많은 미국인의 실질 소득이 줄어들고 빚은 늘어나게 될 것이다. 이미 오늘날의 경제에서 그와 같은 상황이 발생하고 있다. 헨리 포드는 자사의 종업원들이 자동차를 구매할 수 있을 만큼 부유해지기를 바랐지만, 월마트는 종업원들이 월마트에서나 겨우 제품을 구매할 수 있는 경제 상황으로 이끌고 있다."

비슷한 논리가 구직 문제에도 적용된다.『뉴욕 타임스』의 칼럼니스트 존 티어니는『워싱턴 포스트』가 그랬던 것처럼 월마트가 후원하는 연구를 인용하여 다음과 같이 주장했다.

"월마트는 미국에서 가장 크게 성공한 빈곤 퇴치 프로그램의 하나이다. 월마트는 비숙련 노동자들이 그토록 원하는 초보적인 일을 제공하고 있다. 신규 매장에서 직원을 뽑을 때면 5 대 1에서 10 대 1의 경쟁

률을 보이는 경우가 흔하다."

그런데 다른 소매점들은 평균적으로 월마트보다 높은 임금을 지급한다. 할인 매장인 코스트코의 경우 60퍼센트나 더 주며, 놀랍게도 월마트보다 높은 생산성을 보인다. 그러나 그보다 중요한 사실은 월마트에 일자리를 얻기 위해 길게 늘어서는 줄이 월마트가 훌륭한 직장이어서가 아니라는 것이다. 그것은 미국 경제가 임금도 많이 주면서 자녀의 건강 보험과 같은 충분한 복지 혜택이 보장되는 안전한 일자리를 제공하지 못하고 있다는 것을 반증하는 현상이다.

2004년 후반, 한 보고서는 이렇게 지적했다.

"지난해 봄, 월마트 판매 사원의 평균 임금은 시간당 8달러 50센트, 연봉은 약 1만 4천 달러였다. 이는 정부가 정한 3인 가족 최저 생계비 기준에 1천 달러나 못 미치는 금액이다."

구직을 위해 길게 늘어선 줄은 연간 50퍼센트라는 엄청난 이직률 때문이다(코스트코의 이직률은 그 절반이다). 여성에 대한 차별 관행과 악명 높은 노조 파괴도 심각한 문제이다.

월마트 직원들의 보수가 워낙 낮기 때문에, 미국 납세자들이 그들의 부족분을 상당 부분 채워 주는 현상이 벌어지고 있다. 2004년, 미 의회 위원회의 보고서는 다음과 같이 계산했다.

"정부는 2백 명의 종업원을 거느린 월마트 매장 한 곳당 자녀의 건강 보험을 위해 매년 10만 8천 달러를, 저소득층 가구에 대한 면세와 세액 공제로 12만 5천 달러를, 주택 보조금으로 4만 2천 달러를 지급한다."

이것은 종업원 1인당 2천 달러, 미국 내 월마트 종업원 전체로 따지면 연간 25억 달러에 이르는 금액인데, 그 부담을 전적으로 연방 정부가 지고 있다. 한편 2004년에 월마트는 1백억 달러가 넘는 흑자를 기록했다.

문제는 월마트 내부 상황뿐이 아니다. 이 회사가 비즈니스 업계 전체에 미치는 영향 또한 엄청나다. 소매점과 같이 미국 전체 경제에서 중요한 위치를 차지하는 산업이 한 기업에 너무 집중되면, 새로운 업체는 불리한 상황에 놓임으로써 시장 진입이 어렵게 된다. 그리고 그 누구보다도 불이익을 당하게 되는 것은 월마트에 제품을 공급하는 업체들이다. 혹자는 월마트의 긴축 정책이 효율적인 재고 관리 등을 통해 미국의 업계 전반에 효율성을 가져왔다고 말하지만, 월마트는 경쟁자가 없을 정도의 막강한 구매력 덕분에 임금뿐만 아니라 가격과 제품 개발까지 자기들 마음대로 좌지우지한다. 만일 란제리나 자전거, 식품, 청바지를 공급하는 미국 업체가 월마트의 혹독한 가격 조건을 충족시키지 못하면, 월마트는 곧바로 해외로(대개는 중국으로) 눈을 돌린다. 이때 미국 기업들이 택할 수 있는 방법은 제품을 수입하거나, 임금이나 품질을 낮추거나, 도산하는 것밖에 없다.

그럼 해외 공급 업체들은? 짐작하는 대로, 그들도 미국 업체들과 마찬가지로 혹독한 압력을 받고 있다. 그리고 그들에게는 바닥까지 내몰리는 것을 막아 줄 만한 노동법이나 환경법이 별로 없다. 어떤 월마트 관리자는 자신이 중앙아메리카 지역을 담당하게 되었을 때의 일을 다음과 같이 회상한다.

"공장의 방화문은 밖에서 잠겨 있었고, 여성 근로자들은 임신한 사실이 밝혀지면 해고되었다."

이 관리자는 또한 온두라스의 월마트 공급 업체들이 하루에 열 시간에서 열세 시간씩 노동자들을 철조망 속에 가둔다는 것을 알게 되었다. 그는 이런 사실들을 아칸소 주의 본사에 보고했고, 해고되었다.

월마트의 해외 영업 규모는 방대하다. 이 회사는 중국에서 생산되는 전체 상품의 10퍼센트를 미국으로 수입한다. 그리고 현재 이 회사가

위 미국 버지니아 주 페어팩스의 월마트 매장. 노동 착취와 소규모 토착 기업 무력화로 비난을 받고 있는 월마트는 최근 미국 내 성장이 둔화되자 해외 점포 확대에 더욱더 힘을 쏟고 있다.

아래 멕시코의 한 노인이 월마트 반대 구호가 새겨진 점퍼를 입고 있다. 멕시코는 월마트가 1991년 첫 해외 점포를 연 나라 이자, 현재 미국을 제외하고 월마트 점포가 가장 많은 나라이다.

판매하는 제품의 80퍼센트는 중국에서 만들어지며 공급 업체는 전 세계적으로 6천 군데가 넘는다. 2천4백 군데 해외 점포에서는 40만 명의 종업원이 근무한다. 그들의 해외 점포 운영 방식은 미국의 대기업들 중에서도 가장 악명 높다. 2005년, 방글라데시와 중국, 인도네시아, 니카라과, 스와질란드 등지의 봉제 공장 노동자들이 일으킨 집단 소송은 월마트가 공급 업체에 대한 규칙을 어떤 식으로 위반하며, 해외 근로자 처우에 대해 얼마나 사실과 다르게 이야기해 왔는지를 잘 보여 주었다. 해외에서의 사례는 국내 문제를 비추는 거울과도 같다. 노동 착취, 환경 파괴, 노조 와해 등, 그 완벽한 모델을 국내라고 적용하지 못할 이유가 있겠는가?

그들의 사업 모델은 세계 여러 국가에서 똑같은 문제를 야기했다. 월마트가 미국의 개인 소득과 제품의 질을 떨어뜨렸듯이, 해외 영업에서도 마찬가지 결과를 가져올 것이다. 중국이나 타이에서도 사람들은 월마트에 일자리를 얻기 위해 줄을 서겠지만, 그것은 먹고살기 위해 물불을 가리지 않고 일자리를 구해야만 하는 사람들이 어디에나 있기 때문이다. 미국 최대의 기업인 월마트는 전 세계에 악영향을 끼치고 있으며, 그들의 사업 모델은 불공정한 의존의 거대한 네트워크 속에서 가난한 자들이 서로 얽히도록 만든다.

006

에너지 낭비와 석유 의존

누구나 아는 사실이지만, 미국은 석유에 너무 많이 의존하고 있고, 그 석유의 대부분을 중동을 비롯한 불안정한 지역에서 들여온다. 부시조차 마침내 미국이 석유에 집착한다는 사실을 인정했다. 그러나 그것이 미국에 얼마나 해로운 일이며, 얼마나 미국으로 하여금 잘못된 선택을 하게 하는지, 그리고 왜 그러한 상태가 계속되는지를 모르는 사람이 아직도 많다.

우선 가장 기본적인 사항부터 짚어 보자.

· 미국은 매일 3억 9천만 달러를 석유 수입 대금으로 지불하는데, 그중 절반은 OPEC로 가고 4분의 1은 걸프 해 연안 산유국으로 간다.

· 미국은 분당 20만 달러(시간당 1천3백만 달러)를 석유 수입 대금으로 지불하고, 1년에 2백50억 달러 이상을 걸프 해 연안국의 석유 수입에 쓴다.

· OPEC 국가들은 유가 인상으로 상당한 이익을 보고 있다. 그들은 2005년에만 총 3천억 달러에 이르는 수입을 올렸다.

· 상황이 바뀌지 않으면 미래에는 이런 현상이 더욱 심화될 것이다. 중동 국가들은 세계 원유 매장량의 3분의 2를 보유하고 있다. 2025년이 되면, 중동은 세계 원유의 36퍼센트를 공급하고 OPEC는 전체 생산량의 46퍼센트를 생산할 것이다.

· 2025년, 미국은 하루에 2천8백30만 배럴을 소비할 것으로 예측된다. 현재의 사용량보다 44퍼센트가 늘어난 숫자이다.

미국이 석유를 그토록 많이 소비하는 이유는

· 자동차 기술이 발달했음에도 연비가 1980년대 중반보다 떨어졌다. 2002년, 신차의 평균 연비는 1981년 이래 최저점에 도달했다.

· SUV를 포함한 소형 트럭이 자동차 시장의 50퍼센트를 차지한다.

· 2003년 모델의 경우, 자동차의 평균 연비는 갤런당 39.7킬로미터인 데 비해 SUV와 소형 트럭의 평균 연비는 갤런당 28.3킬로미터였다.

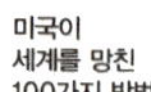

· 신기술이 나오기 전에는 안전하고 편안하고 저렴한 차가 갤런당 80킬로미터 이상 달릴 수 있었다.

· 미국의 자동차 보유 대수는 2억 대이다.

· 전기는 주로 석탄—심각한 오염을 야기하며 채굴도 위험하다—으로 일으키긴 하지만, 전체의 5퍼센트는 석유로 생산한다.

· 전체 가정의 8퍼센트는 석유로 난방을 한다. 요즘은 그보다 훨씬 많은 주택들이 천연가스로 난방을 하는데, 천연가스의 상당량은 수입되는 것이며 그것도 위험성이 높은 액화 형태로 수입되는 경우가 많다. 천연가스 수입량의 절반 이상이 중동에서 수입된다.

미국이 석유를 그토록 많이 수입하는 이유는

· 소비가 여전히 많은 데 비해 미국의 석유 생산량은 과거보다 줄었다.

· 미국의 1일 석유 생산량은 1972년에 1천1백60만 배럴로 정점을 이루었으며, 현재는 9백만 배럴로 계속 감소 추세에 있다.

· 미국은 연료를 석유에서 천연가스로 바꾸는 추세이다(미국의 가스 매장량은 안정적 수준이다). 그럼에도 석유 수입량은 계속 증가하고 있다. 1966년과 비교할 때 현재 그 두 배의 휘발유를 사용하고 있으며, 휘발유 사용량은 석유 사용량의 절반이다.

· 미국의 새로운 원유 생산은 석유 수입량에 영향을 미치지 않는다. 왜냐하면 연료 교체는 이미 일어났고 휘발유 소비는 꾸준히 증가하고 있으며, 새로운 원유 생산지 중 중요한 위치를 차지하는 북극권 국립 야생 생물 보호 구역의 매장량도 6개월 치에 불과하기 때문이다.

· 부시 행정부 재임 기간에 전통적 화석 연료 가격이 천정부지로 치솟았음에도 재생 에너지(아무리 써도 무한히 공급되는 에너지. 태양열, 풍력, 조력 등이

이에 속한다 · 옮긴이) 소비는 오히려 감소했다.

석유 의존도가 높으면 다음과 같은 부가 비용을 발생시킨다.

· 막대한 국방비를 지출하게 된다. 지난 2003년 이라크 전쟁 발발 전에도 미국은 페르시아 만을 정찰하는 데만 매년 5백억 달러를 썼다.

· 카스피 해 연안과 여타 석유 생산 지역에 대한 군사적 관심이 점차 높아진다.

· 이라크 전쟁으로 발생한 비용이 2조 달러를 웃돌 전망이다.

· 개발도상국이 갑자기 천연자원(특히 석유)을 발견하는 경우 소위 '자원의 저주(자원이 풍부한 국가일수록 경제 성장이 둔화되는 현상 · 옮긴이)'라는 현상이 일어나는데, 이것은 흔히 정세 불안이나 분쟁을 야기한다.

· 석유와 석탄 연소로 인해 기후 변화가 심해진다.

그럼에도 석유 소비를 멈출 수 없는 이유는

· 미국 정부에는 석유 소비를 줄일 수 있는 에너지 정책이 없다.

· 엑슨모빌(ExxonMobil)이나 서던(Southern) 같은 에너지 생산 및 공급 업체들은 자사에 유리한 에너지 관련 법규를 의회에서 통과시키기 위해 2003년부터 2005년 사이에 3억 6천7백만 달러를 썼다.

· 석유와 가스 업계는 지난 2000년에서 2004년 사이에 약 7천5백만 달러를 들여 정치 캠페인을 벌였다. 그 금액의 5분의 4는 공화당 후보에게 돌아갔다.

· 아주 적은 비용으로도 재생 에너지 사용을 곧바로 세 배로 늘릴 수 있다. 효율적이며 보존 가능하고 에너지의 새로운 공급원이 될 수 있는 재생 에너지를 생산하는 데는 여러 작은 기업에 분산된 시스템을 필요로 하는데,

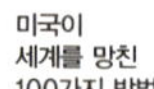

정책을 좌우하는 정유 회사들의 방해로 재생 에너지의 사용이 잘 이루어

지지 않고 있다.

· 미국인들은 자신들이 전 세계의 석유와 가스에 대해 권리를 가졌다고 생

각한다.

007
이윤 추구에 눈이 먼 대형 제약 회사

—————— 미국 기업이 세계에 끼치는 영향
을 일목요연하게 파악하기는 쉽지 않다. 중동 지역의 유전을 둘러싸고
미국 기업과 산유국 간에 벌어진 갈등과 분쟁 등의 비극적 역사는 잘
알려져 있다. 하지만 미국의 주요 대기업들이 지구 저편 다른 나라의
실생활에 어떻게 직접적인 영향을 끼치고 있는지를 정확히 아는 사람
은 별로 없다.

거대한 다국적 기업들이 포진해 있는 제약 산업의 경우, 미국 정부
의 지원 아래 세계 시장에서 엄청난 수익을 올리면서도 정작 인류를
고통에서 구원하고 생명을 연장하는 데 필요한 의약품 개발과 공급이
라는 본연의 임무는 소홀히 하고 있다.

대형 제약 회사는 미국 내에서뿐 아니라 세계적으로도 나쁜 영향을
미친다. 이들은 제품 개발 비용은 사회 전체에 부담시키는(사회화) 반
면 개발 이익은 자신들이 모두 가져가는, 이른바 미국적 경제 시스템
의 전형이다. 미국 기업들이 대부분 이런 시스템에 편승해 이득을 올
리고 있는 게 사실이지만, 특히 제약 회사들은 특허 제도를 무기로 더
욱더 많은 이득을 챙기고 있다.

특허 제도의 경제적 유용성과 그 도덕적 영향에 대해서는 그동안 논

란이 적지 않았다. 하지만 특허 제도가 대형 제약 회사들에 엄청난 이익을 안겨 주었다는 사실만은 누구도 부인할 수 없다. 제약 산업은 불황을 모르고 지속적으로 성장해 온 분야이다. 2004년 포천 500대 기업 가운데 상위 9개 미국 제약 회사들이 기록한 평균 이익률은 총수입 대비 16퍼센트였다. 이것은 포천 500대 기업 전체의 평균인 5.2퍼센트에 비해 월등하게 높은 수치이다. 제약 업계는 '신약을 개발해 내기 위해서는 높은 이윤이 보장되어야 한다'고 강변한다. 하지만 이들은 연구 개발(수입의 15퍼센트)보다 광고와 마케팅(32퍼센트)에 더 많은 비용을 지출하고 있다. 콜레스테롤 강하제인 '리피터' 처럼 대중적인 처방약의 경우, 시장에 출하된 지 7년이나 지났고 이미 4천만 명이 복용 중임에도 여전히 고가에 판매하는 것은 문제가 있다. 수많은 제약 회사들이 신약 개발보다는 다른 회사가 내놓은 히트 약품을 카피하는 데 돈을 쏟아 붓고 있는 현실도 지적되어야 마땅하다.

그러나 한편으로 필수 의약품의 공급은 턱없이 부족하다. '백신 위기' 는 이러한 현실의 한 단면을 보여 준다. 독감 백신과 탄저병 백신은 왜 늘 예측된 수요보다 적게 생산될까? 그 이유는 단 하나, 이익률이 낮아서 제약 회사들이 공급을 꺼리기 때문이다. 대형 제약 업체들이 지탄받는 이유도 바로 이런 태도 때문이다. 그들은 늘 인류의 건강보다는 기업 이윤을 우선으로 여긴다. 아프리카의 HIV 감염자들처럼 가난한 자들에게 그들이 보여 주는 태도는 미국 기업의 치부를 드러내는 것이라 해도 과장이 아니다.

WTO(세계 무역 기구)는 개발도상국들이 '지적 재산권', 특히 제약 업계의 특허권을 침해하는 것을 우려해 1994년 '무역 관련 지적 재산권 협정(TRIPS. Trade-Related Aspects of Intellectual Property Rights)'을 채택했다. 2005년에 시작된 WTO 무역 정책의 기본 강령인 '도하 선

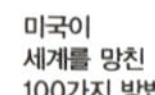

언(Doha Declaration)'은 협상 비준국들에 특허에 따른 시장 독점권을 20년 동안 보장할 것을 요구한다. 다만, 지적 재산권의 '강제 실시(Compulsory Licenses)' 조항을 마련해 다국적 제약 회사들이 특허가 만료되었거나 특허 보호를 받지 않는 의약품의 제조 기술을 개발도상국에 공개하도록 함으로써 복제 약을 만들 수 있게 했다. 그러나 남반구에서 인도와 브라질 이외의 국가는 복제 의약품을 제조할 만한 능력조차 없다.

스위스 재단인 '세계 보건 연구 포럼'에 따르면, 세계 인구의 90퍼센트가 직면해 있는 각종 질병과 건강 문제를 해결하기 위해 투입되는 연구 개발(R&D) 비용은 전체 연구비의 10퍼센트에 불과하다. 또 지난 30년 동안 제약 회사들이 출시한 약품 중 1퍼센트 만이 개발도상국의 질병을 치료하기 위한 것이었다. 1975년부터 1999년까지 개발된 1천3백93개의 신약 가운데 열대 질병을 치료하기 위해 개발된 약 역시 1퍼센트 미만에 불과했다. 아프리카의 에이즈 위기가 이런 현실을 명백히 증명하고 있다. HIV에 감염된 2천7백만 명의 아프리카 인들 가운데 95퍼센트는 항레트로바이러스(ARV) 약품을 구입할 능력이 없다. 반면 선진국 환자들은 이 약으로 생명을 연장하고 있다. 브라질은 ARV의 특허권을 인정하지 않음으로써 약값을 대폭 낮추었고, 그 결과 에이즈 치사율이 크게 떨어졌다.

대형 제약 회사들은 신약의 원료가 되는 식물과 미생물, 동물을 상당 부분 개발도상국에 의존하고 있다. 그들은 개발도상국의 현지인들이 오랜 치료 전통을 통해 얻은 의약 정보를 제멋대로 신약 개발에 활용한다. 이것을 절도 행위라고 주장하는 사람도 있지만 속수무책인 것이 실상이다. 왜냐하면, 가령 미국에서 특허 등록을 하려면 비용이 2만 달러나 드는데, 이것은 아프리카나 인도네시아 현지인들이 도저히 감당할 수 없는 액수이기 때문이다. 게다가 특허권 소송이 벌어질 경우, 1백50만 달러나 되는 법정 수수료를 지불해 가면서 도둑맞은 특허권을 지킨다는 것은 생각조차 할 수 없는 일이다. 이런 사정을 잘 아는 미국 제약 회사들이 개발도상국의 전통적인 치료약을 자사의 특허라고 버젓이 등록하고 있어 인도를 비롯한 많은 지역에서 반미 감정이 높아지고 있다. 인도는 이른바 대체 의학의 역사가 오래되었기 때문에 피해 범위도 그만큼 넓다. 하지만 이런 '바이오 해적 행위(Biopiracy)'의 관습은 근절하기가 쉽지 않다. 더구나 미국 제약 회사들이 현지 협력자들을 매수해 합법을 가장하기 때문에 더욱더 근절이 어려운 실정이다.

그렇다면 대형 제약 회사들은 칭찬할 구석이라고는 전혀 없는 기업들인가? 이윤을 추구하는 것이 기업의 생리라고는 하지만, 그들 또한 더 나은 의약품을 통해 사람의 생명을 구한다는 최소한의 사명감은 있지 않을까?

하지만 그 대답은 부정적이다. 기업들이 값비싼 임상 실험에 자금을 대고 있는 것은 사실이지만, 그렇다고 그들이 의학 발전의 원천은 아니다. 그런 칭찬은 주로 대학 실험실에서 연구에 몰두하는 학자들에게 돌아가야 마땅하다. 그러나 대학에도 제약 회사들의 교활한 영향력은 마수를 뻗치고 있다. 2005년『뉴잉글랜드 의학 저널』의 연구에 따르면, 제약 회사들은 자사에서 후원한 대학의 제약 연구 성과 중에서 어떤 것을 공개하고 어떤 것을 공개하지 않을지 여부에 적지 않은 영향력을 행사하고 있다. 물론, 업계의 이런 영향력을 엄격히 제한하는 의과 대학들도 있다. 따라서 제약 회사들의 지원 자금은 제한에 '비교적 관대한' 의과 대학으로 몰리기 마련이다. 의과 대학 행정 당국자 10명 중 7명은 대형 제약 회사의 R&D 자금을 얻으려면 연구 성과 공개 문제에 타협해야 한다는 압력을 느낀 적이 있다고 밝혔다.

의료 분야에서 오랫동안 기적의 샘으로 인정받아 온 미국은 이제 탐욕의 그늘에 가려 그 이미지를 상실할 위기에 처해 있다. 제약 업계는 2004년 선거 캠페인에 1천7백만 달러의 정치 헌금을 제공함으로써 워싱턴에 막강한 영향력을 확보하는 데 성공했다. 하지만 제약 회사가 정치권에 미치는 영향력이 이미 잘 알려진 상황에서 그러한 사실은 새로운 소식도 아니다. 이를 통해 대형 제약 회사들은 '메디케어(미국의 의료 보장 제도)'에서 특정 처방약 사용의 특혜를 누리는 것은 물론, 캐나다에서 건너오는 비특허 의약품의 판매를 봉쇄하는 데 성공했으며, 에이즈 치료약의 특허권을 계속 유지하는 등 끝없는 승리를 구가하고 있다. 하지만 그 결과 나머지 전 세계인은 패자가 되었다.

008

무기 판매 습성

---------- 무기 판매 습성을 헤로인 중독에 비유하는 것은 진부하긴 해도 꽤 설득력이 있다. 그만큼 한번 빠지면 헤어나기 어려운 유혹이라는 얘기다. 미국은 세계 제일의 무기 공급원으로, '전미 총기 협회'가 보증하는 소형 권총이나 라이플은 원하는 사람이면 누구나 살 수 있으며, 제트 전투기와 탱크 등 각종 무기를 자국의 우방, 혹은 독재자들에게 무상 공급하거나 판매하고 있다.

미국이 이처럼 무기 판매에 열을 올리는 이유는 돈과 일자리, 그리고 약간의 일시적이고 전략적인 이득을 위해서다. 미국의 무기상들은 아이들에게 막대 사탕을 쥐어 주듯 국회의원과 장군 들에게 뇌물을 제공하고 그 대가로 해외에 무기를 판매해 왔다. 미국의 정치 지도자들은

무기에 의존하지 않고는 국제 안보를 확보할 만한 뾰족한 대책도 없다.

지난 수년간 개발도상국에 무기를 가장 많이 공급한 나라 역시 미국이다. 개발도상국에 대한 무기 공급은 1990년대 후반부터 꾸준히 증가하여 현재는 전체 무기 거래의 약 40퍼센트를 점유한다. 2위인 러시아는 17퍼센트에 불과하다. 2004년 한 해 동안 제3세계에 공급된 무기의 매출 규모만도 2백억 달러가 넘는다. 미국 정부 자료에 따르면, 1997년부터 2004년까지 미국이 판매한 무기 가운데 4분의 3(거래액 기준)은 남반구 지역에 집중되었다. 중동 또한 비중 있는 수출 지역 중 하나로 꼽힌다.

그렇다면 과연 어떤 무기들이 수출될까. '미 의회 조사국' 자료에 따르면, 2001~2004년 미국은 중동에 탱크와 자주포 401대, 장갑차 36대, 초음속 전투기 31대, 헬기 12대, 지대공 미사일 347기, 대함(對艦) 미사일 122기를 인도했다고 한다. 여기에 소형 무기와 경량 화기, 컴퓨터 등의 지원 기술 장비, 정보 및 정찰 장비는 들어 있지 않다. '작은 것'들은 아예 계산에 넣지도 않은 것이다.

계약 조건과 선적 기간에 따라 수출 총액이 달라지지만, 전반적인 추세로 볼 때 미국이 세계 시장을 석권하고 있다는 것은 분명한 사실이다.

나는 1990년대에 미국 코네티컷에서 생산되어 터키에 넘겨진 수십 대의 시코르스키 블랙호크 헬기가 어떤 목적에 쓰였는지 추적해 본 적이 있다. 성능이 뛰어난 이 헬기들은 주로 쿠르드 족 폭동을 진압하는 데 동원되었다. 하지만 블랙호크를 비롯한 미국산 무기들의 용도가 폭동 진압에 국한된 것은 물론 아니다. 이 무기들은 소요 사태 이후 벌어진 혼란을 수습하는 과정에서 무고한 민간인들의 인권을 짓밟는 데에도 대거 동원되었다.

다른 곳에서도 상황은 비슷했다. 닉슨 대통령은 이란 국왕이 원하는

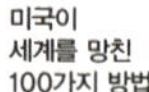

무기는 무엇이든 제공했다. 레이건 대통령은 이란과 싸우는 사담 후세인을 지원하면서 엄청난 규모의 군사 장비를 이라크에 공급했다. 이런 무기들은 일단 한곳에 공급되면 물수제비처럼 계속 다른 곳으로 옮겨 가는 속성이 있다.

오늘날 전 세계 분쟁 지역에서는 대형 중(重)화기보다는 합법이든 불법이든 소형 경량 화기가 더 큰 문제가 되고 있다. AK-47 같은 자동 소총과 이를 모방한 개인 소총들은 주로 미국 CIA가 아프가니스탄 회교 반군(무자헤딘)에게 공급한 것들이다. 약 3백만 정의 소총이 이들에게 공급되었고, 전쟁이 끝난 뒤에는 남부 아프리카를 비롯한 머나먼 곳의 내전으로 흘러들어 갔다. 분쟁 지역이 아닌 곳에 합법적으로 수출된 무기들도 있지만, 이들의 종착지 또한 전쟁터이기는 마찬가지이다.

이라크 반군들이 사용하는 '순간 폭발 장치(IED. Improvised Explosive Devices)'는 지뢰와 비슷한 기술적 원리를 가진 악명 높은 무기인데, 미국의 지원을 받은 무자헤딘이 아프가니스탄에서 소련군을 상대로 처음 사용한 것이다. 이러니 미국이 대인 지뢰 금지 협약에 서명하기를 거부하는 것도 당연한 일이다. 대인 지뢰 금지 협약은 해마다 수많은 무고한 사람들을 죽이거나 불구가 되도록 만드는 이 불필요한 살상 무기의 사용을 중단하자는 국제 협약이다.

2005년 말 미국 항공 우주 방위 산업의 대변인은 이렇게 말했다.

"세계 경제에서 무기 거래가 차지하는 비중에 대해 부시 행정부와 미국 국민에게 정확히 알릴 필요가 있습니다. 부시 행정부가 새로운 수출 규제를 취하지 않도록 말이죠."

2005년 한 해 동안 미국이 판매한 군용 항공기는 총 5백억 달러 규모로, 전년도인 2004년에 비해 7퍼센트 증가했다. 미사일 분야의 판매액은 6억 달러로 4퍼센트가 증가했고, 항공 우주 분야는 3백70억 달러로 3.8퍼센트가 늘어났다. 이처럼 무기 수출은 미국 경제를 튼튼하게 떠받치는 주역으로 인식되어 왔다. 이 분야의 일자리는 보수가 높고, 이 분야의 무역은 언제나 흑자를 기록하기 때문이다.

하지만 무기 수입국들은 무기 거래로 득이 될 게 없는 경우가 많다. 무기 수입국의 군부 엘리트와 비민주적 정치 지도자들은 사용하지도 않을 무기들을 사들이는데, 그 이유는 자신의 세력을 대외적으로 과시하기 위한 것이다. 이들이 사들이는 전투기를 비롯한 각종 무기들은 값이 매우 비싸고 경제 발전에도 도움이 되지 않는 것들이다. 다시 말해 미국은 F-16도, 공격용 헬기도, 그 밖에 어떤 무기도 필요 없는 나라, 또는 그러한 무기들을 인권 탄압에 사용할지도 모르는 나라들에 무기를 판매하고 있는 셈이다. 실제로 국방을 위해 무기가 꼭 필요하다고 증명된 나라와 무기를 거래한 경우는 드물다. 대규모 무기 거래에서는 흔히 '절충 교역(Offset. 외국에서 군사 관련 장비나 서비스를 구매하는 조건으로 기술 이전, 대응 구매 등 반대급부를 요구하는 제도·옮긴이)'이 이루어지는데, 미국이 군사 장비 구매국에서 사들이는 상품 중에는 미국에 불필요하거나 상품 가치가 없는 것들도 많다. 이러한 거래 시스템은 거래 당사국의 경제를 왜곡하는 비정상적인 관행을 영속시킬 뿐이다.

미국의 각 도시가 무기 수출에 중독되어 어떻게든 계약을 따내려고 목을 매는 장면은 참으로 서글프기까지 하다. 아마도 그들은 무기를 해외에 판매할 수만 있다면 무슨 짓이라도 할 것이다. 그들이 새로운 교통수단이나 에너지 절약 냉장고 등 세계가 진정으로 원하는 상품은 만들 생각조차 않는다는 사실을 생각하면 한층 더 서글프지만, 그런 것이 바로 중독자의 인생이다.

009

제3세계 보건 시스템 붕괴시키기

신자유주의 경제가 세계에 미친 악영향은 한두 가지가 아니며, 개발도상국의 공중 보건 시스템이 서서히, 그러나 확실히 붕괴하는 현상도 그중 하나이다. 공중 보건 시스템은 병원과 의원, 예방 접종, 의료진 양성, 연구실, 이동 진료소, 그 밖에 질병의 예방과 조기 발견, 치료에 관련된 모든 요소를 포함하는데, 지난 20년 동안 만성적인 자금 부족 등으로 악화 일로를 걸어온 끝에 이제는 거의 붕괴 상태에 이르렀다. 더구나 공중 보건 시스템의 붕괴는 에이즈 위기가 최고조에 달한 것과 시점을 함께 한다.

그 근본 원인은 간단하다. 1980년대와 1990년대에 미국에서는 신자유주의 경제 개혁이 지배적인 이데올로기였고, 따라서 미국의 지배하에 놓인 국제 금융 기구들이 의료 시스템을 민영화해야 마땅한 산업인 양 다루었기 때문이다. 동시에 이 금융 기구들은 공중 보건 서비스를 책임지고 있는 각국 정부에 구조 조정을 요구했다.

의료 시스템의 민영화는 의료 기관의 이분화를 초래했다. 도심 병원과 같이 '수익성 좋은' 의료 벤처들은 날로 번창하는 반면, 의료진의 유치 등에 많은 비용이 드는 지방 의료 기관은 운영이 어렵게 된 것이다. 또한 가난한 나라에 원조 자금과 차관을 제공하는 조건으로 현지의 의료 서비스를 유료화하도록 강요함으로써 해당국의 빈민들은 의료 서비스에 접근할 기회가 크게 줄어들었다. 한편, 의료 인력이 공공 의료 서비스에서 민간 의료 서비스로, 그리고 개발도상국에서 선진국으로 유출됨에 따라 아프리카와 라틴 아메리카의 공중 보건 시스템은 공동화될 처지에 놓였다.

경제의 세계화에 따라 노동 인력이 대규모로 이동하고 지역 사회 보건의 근간을 이루는 사회 조직이 붕괴하는 등 여러 가지 변화가 일어나는 것도 공중 보건 시스템에 나쁜 영향을 미치고 있다. 이런 현상에 대한 한 실증적 연구는 다음과 같이 지적한다.

"열악한 사회·경제적 상황은 국민의 평생 건강에 영향을 미친다. 사회 하층민들은 상류층에 비해 두 배 이상 심각한 질병과 조기 사망 위험에 노출되어 있다. 그러므로 국민의 건강 증진을 위해서는 교육이 뒷받침되어야 하며, 사회 불안과 실업으로부터 자유롭고 주거 환경이 개선되어야 한다. 건강한 사회란 모든 구성원이 자신이 속한 사회 내에서 사회·경제·문화적으로 충만하고 유익한 삶을 누리며 불안과 소외, 궁핍으로부터 자유로운 사회이다."

그러나 무엇보다도 큰 피해를 가져온 것은 공중 보건 시스템에 대한 공격과 그에 따른 민영화 그 자체이다.

경제 개혁이 다 그렇듯이 의료 시스템의 개혁 또한 매우 복합적인 측면이 있으며, 반드시 나쁜 결과만 있는 것은 아니다. 사실 의료 시스템이 경직되고 지극히 비효율적이며 무관심과 부패로 얼룩져 있어서 개혁이 절실한 나라도 많다. 하지만 개발도상국들에 만병통치약인 양 시도되었던 시장 모델은 대부분 기대에 못 미치고 재난으로 끝났다. 전반적인 건강 지표는 조금도 개선되지 않았고, 의료 혜택은 여전히 불공평하며, 많은 병원과 의원이 문을 닫았다. '의료 기술 향상'이라는 다소 긍정적인 효과도 있었지만, 일부에 그쳤다.

부자 나라들이 자국의 시장 모델을 따르라며 가난한 국가들에 강요한 구조 조정 정책은 아프리카의 경우, 환자들이 의료 혜택을 받을 수 있는 기회를 제한하고, 의사나 간호사 1인당 환자 수를 크게 증가시켰으며, 의료인들에게 과중한 업무 부담을 안겨 미국이나 유럽으로 떠나도록—전체 인력의 절반이 떠난 경우도 있었다—만듦으로써 공중 보건 시스템 자체를 망쳐 놓고 말았다. 공중 보건 시스템이란 국민들에게 의료 혜택을 제공하는 것은 물론, 건강에 관한 기초 교육을 실시하는 유일한 방편이다. 그러므로 공중 보건 시스템이 예산 삭감으로 타격을 받는다면 질병 예방, 특히 에이즈와의 전쟁에는 심각한 결과를 초래할 수도 있다. 구조 조정 정책이 인간 생명에 미치는 영향에 관한 연구인 '성장으로 인한 죽음: 세계의 불평등과 빈민의 건강'은 이렇게 지적한다.

"빈곤과 SAP(구조 조정 정책)는 지역 경제의 생존 능력을 해치고 노동자의 대량 이주와 도시민의 실업을 촉발하며 가난한 여성들의 상황을 악화시키고 보건 시스템을 병원 소유주의 손에 떠맡기는 결과를 가져왔다. 그럼으로써 많은 아프리카 인들이 HIV 감염 위기에 노출되었다."

미국 정보기관들이 공개한 '미국 국가 정보 평가(NIE. National Intelligence Estimate)' 조차 이와 비슷한 지적을 하고 있다. 지난 2000년 보고서에는 다음과 같은 내용이 있다.

"세계은행이 개발도상국들에 재정 균형을 강요할 경우, 보건·사회적으로 부정적인 영향을 미칠 우려가 있다."

또한 2002년 보고서에서는 특히 우려되는 5개국에 대해 "이들 국가의 공중 보건 시스템이 과중한 부담과 예산 부족으로 국민 건강을 진단하고 감염 경로를 추적하며 치료 및 교육 프로그램을 제공하는 전국적 통합 프로그램을 실시하는 데 어려움을 겪고 있다"고 지적하면서 그 밖의 여러 문제점을 함께 열거했다. 그 대부분은 국제 금융 기구들이 원조와 차관을 제공하면서 요구한 조건 때문에 일어난 것이었다.

개중에는 아프리카의 사회 구조와 미국의 정책적 압력을 중요한 원인으로 꼽는 학자도 있다.

"1980년대에 지역 농장과 중소기업을 희생하면서 진행된 아프리카의 수출 위주 경제 정책이 아프리카 지역 사회의 균형을 깨뜨렸고, 이에 따라 노동자들이 사하라 이남으로 몰려든 결과 HIV 확산에 유리한 사회 생태적 환경이 조성되었다."

노동 인구의 이동은 경제의 세계화 이론에서 중요한 위치를 차지하는 동시에 전통적 권위의 해체와 경제 계획, 에이즈의 확산에서도 큰 비중을 차지하는 요소이다.

에이즈가 제3세계를 괴롭히는 질병으로 비상한 관심을 끌고 있기는 하지만(물론 미국에 대한 테러 위협을 경고하는 목소리에 비하면 그리 큰 관심도 아니지만), 이 외에도 완전한 예방과 치료가 가능한데도 단지 의료 혜택을 받지 못해 수백만 명이 고통을 당하는 질병이 많다. 한 중요 보고서는 이렇게 말한다.

"최빈국 사람들의 평균 수명은 50세가 채 안 되며, 아프리카 인들의 주요 사망 원인은 여전히 설사, 홍역, 말라리아 같은 질병이다. 국민 건강의 불균형은 국가 내부에서나 국가 간에나 여전히 존재한다. 특히 가난한 나라와 부유한 나라 사이의 격차는 점점 벌어지고 있다."

가난한 나라와 부유한 나라 사이의 격차가 점점 더 벌어진다는 것은 이제 새로운 사실도 아니다. 그러나 미국은 이런 사실을 알면서도 깨닫는 바가 없는 듯 행동한다. 최고의 의료 시스템으로 평가받는 유럽과 캐나다의 시스템은 매우 좋은 의료 서비스를 제공하면서도 '사회화'되어 있다. 미국이 개발 원조와 차관의 조건으로 보건 시스템을 민영화하라고 강요한다는 것은 이데올로기가 여전히 상식을 앞선다는 사실을 반증하는 것이다. 이 계획에서 승자가 누구인지는 쉽게 알 수 없겠지만 수십억에 달하는 패자들은 누가 보아도 한눈에 드러난다.

010

군수 산업의 팽창

전에도 개 같은 자들은 총으로 쏴 죽였다. 그러나 거기에는 명예가 있었어. 지금은 어떤가? 이곳은 큰 개들의 세상이다. 너도 남자를 사랑하는 게 아니라 그를 잡아먹으려 하고 있어. 그것이 원칙이지. 우리가 의지하며 살아가는 유일한 원칙. 이번에도 어쩌다 보니 사람을 몇 명 죽였어. 그게 전부다. 세상은 그렇게 돌아가는 거다.

–––––––––– 아서 밀러의 희곡 『모두가 나의 아들(All My Sons)』에 나오는 이 대사는 이 연극의 도덕적 주제를 함축적으로 보여 준다. 아서 밀러는 이 연극에서 제2차 세계 대전 당시 불량 부품을 납품한 한 군수 업자의 이야기를 통해 이 업계의 도덕적 현실을 보여 준다. 이익을 위해서라면 인간의 복지는 물론, 일체의 도덕적 양심까지 언제든지 짓밟을 수 있는 군수 업계의 현실을 상징적으로 그리고 있다.

수익률이 매우 높은 사기업들로 구성된 미국의 방위 산업계는 일거리가 적을 때는 근로자들을 즉각 해고하는 방식으로(1941년 이후로는 그럴 필요도 별로 없었지만) 이윤을 극대화해 왔다. 또한 필요하지도 않은 군사 장비를 개발하고 무기를 해외에 수출하는가 하면 끝도 없이 장비를 개량하고 보수하며 교체해 왔다.

특히 항공 우주 산업은 군수 사업의 핵심으로, 엄청난 위력을 가진 다양한 종류의 장비를 판매한다. 그러나 사실상 미국의 안보를 위협하는 것들이 차량 폭파와 자살 폭탄 테러라는 점을 생각하면 이러한 장비는 모두 쓸데없는 것들이라고 할 수 있다.

　군수 산업에 대한 정부의 지출 규모는 놀라울 정도이다. 『캐피틀 힐(Capitol Hill)』지의 보도를 보자.

　"연방 정부의 국방비 지출을 감시하는 '전략·예산 평가 센터(CSBA)'에 따르면, 부시 대통령이 지난 7월(2004년) 서명한 4천1백70억 달러의 국방비 지출 예산은 냉전 당시의 평균 국방비 예산보다 12퍼센트나 많은 것이다. 국방부는 새로운 함정과 비행기, 차세대 전략 무기가 출시되는 2009 회계 연도에는 국방비 지출이 4천9백억 달러에 이를 것으로 내다보았다. 이는 소련과 경쟁하던 시대의 국방비 평균 예산보다 23퍼센트가 많은 금액이다."

　문제는, 이 금액에서 CIA와 핵무기 개발 단지, 국가 보안, 이라크 전쟁 등 군사 관련 예산 수백억 달러가 제외되어 있다는 점이다. 계속해서 이 신문 보도를 보자.

　"'스탠더드 앤드 푸어'의 항공 우주 산업 및 군수 산업 평균 지수는 2004년 8월 24일 현재 2백55달러 18센트를 기록했다. 이는 1년 전보다 25퍼센트 상승한 금액이며 연중 최고치인 2백57달러에 근접하는 것이다."

　미국의 정부 조달 예산은 2001년부터 2005년 사이에 50퍼센트나 증가했다. 무기 체계 개선에 신규 예산이 대거 투입된 결과이다. 의회는 군수 산업을 지원하고 부자들의 납세 부담을 덜어 주기 위해 학교 급식 프로그램과 서민들의 난방비 보조 예산을 삭감할 계획이다.

　한 산업 보고서는 이렇게 밝혔다.

　"2001년 미 국방부는 군 역사상 최대의 계약을 발표했다. 그것은 '3군 통합 전투 공격기 프로젝트(The Joint Strike Fighter Project)'로서, 예산 규모만 약 2천억 달러에 달했다. 하지만 5년도 채 안 되어 그 비용은 2천5백60억 달러로 늘어났다."

이런 과도한 국방비 지출이 미국 경제와 기회 균등 원칙에 악영향을 끼친다는 사실은 이미 오래전부터 알려져 왔다. 군수 산업은 자본 집약적인 산업이기 때문에 일자리 창출에 효율적이지 못할뿐더러, 소비재를 생산하는 것이 아니기 때문에 인플레이션을 유발하는 경향마저 있다. 다른 예산 지출에 부담을 주는 것은 물론이다.

그렇다면 왜 미국의 군수 산업이 다른 국가에도 나쁜 영향을 미친다는 것일까? 미국이 군사비를 이렇게 많이 지출하는(미국 다음으로 지출이 많은 8개국의 국방비를 전부 합친 금액보다 많다) 덕분에 다른 나라들은 국방비를 별로 지출할 필요가 없을뿐더러, 미국이 제공하는 세계 평화에 편승하면 된다는 주장도 가능하지 않을까? 달리 말해 '선량한 패권국' 미국이 군수 산업에 엄청난 지출을 함으로써 지구 차원의 공동선을 이룩한다는 얘기다.

하지만 이것은 증명할 수도 부정할 수도 없는 성격의 주장이다. 물론 지구 상 어디에도 미 군사력의 손길이 닿지 않은 곳은 없다. 그러나 미국이 막대한 군사력을 투입하고 있는 두 지역, 즉 동남아와 중동은 그런 주장을 뒷받침하기에 적절치 않다. 또한 동아시아는 서서히, 하지만 확실히, 중국의 영향권에 편입되고 있다

캐나다의 '인간 안보 센터(Human Security Center)'가 내놓은 연구 보고서는 이에 관해 좀 더 설득력 있는 결론을 내린다.

"지난 10년 동안 전쟁, 학살, 인권 유린의 사례가 크게 감소했다. ……이것은 유엔을 필두로 한 다양한 국제 활동이 냉전 이후 전례 없이 활발하게 펼쳐졌기 때문이라는 것이 가장 설득력 있는 해석이다."

군수 산업이 그 사업 범위를 세계로 확대하려는 이유가 이익을 늘리기 위해서만은 아니다. 미국의 국방 예산이 줄어들 경우에도 자사의 사업을 유지할 수 있도록 대비하려는 것이 또 하나의 이유이다. 이것

은 미국의 외교 관계가 상대국의 무기 구매 능력에 좌우되는 결과를 가져왔고, 일부 국가는 자국에 필요도 없는 비싼 무기를 구입해야만 했다. 그러나 사실상 전쟁에 동원되는 살상용 무기는 그 어디에나 있으며, 따라서 미국의 군수 산업이 지구 상의 분쟁 지역에서 중요한 역할을 한다는 주장은 사실이 아니다. 그것은 낭비 그 이상의 것일 뿐 아니라 잘못된 메시지를 주변국에 보냄으로써 우선순위를 착각하도록 만드는 것이다.

그렇다면 미국 정부는 무엇 때문에 이토록 국방 예산을 늘리는 데 신경을 쓰는 것일까?

그것은 록히드 마틴과 핼리버튼을 비롯한 미 군수 산업 전체의 이익 때문이다.

생각해 보면 미 군수 산업체들의 건드릴 수 없는 자신감—미 군수 산업체들의 웹 사이트에 등장하는 의욕적인 그래픽과 슬로건을 한번 보라—이 우리들을 이라크 전쟁을 비롯한 여러 지역의 잘못된 전쟁으로 몰아넣었는지도 모른다. 이런 전쟁은 늘 비극적 결말과 함께 반미 감정의 씨앗이 되었다.

하지만 의회와 대통령마저 장악하고 있는(그들이 고용하고 있는 전직 고위 관리의 수는 헤아릴 수조차 없다) 미 군수 산업계는 이런 잘못된 관행을 제한하거나 바로잡을 수 있는 변화를 허용하지 않을 것이다. 9·11 이후 그들은 자신들이 판매한 무기가 테러 방지나 이라크전 승리, 또는 미국의 안보 증진에 아무런 도움을 주지 못했다는 사실도 잊은 채 '새로운 정상(New Normal)'을 선언하며 9·11 이전의 안이했던 사고 방식을 더는 허용하지 말아야 한다고 주장했다.

어쩌면 '테러와의 전쟁'은 군수 업자들이 미 재무부에서 예산을 더 뜯어낼 수 있는 길을 마련하기 위한 것이었는지도 모른다. 현재 미국의

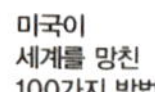

국방비 예산은 냉전이 절정에 달했던 시기보다도 그 규모가 크지만 이에 제동을 거는 사람은 아무도 없다. 이것은 군수 업계가 얼마나 완벽한 승리를 거두었는지를 말해 주는 신호이다. 여러모로 볼 때 미국의 군수 산업은 정부 그 자체이며 이것은 그 무엇보다도 괴로운 사실이다.

011

미국발(發) 악의 고리, 마약 커넥션

나의 연구 생활 중 많은 부분은 전 세계에서 일어나는 전쟁을 연구하는 데 쓰였다. 나는 그와 같은 연구를 통해, 오늘날의 전쟁이 흔히 범죄와 연루되어 있으며, 범죄는 헤로인이나 코카인 같은 마약과 밀접한 관련이 있다는 사실에 주목하게 되었다.

아편 생산은 아프가니스탄이나 파키스탄 또는 미얀마의 전쟁 혹은 정치 불안과 관련이 많다.

코카인은 남미 안데스 산맥 국가들, 특히 콜롬비아, 페루, 볼리비아에서 생산되는데, 이 세 나라 또한 오랜 내전과 사회 불안에 시달려 왔다. 콜롬비아의 경우는 거의 40년 동안이나 내전 상태에 있다. 여기에 중앙아메리카 국가들 대부분은 마약 운송의 중간 기착지 역할을 한다.

이처럼 마약의 생산과 운송, 소비 등에 직간접적으로 관련되어 있는 국가들을 모두 합치면 그 수는 크게 불어난다. 그중에서도 특히 관련이 깊은 나라가 있는데, 바로 미국이다. 물론 마약 수출국으로서가 아니라 소비국으로서 말이다.

무언가에 중독되는 것은 미국인의 전통이다. 미국의 술과 담배 소비는 이 나라의 역사만큼이나 오랫동안 이어 내려온 일이다. 미국에서는 제2차 세계 대전이 끝난 뒤 우울증과 불안, 불면 같은 증상을 치료하기 위한 합법적인 의약품의 소비가 크게 늘어났다. 이처럼 합법적인 의약품 시장이 커지면서 불법 의약품이 거래될 수 있는 여지도 함께 생겨났다.

오늘날 미국에서는 집중적인 공공 캠페인에도 10대 청소년의 술 소비량이 엄청난 규모에 이른다. 전체 술 소비의 20퍼센트를 12세에서 20세 사이의 청소년들이 차지하며, 그들의 절반가량이 술을 마신다. 이를 돈으로 환산하면 2백20억 달러 어치에 이른다.

이런 상황은 마약 소비를 위한 충분한 여건을 조성했다. 미국의 연간 코카인 소비량은 3억 톤으로, 세계 최대이다. 1990년대를 통틀어 약 7백억 달러어치의 코카인이 상습 복용자 3백만~4백만 명과 비습관성 복용자 6백만여 명에 의해 소비되었다. 헤로인 중독자도 1백만여 명에 이르는데, 그 비용은 연간 2백억 달러 수준이다. 현재 코카인 소비는 줄어드는 추세라고 하지만, 마약에 관한 통계는 본래 그 정확성이 떨어진다. 코카인은 여전히 큰 사업이다.

미국을 물들이고 있는 마약 산업은 '세계화'라는 단어에 새로운 의미를 부여한다. 서아프리카 운반책은 타이로 건너가 미얀마산 헤로인을 사들인 후, 검문이 심하지 않은 아프리카 국가의 공항을 경유하여 멕시코와 캐나다 국경을 통해 미국 내 반입 기회를 노린다. 잘 알려진 대로 코카인 공급 업자들은 자가용 수송기를 확보하고 있다. 마약의 중간 기착 국가들은 소위 '미국이 실패를 거둔 국가들(또는 레이건 독트린의 희생국)'과 일치한다. 앙골라, 캄보디아, 과테말라, 나이지리아, 온두라스, 모잠비크 등이 바로 그런 나라들이다. 마약 밀매 대금은 이들 국가의 부패한 경찰과 더러운 정치인을 살찌우는데, 그들은 한 손으로는 마약 거래로 생긴 이익을 챙기면서 다른 한 손으로는 미국에서 '마약과의 전쟁' 자금을 받아 챙긴다. 그들은 전쟁과 범죄를 부추기는 다른 품목의 밀수와 연관된 경우도 많은데 그중에는 총포류와 다이아몬드뿐 아니라 핵 기술 같은 첨단 상품도 있다. 때로는 알카에다 같은 불법 테러 집단과 거래하기도 한다.

이처럼 모든 것은 서로 연결되어 있고, 그 중심에 마약이 있다.

'마약과의 전쟁'을 옹호하는 사람들도 있기는 하지만, 대체로 이 정책은 돈만 많이 들었을 뿐 실패한 것으로 평가된다. 미 연방 정부와 주 정부가 마약과의 전쟁에 쏟아 붓는 돈은 국내외를 합쳐 연간 5백억 달러에 달한다. 콜롬비아 같은 나라에서는 마약과의 전쟁이 곧 내전으로 비화되었다. 현지 경찰과 군 간부들이 마약과의 전쟁을 다른 목적에 활용했기 때문이다. 이들에게 마약과의 전쟁은 오랜 부정 이득의 원천일 뿐 아니라, 반대파 보복과 제거의 수단이었다.

마약 작물의 재배를 뿌리 뽑으려면 해당 지역 주민이 그것을 원하는 동시에 대체 작물이 있어야 하는데, 이 두 가지를 모두 만족시키기는 매우 어렵다.

마약과의 전쟁이 실패하는 주된 이유는 그것이 잘못된 곳에서 벌어지고 있기 때문이다. 문제는 해외에 있는 것이 아니고 바로 미국에 있다. 자유 무역 또한 마약 밀매에 일조한다. 테러와의 전쟁은 지역에 따라 마약 거래를 방해하기도 하지만 도움이 되기도 한다. 예를 들어 아프가니스탄에서는 탈레반 정권이 무너진 것을 계기로 마약 재배 업자와 수출 업자가 대거 등장했다.

현재 마약 거래 문제는 매우 복잡한 양상을 띠고 있다. 해법 중 하나로 마약을 '합법화'하는 것을 생각해 볼 수 있다. 마약의 유해성과 마약의 합법화(철저한 관리와 세금 부과 등을 통한)가 가져올 파급 효과에 대해서는 치열한 논쟁이 벌어지고 있다. 하지만 한 가지 확실한 것은 미국의 불법 의약품에 대한 수요가 전 세계에 파장을 일으킨다는 점이다. 이것이 전 세계의 수백만 명에 이르는 사람들을 폭력과 부정으로 내몰며 값비싼 대가를 치르게 하고 있다.

012

바다 죽이기

……바다에 물고기가 얼마나 많은지 그물뿐 아니라 바구니로 퍼 담아도 될 정도로 넘쳐 난다. 바구니에 돌을 매달아 바닷물 속에 집어넣으면……

---------- 대서양 북동부의 황금 어장은 16세기와 17세기 유럽 인들이 아메리카 대륙에 관심을 가진 가장 큰 이유였을 것이다. 대구가 너무 많아서 말 그대로 보트에 뛰어들 정도였으니 말이다. 위에 인용한 존 캐벗(John Cabot. 이탈리아의 항해 탐험가. 1497년, 콜럼버스에 앞서 아메리카 대륙에 발을 디뎠다·옮긴이)의 유명한 기록은 여러 세대에 걸친 어부들의 증언으로 확인되었다. 바다의 풍요로움은 미국의 초석이 되었다.

물론, 이제는 모두 지나간 시절의 이야기일 뿐이다. 저인망 그물로 샅샅이 훑어 물고기의 씨가 말라 가는 바다는 하나의 거대한 쓰레기통이 되었다. 수백만 갤런의 석유와 독성 화학 물질이 버려져 있으며, 해안의 하구들은 마구잡이로 개발되어 쓰레기와 독극물이 스며들고 있다. 컨테이너선과 해군 함정들이 바다 저 멀리에서 무슨 짓을 하는지는 아무도 모른다.

바다는 지구 동식물의 전 생활공간 중 95퍼센트를 차지한다. 과학자들은 해양 서식지와 습지, 해양 포유류, 어장, 산호초 등이 빠른 속도로 사라지고 있으며, 수질 오염과 해안 개발, '죽은 해역'이 놀라운 속도로 증가하고 있다고 경고한다. 미국에서는 어린 물고기의 천혜 배양지인 해안 습지가 매년 약 8천만 제곱미터씩 사라진다. 하지만 이것은 눈에 보이지 않는 바다 저 깊은 곳에서 벌어지는 문제에 비하면 빙산의 일각에 불과하다.

황금 어장들은 오랜 남획으로 황폐해져 버렸다. 이것은 생계형 어부들의 잘못이 아니다. 저인망을 사용하는 기업형 대형 어선들이 바다를 망쳐 놓은 결과이다. 그들은 1백 미터 길이의 저인망으로 바다의 바닥을 훑고 지나가며 길목에 있는 생물을 싹쓸이한다. 이 그물에 걸려드는 해양 생물의 약 70퍼센트가 '덩달아 따라 올라오는 것들', 그러니까 필요 없는 물고기나 거북, 바닷새, 해양 포유류, 산호초, 해면류 등이다. 무게로 따지면 18톤에서 40톤에 이르는 해양 생물이 매일 죽어나가는 것이다.

또 다른 문제는 바다가 거대한 쓰레기통이 되어 버렸다는 사실이다. 전 세계적으로 매년 70억 톤의 쓰레기가 바다에 버려진다. 이 중 60퍼센트가 플라스틱류로, 완전히 분해되는 데 10년에서 20년 정도 걸린다. 바다를 유유히 항해하는 호화 여객선들도 수질 오염의 원인 제공자이다. 이들 배에서 매일 25만 5천 갤런의 오·폐수와 3만 갤런의 하수가 쏟아져 나온다. 해안에서 약 5킬로미터만 벗어나면 호화 여객선은 이런 쓰레기들을 마음대로 바다에 내버릴 수 있다.

물론 미국만 바다를 오염시키는 것은 아니다. 해양 오염은 이미 지구 전체의 문제가 되었다. 그런데도 미국 정부는 최근 몇 년 동안 이 문제를 해결하기 위해 다른 나라와 협력하는 것을 주저해 왔고, 이런 수수방관적인 태도 때문에 좀 더 일찍 해양 오염을 막지 못한 것이다.

하지만 위에서 설명한 것들보다 더 바다를 괴롭히는 것은 기후 변화의 원인이기도 한 배기가스이다. 지난 2백 년 동안 각종 산업에서 발생한 이산화탄소의 절반가량이 바다에 녹아들었다. 바다의 산성도를 바꿔 놓을 수도 있는 온실 가스를 계속해서 쏟아 부음으로써 바다 생태계를 위협해 온 것이다. 바닷물의 탄산 농도는 지난 수백만 년 동안에 비해 1백 배나 빠른 속도로 증가하고 있다. 이것은 바다의 수소 이온 농도(pH)에 큰 영향을 주어 결과적으로 먹이 사슬을 바꾸어 놓고 산호초와 해양 서식지를 대규모로 파괴한다.

미국 정부는 자신들이 이처럼 바다를 파괴하고 있다는 사실을 아직 제대로 파악하지 못했다. 아마도 바다를 무진장한 자원의 보고로 생각하는 프런티어 정신 때문에 그럴 것이다. 바다가 매우 취약하고 민감하며 역동적인 생태계라는 사실을 이제는 그들도 조금씩 깨닫고 있다. 하지만 아직은 식량 자원과 산소, 아름다움의 원천인 바다를 보호하려는 중요한 조치들에 방해가 되는 요인들이 상존하는 것이 현실이다.

013

고비용 저효율의 핵 발전

---------- 미국이 1945년 일본에 원자 폭탄을 투하한 이후 핵무기의 파괴력에 대한 우려가 커지기 시작했다. 이런 우려를 불식시키기 위하여 아이젠하워 대통령은 1953년 '평화를 위한 원자력(Atoms for Peace)' 프로그램을 선언하면서, 자유세계에 원자력 발전소를 지어 주겠다고 약속했다. 그 결과, 세계에는 현재 4백 42기의 원자력 발전소가 가동 중이다.

기후 변화가 지구 생태계에 분명하고 당면한 위협으로 떠오른 지금, 원자력 발전은 새로운 계기를 맞은 것으로 보인다. 사실 원자력 발전

산업은 그동안 높은 비용과 핵폐기물 처리 문제, 안전 문제 때문에 부정적인 여론에 시달려 왔다. 특히 1986년 우크라이나의 체르노빌 원자력 발전소 참사와 1979년 미 펜실베이니아 주 스리마일 섬 원자력 발전소 사고 후에는 더욱 그러했다. 1970년대와 1980년대에 걸쳐 원자력 발전소 건설에 반대하는 대규모 시위가 일어났고, 이를 계기로 원자력 발전이 쇠퇴의 길을 걷는 듯했다. 1970년대 중반 이후 미국에는 새로운 원자력 발전소 건설 계획이 전혀 없었다.

또한 인도와 파키스탄, 이스라엘의 예에서 보듯, 원자력 산업이 발전한 곳에는 반드시 핵무기가 따라다닌다.

유감스럽게도 원자력 발전은 아직 이러한 일련의 문제를 해결하는 데 성공하지 못했다. 연구 개발(R&D)비와 정부 보조금, 골치 아픈 핵폐기물 처리 비용 등 원자력 발전소 운영에 들어가는 비용은 화석 연료를 좀 더 친환경적으로 사용하는 방법을 포함해 다른 어떤 에너지의 생산 비용보다도 높다. 그리고 원자력 발전소를 짓기만 하면 기후 변화의 재앙을 피할 수 있다는 생각은 우리로 하여금 좀 더 현명한 대안을 찾으려는 노력을 게을리 하게 만든다(사실 원자력 발전이 기후 변화 문제를 해결할 대안이라는 생각 자체가 잘못된 것일지 모른다. 우라늄 광석의 질이 나빠지면 원자력 발전이 대기에 더 해로울 수도 있다).

에너지 문제에 대한 대안으로는 에너지의 효율을 높이는 방법—냉장고와 에어컨 등 우리가 사용하는 기술 제품의 성능을 획기적으로 개선하는 것—과, 소비를 줄임으로써 에너지를 절약하는 방법을 생각해 볼 수 있다. 이 중 에너지 절약은 다소 '미국적이지 못한(우리의 소비 풍토는 만족할 줄을 모르고, 그것은 에너지 사용에서도 마찬가지다)' 방법이라고 생각하는 사람이 있을지 모른다. 하지만 미국도 과거에 꼭 필요했을 때는 모두들 절약하기도 했다. 따라서 미국 정부와 산업계가 에너지 절약과 효율 제고에 정책의 우선순위를 부여한다면 그 두 가지만으로도 적어도 앞으로 10년간은 환경 문제를 해결할 수 있을 것이다(원자력 발전소는 1천억 달러의 엄청난 정부 보조금 혜택을 누렸으나, 핵폐기물 처리와 공장 노후화 등의 문제가 여전히 해결되지 않은 상태이다. 이에 비해 재활용 연료와 에너지 효율 제고 프로젝트에 배정된 연방 예산은 10억 달러도 안 된다). 그 밖의 대안으로 '재생 에너지'가 있다. 이것은 고유가 시대를 맞아 이미 활발한 논의가 진행되고 있다. 그중에는 좀 더 발전된 핵 기술을 활용한 '핵융합 발전'도 있는데, 이것은 핵폐기물과 핵무기 원료를 생산하지 않는다는 장점이 있다.

결론적으로 말하면, 핵분열 발전은 하지 않는 편이 나을 것 같다. 이 방법은 세계 에너지 공급에 기여하는 바는 적은 데 비해(약 7퍼센트), 치러야 할 대가는 너무 크다. 만약 핵분열 발전이 없었더라면 미국은 과잉 소비, 석유 불안, 기후 변화 등 에너지가 안고 있는 세 가지 문제에 좀 더 빨리 노출되었을 것이고, 그랬을 경우 더 빨리, 더 효율적인 해결책을 찾아냈을지도 모른다. 동시에 핵무기 확산 가능성은 거의 제로로 줄어들었을 것이고, 그에 따른 군사비 지출도 크게 감소했을 것이다. 이렇게 볼 때 핵분열 발전은 비용만 많이 들고 헛물만 들이켠 도박이었을 가능성이 높다. 만약 미국이 좀 더 현명하게 다른 대안에 투자를 했더라면 오늘날 미국은 선택의 폭이 훨씬 넓었을 것이다. 이것은 이미 30년 전부터 수많은 과학자와 실천 운동가들이 지적해 온 것들이다. 그리고 핵 발전의 고비용, 불확실성, 위험 등을 면밀히 감안해 볼 때 그런 지적은 오늘날에도 유효하다.

'평화를 위한 원자력'은 멋진 꿈이었고 전 세계에 커다란 선물이 될 수도 있었다. 하지만 꿈 중에는 실현될 수 없는 것도 있으며, 핵 발전이 바로 그런 경우다.

014

지구의 허파를 좀먹는 가구 산업

---------- 티크 목재는 우아한 야외 식사를 위한 최고의 선택이다. 해충에 강하고 갈라지거나 썩지 않으며 낡아도 아름답기 때문이다. 고대 중국인들이 배를 건조할 때 사용했다는 티크는 조금만 손질해 주면 몇십 년은 끄떡없이 버틴다. 미국인들은 이 나무를 엄청나게 수입한다.

문제는 이 나무가 인도네시아의 한 지역을 불법적으로 싹쓸이하듯 베어 넘으로써 얻어진다는 것이다. 그 결과, 해당 지역의 생태계와 동식물 서식지는 황폐해지고, 생물 다양성은 위협받으며, 지역 경제와 주민들의 삶은 파탄에 이르게 된다. 한 권위 있는 보고서에 따르면, 2002년 한 해 동안 미국은 인도네시아에서 4억 5천만 달러어치가 넘는 목재를 수입했는데, 인도네시아의 불법 벌목률이 70퍼센트임을 감안할 때, 미국은 한 해에 인도네시아에서 3억 3천만 달러어치의 불법 목재를 수입하는 것으로 추산된다고 한다.

미얀마산 티크의 경우는 상황이 더 나쁘다. 미얀마 현지에서 강제 노동으로 벌목된 이 나무는 타이나 인도로 수출되고, 그곳에서 가공된 후 미국으로 판매되는데, 이 과정에서 합법적인 나무로 둔갑하게 된다. 그리고 어떤 방식으로 벌목되든 간에 티크는 이제 멸종 위기에 직면해 있다.

'정원 식탁'을 보면 '아, 이 세상에 서로 연결되지 않은 것은 없구나!' 하는 생각이 든다. 우리는 단순히 가구 하나를 선택할 뿐이지만, 그렇게 되기까지는 우선 소중한 자원을 제3세계에서 헐값에 사들여야 한다. 거기에는 노동력의 착취가 따른다. 또한 무분별한 벌목으로 산림은 황폐해지고, 목재 가공 공장에서는 산업 폐기물이 발생하며, 오랑우탄을 비롯한 수백 종의 동물은 서식지를 잃는다. 좀 더 거시적인 관점에서는 남벌로 인해 기후 변화가 가속화하고, 지구의 생물 다양성을 유지해 줄 숲이 사라지며, 토양이 침식된다. 그 밖에 또 어떤 일이 일어날지는 아무도 모를 일이다.

한 조사 보고서는 이렇게 기록한다.

"불법으로 벌목되는 나무의 비율은 인도네시아 전체 목재 생산량의 73퍼센트, 브라질의 경우는 80퍼센트, 카메룬은 50퍼센트이다. 이들 주요 수출국의 불법 벌목 비율을 감안할 때, 상당한 양의 목재가 암시장에서 불법 거래되고 있는 것이 확실한데, 그 양은 최소한 전 세계 목재 교역량의 절반 이상이다."

문제의 심각성은 이런 불법 벌목이 주로 생태학적으로 민감한 지역에 집중되는 데다, 삼림 훼손 정도가 심한 것에 비해 생물이나 토양 등 자연을 복구하려는 노력은 전혀 없다는 데 있다.

이와 함께 다른 천연자원의 착취도 동시에 진행된다. 나무가 베이고 나면 광석이나 원유 채굴 작업이 이어진다. 하나의 자원을 채취하기 위해서 도로가 뚫리고 항구가 들어서면 이후에는 접근이 쉬워지기 때문이다. 벌목한 땅은 경작지로 개간되기도 하는데, 아마존의 사례에서 보듯, 이렇게 조성된 토지는 얼마 안 가 황폐해지고 만다.

물론 이런 야만적 행위가 멀리 떨어진 곳에서만 일어나는 것은 아니다. 북아메리카와 중부 아메리카 전역에서도 벌목 관련 사업이 진행되고 있다. 그렇지만 뭐니 뭐니 해도 최상급의 목재를 생산하는 곳은 아시아이며 점점 많은 미국인들이 아시아산 목재를 찾는다. 『필라델피아 인콰이어러』지는 다음과 같이 보도했다.

"연방 무역 통계에 따르면, 미국이 중국에서 수입하는 가구가 1989

인도네시아 수마트라 섬의 한 벌목지. 동남아시아 열대 우림은 이미 70퍼센트 이상 파괴되었다.

년의 2천1백50만 달러어치에서 1999년에는 약 10억 달러어치로 늘어났다. 미국은 또한 열대 지방의 원목을 가장 많이 수입하는 나라이다. 전 세계 마호가니의 약 60퍼센트가 미국으로 수출된다.”

물론, 목재 수입상이 전부 미국인인 것도 아니고, 미국이 이런 목재들을 세계적으로 싹쓸이하는 것도 아니다. 하지만 미국 시장은 놀라울 정도로 성장하고 있으며, 이런 상황은 환경을 의식하는 수입업자들에게 엄청난 부담으로 작용한다. 이 문제를 해결하기 위해 부시 행정부가 한 일은 거의 없다. 부시 행정부는 2002년 평소보다 산불이 자주 발생하자 이에 대한 대책으로 ‘건강한 숲 이니셔티브’라는 것을 내놓았는데, 이는 대형 목재 회사들이 공유지에 들어가 산불 확산의 ‘연료’가 되는 빽빽한 삼림을 베어 내도 좋다는 초청장이나 다름없었다. 또 일부 열대 우림과 원시림을 대상으로 한 벌목 보조금은 여전히 높은 수준을 유지하고 있다. 열대 지방의 삼림은 매년 8만4백67 제곱킬로미터씩 지구 상에서 사라지고 있다. 긴급 조치가 필요한 시점이지만, 미국 정부는 아무런 대책도 내놓지 않은 상태이다.

소비자들이 이런 문제에 무감각한 것도 문제이다. 미국처럼 소비가 모든 것에 우선하는 문화에서 소비자들에게 ‘당신이 사용하는 제품이 어느 곳에서 만들어졌는지 아느냐’고 정색하며 묻는다거나, ‘그런 상품을 쓰는 것은 바람직하지 못한 일 아니냐’고 추궁하는 것은 쉽지 않다. 이 때문에 미국인들이 좋아하는 정원 식탁이 지구 환경을 위협하는 결과를 낳은 것이다.

015

'지구 비만'의 주범, 가공 식품

---------- 가공 식품이 프랑스에서, 그것도 군대를 위해 처음으로 만들어졌다는 사실을 아시는지? 나폴레옹은 길고 긴 유럽 원정에서 군인들에게 먹일 음식을 장기간 보존할 수 있는 방법을 찾는 데 1만 2천 프랑의 상금을 내걸었다. 이에 파리의 양조업자이자 제과업자이며 요리사였던 니콜라 아페르가 병조림법을 고안해 냈고, 그 기술을 15년에 걸쳐 발전시켰다. 그것이 바로 대량 생산과 운반이 가능한 최초의 식품 가공 기술이었다.

그것은 정말 놀라운 발명이었다. 식량 생산 지역에서 멀리 떨어져 사는 사람들이나 음식을 저장해 두었다가 다양하게 즐기려는 사람들에게 통조림을 비롯한 식품 가공 기술은 하늘이 내려 준 선물이었다. 그것은 사람들이 안심하고 식품을 먹을 수 있는 방법으로서 오랫동안 사랑받았다.

단순한 통조림 방법을 넘어선 오늘날의 식품 가공 산업은 엄청난 규모로 전 세계에 퍼져 나가고 있다. 미국에서는 가공 식품에 들어 있는 과다한 염분과 트랜스 지방, 설탕(혹은 고과당 콘 시럽) 등이 비만의 주범으로 꼽히며, 가공 식품 중 건강에 좋은 것은 별로 없다고 알려져 있다. 그런데도 미국인들은 이런 식품을 전 세계를 상대로 판매하고 선전한다.

터프츠 대학의 한 영양학자의 말을 들어 보자.

"최근, 모든 종류의 가공 식품과 음료 시장이 공급 초과 상태인데도 미국의 식품 산업은 판매와 생산 모두에서 성장하고 있다. 이처럼 시장이 포화인 상태에서 성장을 계속하는 경제적 역설은 미국인에게 만연한 비만의 주요 원인인 칼로리 섭취 과잉으로 귀결된다."

2003년, 미국의 식료품 시장 규모는 9천2백억 달러로 추산되었는데, 이는 국민 1인당 칼로리 섭취가 1970년 이래 25퍼센트나 증가했음을 의미한다. 미국 국민들의 허리 치수가 늘어나는 데 비례하여 식품 회사들의 이익도 늘어나고 있다.

미국과 유럽의 식품 가공 산업 성장률은 이들 나라의 평균 개인 수입 증가율과 비례 관계에 있다. 또한 가정에서 간편하게 조리할 수 있는 식품에 대한 요구와 외식이 늘어난 것도 식품 가공 산업이 성장하게 된 배경 중 하나다. 여러 발명가와 국가들이 건강에 해로운 가공 식품을 확산시키는 데 기여했지만, 이번에도 가공 식품을 '완성'시킨 것은 역시 미국인들이다.

전 세계 식품 회사 가운데 상위 40퍼센트가 미국 회사이며, 미국의 가공 식품 수출액 2백70억 달러 중 3분의 1은 육류이다. 하지만 미국 식품 회사들의 영향력이 큰 이유는 수출보다는 해외 직접 투자 때문이다. 크래프트(Kraft) 같은 대형 식품 회사가 해외 현지 공장에서 제품을 생산하면, 월마트가 우후죽순처럼 늘어나는 개발도상국 대형 마트에 이것을 공급한다.

한 연구 보고서는 이렇게 지적했다.

"2002년 '하인즈'는 중국 공장의 생산 능력을 15퍼센트 늘리고 필리핀에 새 공장을 설립했다. 켈로그는 중국, 인도, 일본, 한국, 타이 현지 공장에서 제품을 만들어 아시아 전체 소매 체인에 공급하고 있다. 미국에서 두 번째로 큰 식품 회사인 펩시는 전 세계에 퍼져 있는 스낵 푸드 마케팅 부문과 함께 시장을 계속 확장해 나가고 있다. 최근 이들의 주요 공략 대상은 라틴 아메리카와 아시아 태평양 지역이다."

전 세계적으로 가공 식품의 시장 규모는 이제 3조 2천억 달러에 이르며, 이는 전체 식품 매출의 4분의 3을 차지한다.

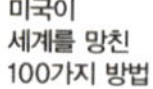

그렇다면 지구 전체가 비만에 시달리게 되는 것도 시간문제로 보인다. 그리고 그것은 제약 회사들에는 매우 고마운 일이다. 배부른 중국인들은 대만을 집어삼키는 데 별 관심을 보이지 않게 될지도 모른다. 또 중동 사람들이 트윈키(Twinkies. 속에 크림이 든 작은 스펀지케이크 상품명·옮긴이)를 즐겨 먹게 되면 테러가 줄어들지 누가 알겠는가.

하지만 건강과 영양에 조금이라도 관심이 있는 사람이라면, 개도국들에 가공 식품이 넘쳐 나는 것이 별로 환영할 일이 못 된다는 것을 알 것이다. 이것은 한 개인이나 기관이 책임질 문제가 아니다. 이런 현상이 벌어지는 것은, 한편으로는 우리가 대형 식품 회사들에 식품 공급을 대부분 의존하기 때문이며, 또 한편으로는, 당연하게도, 이 회사들이 생산비가 적게 들면서 맛있는 제품을 추구하기 때문이다. 애석하게도, 이 조악한 식품들은 정말 맛이 좋다. 설상가상으로 미국 정부는 그 중에서도 제일 문제가 많은 옥수수 생산에 보조금까지 지급하고 있다. 국민들의 영양 섭취를 위해 애쓰는 정부의 노력이 정말 눈물겹다. 수입 늘리기에 혈안이 된 학교 당국은 탄산음료 자동판매기를 복도에 설치해 학생들의 그릇된 식습관을 조장하고 있다(다행스럽게도 미 음료 협회는 오는 2009년까지 미국 전역의 공립학교 중 75퍼센트에서 탄산음료 판매를 중단하고 2010년에는 모든 학교로 확대하기로 했다·옮긴이).

자국의 문제도 스스로 해결하지 못하는 미국이 어떻게 다른 나라 사람들의 건강까지 챙기기를 기대할 수 있겠는가.

016

추악한 부자들

'부익부 빈익빈'이라는 말이 있다. 진부한 말이기는 하지만 부자가 돈을 벌기 쉬운 것은 사실이고, 따라서 미국은 앞으로도 부자 나라의 자리를 지킬 것이다. 전 세계적으로 순자산이 80억 달러가 넘은 사람들 중 절반이 미국인이다. 나머지 절반 중에도 반수에 가까운 사람이 미국에 의존해 있고(가령 중동의 석유 소유주들), 그들 대부분이 미국에 재산을 두었다.

부호들은 '아메리칸 드림'을 상징하는 호화로운 생활을 즐긴다. '호화롭다'는 말로는 그들이 누리는 극도의 사치를 제대로 묘사하기 힘들다. 과시적 소비는 언제나 부자들의 트레이드 마크였지만, 이제는 그 규모가 글로벌화하고 있다. 그들은 세계적으로 멋있다는 곳에는 다들 집을 소유하고 있다. 이들을 위한 은행·금융·부동산업에는 국경이 따로 없다. 이제는 수입이 같은 사람들끼리 문화나 가치, 세계관을 공유하며, 국적이나 종교는 거기에 별 영향을 미치지 않는다.

할리우드는 부자들이 가진 인간적 면모를 강조하려고 최선을 다하며, 돈이 행복을 가져다주지는 않는다는 메시지를 전하려고 애쓴다. 휴 그랜트나 리처드 기어처럼 겉으로는 화려하지만 마음이 공허한 사람들이 등장해 가게 점원이나 비서, 경호원 같은 사람을 만남으로써 충족감을 느낀다는 내용의 영화가 인기를 끈다. 하지만 이것은 보통 사람들을 위한 판타지에 불과하다.

부호들이 오직 재산 늘리기에만 여념이 없는 모습을 보여 주지만 않았더라도 그들의 호화로운 생활은 상대적으로 덜 해롭게 느껴졌을 것이다. 물론 조지 소로스나 빌 게이츠, 테드 터너 같은 예외도 있기는 하지만, 부자들은 대체로 인색하다. 그들은 가난한 사람들보다도 훨씬 인색하다. 총수입에서 자선 사업에 기부하는 돈이 차지하는 비율은 가난한 사람들이 부자들보다 훨씬 높다. 부자들은 자신의 인생에 주어진 그 큰 행운에도 남들에게 자그마한 선행이라도 베풀겠다는 생각이 없다. 그저 더 벌지 못해 안달일 뿐이다.

그래서 그들은 세금 감면과 비밀 계좌 운용, 금융 규제 완화, 정부 보조와 보호 조치를 비롯한 각종 특혜를 받기 위해 압력을 가한다. 재산이 80억 달러가 넘는 상위 50명의 부자들 중에는 월마트의 월턴가(家)를 비롯해 정유, 화학, 제약, 은행, 금융 재벌 등이 포함되어 있는데, 이들은 오랫동안 공공 자금을 지원받아 배를 불렸으면서도 여전히 더 많은 정부 지원을 원한다. 그리고 이들이 운영하는 사업체 중 상당수는 세상에 나쁜 영향을 끼친다.

부자들은 보통 개인주의를 신념으로 삼으며, 이에 따라 정부가 경제에 개입하는 것을 반대한다. 하지만 자신들이 정부에서 보조금을 받아야 할 상황이 되면 이 신조가 온데간데없어진다. 그들 중 일부는 심지어 자화자찬하는 책을 쓰기도 하는데, 대개가 자유 기업을 칭송하고 자신들이 처음 10억 달러를 모으기까지의 모험담을 들려주며 스스로의 도전 정신을 자랑한다. 이런 이야기가 소수의 행운아들에게나 해당되는 것이며 평범한 사람들의 인생철학으로는 적절하지 못하다는 사실을 그들은 이해하지 못한다.

그런데 여기서 우리가 한 가지 알아 두어야 할 것은, 내가 말하는 '추악한 부자들'이 매일 쇼핑이나 하고 스키나 타며 파티에 열중하는 한심한 사람들만은 아니라는 사실이다. 연간 3천3백만 달러에 가까운 수입을 올리는 상위 100대 부호 대부분이 이 범위에 포함된다. 이들은 그 누구보다 열심히 '부(富)의 이데올로기'를 전파하는 자들이다.

"당신도 부자가 되어 우리처럼 인생을 즐기라!"는 구호는 특히 미국인들에게는 독약과도 같다. 왜냐하면 1990년대의 뚜렷한 경제 성장과 증권 시장의 활황, 노동 생산성의 향상, 낮은 인플레율에도 지난 30년 동안 미국의 가계 실질 소득은 늘어나지 않았기 때문이다. 오히려 소득 불균형은 점차 늘어나고 있고, 이와 맞물려 부자들은 중산층과 빈곤층이 맞벌이와 장시간 노동으로 이룩한 경제 성장의 과실을 독식하고 있다. 미국 못지않은 경제 성장을 이룩한 일본은 회사 경영진의 봉급이 노동자 평균 임금의 11배에 불과하다. 영국은 22배이다. 그런데 미국은 무려 4백75배에 이른다.

그 결과, 대부분의 미국인이 과거와는 달리, 이민자나 해외 원조, 혹은 경제 정책 전반에 대해 여유를 잃어버리게 되었다. 따라서 미국의 지원이 필요한 국제 개발 정책과 그 밖의 글로벌 이슈들에 대해서도 점점 인색한 태도를 드러내고 있다. 여유가 있어야 이타심도 생기는 법이다. 미국 대중은 비틀스가 세상을 풍미하던 1960년대 이래 장기간의 호황을 누려 본 적이 없다.

미국의 부자들은 수단 방법을 가리지 않고 세상에서 돈을 끌어들이는 데 전념하고 있다. 악행을 저지르고, 자선에 인색하며, 정부 특혜와 재정 혜택을 요구하고, 재산을 은닉하고, 세금 감면을 촉구한다. 미국은 이와 같은 부자들의 추악한 행위가 정점에 달한 나라이다. 그들은 우리를 빈털터리로 만들어 버렸다.

017

'24/7', 노동 착취의 글로벌 스탠더드

—————— 일이란 좋은 것이다. 도전적이고 중요하며 보람 있는 일을 한다는 것은 하나의 축복이다. 미국처럼 노동 윤리를 소중하게 여겨 온 나라도 별로 없다. 그 보상으로 미국은 온 국민이 골고루 잘사는 나라로 인정받았다. 하지만 일은 일종의 마약이 될 수도 있다. 삶의 갖가지 도전으로부터 달아나는 도피처가 될 수 있기 때문이다.

과거에는 가정이 담당하던 위안과 지지, 개인적 보상의 역할을 이제는 직장이 대신하게 되었다. 직장과 가정 문제를 다룬 책 『시간의 구속(The Time Bind)』에서 알리 호크실드는 "시간이 가정을 빠져나와 빠른 속도로 직장을 향해 가고 있다."고 말했다. 그렇다고 단순히 노동 시간이 전보다 늘어났다거나, 가계의 수지를 맞추기 위해서 추가 노동이 불가피하다는 의미는 아니다. 본래 가정에서 스트레스를 가중시키는 역할을 했던 일이 이제는 직장에서 그 자체로 하나의 구원이 되었다는 뜻이다. 계속해서 그는 이렇게 말한다.

"친구와 친척들은 모두 직장에서 일을 한다. 따라서 집으로 돌아가면 이웃에 사는 사람은 있지만 이웃이라는 공동체는 없다. 내가 만나 본 매니저, 사무직 노동자, 생산직 노동자에게 '어디서 친구를 사귀느냐', 혹은 '고민스러운 가정사를 함께 의논할 사람을 어디서 만날 수 있느냐'고 물어보면 한결같이 직장에서 발견한다고 대답한다."

원인이 무엇이든 간에 미국인들은 일에 대해 강박증을 느낀다. 이런 증세는 현재 전 세계로 퍼져 가고 있는데, 그것을 사람들은 '24/7'이라고 부른다. 하루 24시간, 일주일에 7일 일한다는 뜻이다. 그보다 적게 일하면 왠지 유약한 사람처럼 보인다. 역사학자 스테파니 쿤츠는 다음과 같이 말한다.

"정규 노동자를 기준으로 할 때, 근로 시간은 미국이 가장 길다. 반면, 휴가 일수에서는 선진국 가운데 꼴찌를 면치 못한다. 1973년 이후, 미국인들의 소득 증가분 중 94퍼센트가 전체 국민의 1퍼센트에 해당하는 부자들에게 돌아갔다."

지난 20~30년 동안 일하는 여성이 크게 늘어났음에도 미국인들의 주당 평균 노동 시간은 오히려 더 늘어났다. 실질 소득이 늘어나지 않은 데다 건강 보험 같은 혜택이 크게 축소되었기 때문에, 일을 더 하거나 추가로 다른 직장을 구해 일하는 것 외에 다른 선택의 여지가 없었던 것이다.

최근에는 시대의 흐름에 맞춰 새로운 노동 윤리가 정착하고 있다. 휴대폰과 블랙베리(북미 지역에서 많이 사용하는 휴대용 단말기·옮긴이), 이메일이 널리 보급되면서 세계 어느 곳에서나 통신이 가능하게 된 덕이다. 다시 말해 이제는 어디를 가든 직장에서 벗어날 수 없게 되었다. 사실 아무도 벗어날 생각조차 하지 않는다.

얼마 전까지만 해도 유럽에서는 휴가철인 8월(심지어는 7월에도)이나 크리스마스 시즌에는 사람을 만나기가 쉽지 않았다. 아홉 시 전에 출근하는 사람도 거의 없었다. 하지만 미국의 압력으로 인해 이런 우아한 전통도 이제는 서서히 사라져 간다.

스페인에서는 한때 자랑스럽게 생각했던 시에스터 전통이 점차 사라지고 있는데, 경제 성장을 위해서는 불가피하다는 견해가 우세하다. 스페인 경제가 세계와 긴밀히 연결되어 있을 뿐 아니라, 생산성을 높여야 한다는 압력이 거세지고 있으며, (시에스터를 즐길 수 있는) 가정이 대부분 직장에서 너무 멀리 떨어져 있는 것 등도 이유로 지적되고 있다. 잠이 부족한 노동자들을 위해 특별 서비스를 제공하는 미용실에 대한 기사를 보자.

"미용실 '뷰티 불바르'의 주인 실비아 에스크리바노는 '고객들이 머리를 자르거나 마사지를 받은 뒤 뒷방에 가서 잠시 눈을 붙일 수 있도록 배려하고 있다'면서 '졸음을 참으려고 애쓰는 사람들을 보면 너무 가슴이 아프다'고 말했다."

멕시코에서도 마찬가지이다. 공무원들이 낮에 긴 시에스터를 즐기고 밤늦게까지 일했던 과거의 전통은 이제 허용되지 않는다.

중국인 노동자들은 점심시간이 보통 두 시간이었는데 지금은 어림도 없다.

과거의 훌륭했던 라이프스타일이 사라지는 현상이 미국의 일 중독 습관 때문인지 아닌지는 정확히 알 수 없지만, 세계적으로 주당 노동시간이 점차 미국 표준에 가까워지는 사실만은 주목할 필요가 있다. 점심시간은 점점 짧아지고, 집에서 점심을 먹는 일은 드물어지며, 주말과 휴일에도 일해야 하고, 이래저래 사무실에서 벗어날 수 없는 것이 근로자의 현주소다.

지식과 문화

018

TV 문화의 보급

 지난 20세기에 발명된 TV야말로 우리의 일상생활을 크게 바꾸어 놓았다. 그리고 미국은 그 어떤 나라보다도 TV와 인연이 깊다. 나는 20여 년 전에 모잠비크의 수도인 마푸토를 여행한 적이 있다. 그 나라는 오랜 내전으로 황폐했고 거리마다 불타 버린 건물과 잔해가 널려 있었다. 우리는 조그마한 호텔에 투숙하여 객실에 편안히 자리 잡고 앉아 TV를 켰다. 그러자 화면에 곧바로 미국의 방송에서 자주 보아 왔던 주인공들이 등장했다. 그것이 의미하는 바는 여러 가지였다. 그중에서도 특히 문화의 글로벌화—혹자는 헤게모니라고 할 것이다—를 잘 보여 주었다. 미국의 TV는 할리우드나 인터넷보다도 폭넓은 문화의 글로벌화를 가져왔다.

1920년대에 처음 등장한 TV는 이후 전 세계적으로 약 10억 대가 팔렸다. 또한 지난 30년 동안 TV 산업은 경이로울 만치 발전했다. 현재 세계 최대의 '카우치 포테이토(Couch Potato. 소파에 죽치고 앉아 TV만 보는 사람 · 옮긴이)' 국가인 중국의 경우, 1960년에는 불과 '몇천'이었던 TV 보유 대수가 1994년에는 '2억 6천만'으로 증가했다. 한 보고서에 따르면, 중국 시청자 수는 1975년부터 1994년까지 1천8백만 명에서 9억 명으로 늘어났다고 한다. 미국의 경우 전체 가구 중 약 98퍼센트가 TV를 시청한다. 이제 TV는 언제 어디에나 늘 켜져 있다.

TV 프로그램 중에는 한심한 것도 많지만 좋은 것도 많다. 국가적, 세계적으로 중요한 순간을 TV를 통해서 보게 되는 것은 새삼스러운 일이 아니다. 나는 TV에서 존 F. 케네디의 암살과 장례식, 최초의 달 착륙, 9·11 세계 무역 센터 빌딩 붕괴 장면 등을 보도하던 것이 지금도 생생하게 떠오른다. 스포츠와 엔터테인먼트 애호가들에게 TV는 신이 내린 선물이다. TV는 세상에 대해 보고 듣고 느끼는 우리의 능력에 변화를 가져왔다.

그러나 한편으로 TV는 친절하지도, 중립적이지도, 이익을 주지도 않는다. TV 프로그램은 대중의 판단을 흐리게 하고, 쓸모없는 것들로 가득하며, 지루하거나 무의미한, 아니 그보다 더 나쁜 경우도 있다. 무엇보다도 오락 프로그램을 본다는 것은 멍청하기 이를 데 없는 시간 낭비이다.

아울러 TV는 오늘날, 사회의 그 무엇보다도 세계적, 국가적, 지역 사회적으로 우리 자신을 타인으로부터 소외시키는 존재다. 이웃이나 공동체뿐 아니라 가족이나 친구로부터도 우리를 고립시킨다. 사람들은 고독하게 홀로 앉아 TV가 전하는 이미지와 의견, 제한적인 정보를 수동적으로 받아들인다. 이런 상태는 개인에게 사회적, 정치적으로 치명적이다.

장기적으로는 서서히 이웃이나 지역 사회와의 교제—이런 종류의 관계를 '사회적 자본'이라고 하는데, 이것은 상호 지지와 협력, 신뢰, 조직의 효율성을 지향하는 인간의 상호 작용 및 공동체 관계의 복합적 네트워크를 뜻한다—를 줄어들게 만든다. 사회적 자본은 공동체나 마을, 도시, 국가를 건전하게 유지하는 데 매우 중요한 요소이다. 사람은 개인적인 상호 작용을 통해 자신의 공동체에 대해 배우고 감정적, 사회적으로 그 공동체에 투자하게 된다. 또한 그것을 통해 소위 '유대감'이라는 것을 형성한다. 우리는 서로에게서 배우고, 서로를 좋아하고, 공동의 목표를 구축한다. 메릴랜드 대학교의 정치 이론 학자 에릭 어스랜더(Eric Uslander)의 설명을 들어 보자.

　　구성원 간의 유대가 강하고, 강한 긍정적인 가치(타인에 대한 신뢰를 포함해서)를 지닌 공동체는 상호 관계와 협력에서 한층 강력하고 일반화된 규범을 가진다. 도덕적 자원인 신뢰는 우리로 하여금 자신의 한계를 벗어나 세상을 바라볼 수 있게 해 준다. 즉, 우리가 지닌 나쁜 경험과 타인들이 보답할지 확신이 서지 않는 상황에도 타인에게 협력할 수 있게 한다. 신뢰는 여러 가지 면에서 공동체가 살아 숨쉬는 데에 도움이 된다. 사람들로 하여금 공동체 내에서 적극적으로 자신의 역할을 담당하도록 해 주며 도덕적으로 행동하고 타협하도록 만든다. 타인을 신뢰하는 사람은 자신이 공감하지 않는 생각이라 할지라도 쉽게 무시하지 않는다. 원하는 바를 얻을 수 없는 상황에서도 기꺼이 상대방의 말에 귀 기울인다. 사람들이 타인을 정당하게 대우하며, 시민 행동주의와 도덕적 실천이 존재하는 공동체는 더욱 번영할 것이다.

　　어스랜더의 말을 이렇게 길게 인용하는 이유는 이것이 오늘날의 사회·정치적 문제를 이해하는 데 중요한 열쇠가 되기 때문이다. 그것은 좌파에게도 우파에게도 예외가 아니다. 좌파든 우파든 사회적 유대를 통해 얻을 수 있는 긍정적인 측면은 수용해야 한다.

　　그러나 현재, 사회적 자본은 점차 감소 추세에 있다. 그 이유는 부분적으로는 '과학 기술로 인한 여가 형태의 변화' 때문인데, TV와 DVD, 비디오 게임 같은 것들이 다른 사람과 어울리는 시간을 빼앗고 있다(TV의 변종인 인터넷을 비롯한 여러 가지 기술로 인해 심지어 노동 환경까지 바뀌었다). 시민 단체나 PTA(사친회), 스포츠 연맹 같은 것들은 1960년대 이래 내리막을 걷고 있다. 사회 조사 기관인 '로퍼 리포트(Roper Report)'에 따르면, '지난 1년 동안 마을이나 학교의 공적인 회합에 참석한 적이 있다'고 답한 사람의 숫자가 1973년부터 1993년 사이에 3분의 1이 감소되었다고 한다. 정치 집회에 참석하거나 지역 단체에 봉사하거나 정당 활동에 참여했다는 응답도 그와 비슷한 경향을 나타냈다. 보이 스카우트 자원 봉사자의 숫자는 1970년 이래 60퍼센트가 감소했으며, 적십자 자원 봉사자는 1970년 이래 61퍼센트가 감소했다.

이런 현상의 주된 원인은 바로 TV이다.

우리는 TV와 함께 성장한 사람들의 제2세대에 속한다. 이제 TV의 분리 및 소외 효과는 유년 시절부터 깊숙이 파고들어 일생에 걸쳐 영향을 끼친다. 어린이들은 이 바보 상자를 베이비시터 삼아 하루 대여섯 시간씩 시청하며, 그 결과 TV의 기술적 측면과 영상은 어린이들의 인지(認知) 발달에도 영향을 미치게 되었다. 또한 TV는 인터넷과 함께 어린이의 사회화를 가로막고, 성인이 되는 데 반드시 필요한 사회적 기술과 친족 관계의 습득을 방해한다.

지난 30년 동안 정치에 직접 참여하는 사람의 숫자가 줄어든 것도 TV에서 그 원인을 찾을 수 있다. 사회적 자본과 그 중요성에 대한 글을 많이 발표한 로버트 퍼트넘(Robert Putnam) 하버드대 교수는 이렇게 주장한다.

"현대의 대중 매체는 대중의 정치 에너지를 고갈시키고 선출된 공직자들로 하여금 책임을 덜 느끼게 만드는 경향이 있다."

미디어의 부정적인 효과가 환멸과 정치적 무관심, 불신, 소외를 불러일으켰다는 것이다. 반면에 군부를 비롯한 정부 기관에 대한 일반 유권자의 신뢰는 증가하는 추세이다.

이러한 현상은 언론의 자유주의적 성향이나 할리우드의 자유방임주의 때문이 아니다. 그보다는 TV 시청이라는 행위 자체의 본질적인 특성 때문이라고 할 수 있다.

과다한 TV 시청은 시청자로 하여금 획일적이고 단조로운 견해를 갖게 한다. 이것은 심지어 고학력, 고소득층에서도 마찬가지이다. TV를

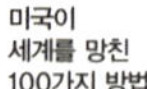

별로 보지 않는 사람들은 좀 더 다양한 의견을 가지는 경향을 나타낸다. TV 시청의 '배양 효과(cultivation effect. TV를 과다하게 시청하는 사람은 자신의 머릿속에 담고 있는 세상의 모습을 TV 속의 세계와 일치시킨다는 이론 · 옮긴이)'는 시청자들의 정치적 여론을 획일화하고, 혁신을 거부하게 만든다. 이제 TV가 조장하는 사실과 가치는 하나의 기준이 되었고, 미국인들은 그 기준을 바탕으로 자신의 개인적 경험과 가족이나 공동체의 행동을 판단한다.

그러나 이것이 TV 프로그램의 내용이 중요하지 않다는 것을 의미하지는 않는다. 타인으로부터 고립된 사람들은 TV에서 본 내용을 쉽사리 믿는 경향이 있고, 그것에 쉽게 조종되는 경향이 있다. '뉴스'와 '정보'라는 이름으로 보도되는 많은 것들이 실은 뉴스와 정보가 아니다. 그렇지만 TV 시청자들은 그런 편집광적이고 선정적이며 폭력적이고 천박하고 특정 인종(백인) 중심적인 뉴스와 정보를 객관적인 뉴스나 정보와 똑같이 받아들인다. 시청자들은 종종 오락 프로그램과 다큐멘터리를 혼동한다. 특히 오락 프로그램 중에는 범죄극이 많은데, 사람들은 이것을 현실로 받아들이는 경우가 많다. 뉴스 프로그램은 또한 범죄나 여성 납치 사건, 테러 위협 등 보통 사람들의 일상생활과 아무런 관련이 없는 충격적인 사건들에 집착한다. 그리고 그러한 보도 태도는 대중의 공포와 불안을 배가시킨다. TV를 많이 보는 사람들은 그렇지 않은 사람들에 비해 세상을 더 위험한 곳으로 보는 경향이 있다. 그 같은 강화 작용이 일어나는 이유는 현실에 대한 왜곡된 인식을 바로잡아 줄 수 있는 사회적 상호 작용이 없는 상태에서는 TV에 비치는 현실이 영향력이 매우 크기 때문이다.

물론, 이에 관한 모든 책임을 미국에 돌릴 수는 없겠지만, TV에 관한 미국의 개척자적 역할은 결정적이다. 즉, 미국은 TV 프로그램을 제작하는 방식과 시청 습관을 규정했다. 유럽의 TV 프로그램은 미국의 것과 거의 흡사하다. 또한 개발도상국들, 그중에서도 영어권 국가에는 미국의 TV 프로그램이 그 어떤 프로그램보다도 많이 공급된다. 미국의 미디어 기업 집중 현상은 그들이 프로그램을 독점적으로 공급하고 수출하며(수출은 큰 이익을 가져다준다. 그 이유는 미국 내에서 이미 제작 비용이 모두 회수되었기 때문이다) 전 세계 수십억 인구의 시청 습관을 규정할 수 있도록 해 주었다. CNN을 비롯해 전 세계적 네트워크를 갖춘 방송사들은 뉴스 보도의 규범이 되거나 혹은 기존의 뉴스를 대체한다.

TV를 손댈 수 없는 불변의 권력이라고 생각하기 쉽다. 물론 이것은 사실이 아니다. 그러나 TV의 폐해를 시정할 방법을 찾아내기가 쉽지 않다. 거의 모든 것이 미국을 통해서, 그리고 미국에서 나오는 상황에서 미국의 지배력을 와해시킬 문화적 지각 변동은 미국에서 시작되어야 한다고 본다.

019

'아메리칸 드림'

---------- 꿈이라는 것은 사람마다 다르게 마련이다. 개중에는 미국에 대한 환상을 품고 있는 사람들이 있는데, 특히 미국으로 이민을 가면 더 나은 삶을 살 것이라는 '아메리칸 드림'을 가진 이들이 많다. 그러나 그러한 꿈에는 한 가지 함정이 있는데, 그것은 '성공'이라는 것을 너무 개인주의적인 관점에서 본다는 것이다. 즉, 용기 있고 근면하며 신과 좋은 관계를 유지하기만 하면 성공할 것이라는 믿음이 그 바탕에 깔려 있다.

이런 생각은 전 세계의 가난한 사람들에게 매우 매력적으로 다가온

다. 물론, 성공하기 위해서는 많은 노력과 위험을 무릅쓰는 용기가 필요한 것이 사실이다. 그러나 이것은 필요조건일 뿐, 결코 충분조건이라 할 수 없다.

그렇다고 하여 열심히 노력하지 말고 성공으로 가는 또 다른 길을 찾아보라는 뜻은 아니지만, 아메리칸 드림의 문제점은 성공이라는 것이 오로지 개인의 노력에 달렸다고 본다는 점이다. 완전히 미국적인 이 신화는 이 세상에서 중요한 것은 '오직' 개인의 열정과 노력이라고 단정한다. 그러나 개인이 성공하기 위해서는 좋은 학교와 건전한 환경, 풍부한 영양 공급, 안정된 가정, 사회 평화, 인종적 평등, 다양성에 대한 존중—개인이 발전하는 데 가장 기본적인 속성으로, 사회적 결정과 시행의 결과이며 공통의 노력인—같은 것들이 반드시 필요하다.

그러므로 '아메리칸 드림'을 떠들어 대는 것은 한 개인이 이 세상에서 노력으로 이룰 수 있는 일에 대한 그릇된 기대를 불러일으킬뿐더러, 국민에게 안전한 음식과 좋은 주거 환경, 건강, 좋은 일자리 등을 제공하는 데 기본이 되는 사회적, 정치적 선택이 결여된 국가가 많다는 사실을 간과하게 만든다. '분배'와 '복지', '집단 책임' 등의 개념은 수세기 동안 강조되어 온 것인데, 이것이 개인주의에 대한 끊임없는 칭송으로 인해 폄하된다면 제3세계 사람들은 이로 인해 큰 피해를 입게 될 것이다.

교황 요한 바오로 2세가 회칙(로마 교황이 가톨릭 신자나 주교 등에게 보내는 편지 · 옮긴이) 〈백 주년(Centessimus Annus. 교황 레오 13세의 회칙 〈새로운 사태〉 반포 100주년을 기념하기 위해 발표함 · 옮긴이)〉에서 이에 대해 잘 설명했다.

한 개인이 자신이 속한 사회에서 보호를 덜 받을수록 그에 대한 타인의 관심과 보살핌이 더 많이 필요하며, 특히 정부 당국의 개입이 요구된다. 그리하여 우리가 오늘날 소위 '연대성의 원리(Principle of Solidarity)'라고 부르는 것은 그 타당성이 국내 질서에서나 국제 질서에서나 마찬가지로 인정되는 동시에, 기독교의 입장에서 볼 때 사회, 정치 조직의 기본적인 원칙임에 틀림없다.

'연대'란 어느 공동체가 그 구성원 모두를 배려하는 것을 의미하며, 따라서 공동체의 일은 그 구성원 모두를 위한 일이 되어야 한다. 요한 바오로 2세는 교황 바오로 6세의 말을 인용하여 이것을 '사랑의 문명(civilization of love)'이라고 불렀다. 그것은 분명히 개인주의와는 다른 것이다. 개인이 열심히 노력하면 모든 역경을 극복할 수 있다는 믿음은 유독 미국적인 사상으로, 아마도 에머슨과 소로에게서 나온 것이 아닐까 싶다. 인간은 조물주와의 대화 가운데 스스로 만들어지며, 자기 신뢰를 획득하기 위해 사회적 환경과 거기서 기인한 많은 제약을 초월한다는 것이 그들의 생각이다.

개인이 도덕적 우주의 중심에 있다는 이 강력한 믿음은 경제 원리에 잘 부합하는데, 경제 원리라는 것은 사회 경제 생활에서 정치 제도의 역할을 축소하거나 없애려고 애쓰는 것이기 때문이다. 따라서 개인주의가 미국의 자본주의와 세계 진출에 철학적 토대가 된다는 것은 놀랄 일이 아니다.

"불쌍한 가나 사람, 인도 사람, 브라질 사람들이여, 당신들의 정부가 외국인 투자의 장벽을 낮추거나 노동법을 없애거나 비효율적인 국영 기업을 해체 매각함으로써 우리가 당신들을 도울 수 있도록 해야만 당신도 성공할 수 있다. 만일 그렇게만 한다면 아메리칸 드림은 당신의 문을 두드릴 것이다!"

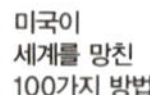

이렇게까지 노골적이지는 않더라도 결국 결론은 같다. 경제적 세계화의 근간을 이루는 것은 아메리칸 드림이다.

"당신에게 필요한 것은 오로지 성실과 신의이다. 사회적 환경은 중요치 않다. 사회적 상황을 탓하는 것은 당신에게 해가 될 뿐이다."

요한 바오로 2세는 기념비적인 〈백 주년 회칙〉에서, 이런 생각이 어떻게 사람들에게 해를 끼치는지를 설명했다. 그는 보수주의자의 대표이고, 또한 기독교적 자비와 평등이라는 것이 수세기에 걸쳐 힘들게 얻은 가치이기 때문에 그의 〈백 주년 회칙〉을 다소 길게 인용할 필요가 있을 것 같다. 〈백 주년 회칙〉은 미국이 '경제적인 부를 약속하는 땅'이라는 이상한 환상에 종지부를 찍을 뿐 아니라, 신자유 경제가 개발도상국에 어떤 결과를 가져오는가에 대한 결론을 제시한다. 다음 글에서 그는 '인류의 5분의 4가 빈곤층'이며 그들에게는 '아메리칸 드림 이상의 것'이 필요하다고 말한다.

그들이 자신들의 역량을 발휘하고 잠재력을 개발할 수 있는 기초 지식을 갖출 가능성은 없다. 그들이 자신들의 자질을 표현하고 활용할 수 있는 지식과 상호 소통의 네트워크에 접근하는 길은 없다. 그리하여 그들은 착취당하거나, 그렇지 않다 하여도 심각하게 주변화되어 있다. 경제 발전은 그들과 상관없는 곳에서 일어나는 일이며, 그들은 여전히 생존에만 급급했던 구경제의 좁은 영역에 갇혀 있다. 그들은 지금까지는 전통적인 조직 안에서 생산되어 왔지만 이제는 사람들의 욕구에 적절히 대응하는 새로운 방식으로 생산되는 상품들과 경쟁할 방법이 없다. 그들은 자신들이 결코 닿을 수 없는 눈부신 풍요에 현혹되고 빈곤에 쫓겨 제3세계 도시로 모여든다. 그들은 그 사회에 사람들과 통합을 이루지 못한 채 문화적 뿌리마저 뽑혀 폭력적인 불확실성에 노출된다. 그들의 존엄성은 그 어떤 실제적 방식으로도 인정되지 않는다……

아멘.

020
사회 생태학적 괴물 SUV

---------- 미국에서 SUV(Sports Utility
Vehicle. 스포츠형 다목적 차량)를 둘러싼 비밀은 이제 비밀이라고 할 수
도 없다. 연료 소비가 많고 운전하기 어려울 뿐 아니라 다른 차량과 행
인들에게 위협적인 이 자동차는 미국인이 오만하고 어리석다는 것을
나타내는 상징일 뿐, 그 이름과는 달리 스포티하지도, 실용적이지도 않
아서 사회적으로나 경제적으로나 일종의 재앙으로 여겨진다. 그런데
도 미국은 여전히 SUV의 품질을 자랑하며 전 세계에 팔아먹고 있다.

환경오염의 주범인 이 괴물 자동차의 존재 이유는 딱 하나, 높은 이윤
을 보장해 준다는 것때문이다. 아마도 이 차가 없었다면 미국의 자동차
업계는 파산했을 것이다. 자동차 산업 전문가의 설명을 들어 보자.

"포드 자동차를 예로 들어 봅시다. 업계에 따르면, 포드는 '익스플로
러' 한 대당 5천 달러의 이익을 올린다고 합니다. 그렇다면 당신이 좀
더 비싼 3만~4만 달러짜리 '익스피디션' 한 대를 구입할 때 그들은 1
만 달러 정도의 이익을 본다는 이야기입니다. 더 고급형인 '내비게이
터'라면 한 대당 2만 달러 정도의 순익이 나겠죠. 큰돈 아닙니까?"

부시 정부가 세제 특혜를 주고 연비 기준을 유지하는 등 이 괴물 자
동차의 판매를 장려하고, 민주당 역시 이를 승낙한 이유도 바로 여기
에 있다.

이제 이 차는 '작은 것이 아름답다'는 분위기가 지배적인 유럽 시장을 비롯해 진입 장벽이 높은 다른 시장들까지 공략하고 있다.

『월 스트리트 저널』은 이렇게 보도했다.

"SUV는 2003년 유럽에서 판매된 신형 차 1천6백50만 대 가운데 약 5퍼센트를 점유했다. 이것은 1990년의 2퍼센트에 비교할 때 크게 상승한 수치이다. 자동차 시장 분석 및 컨설팅 업체인 'R. L. 폴크(Polk) 유럽'은, 앞으로 4년 안에 SUV 판매가 46퍼센트 증가해 1백20만 대에 이를 것이라고 예측했다."

2004년 중반부터 2005년 중반까지 유럽에서는 SUV 판매가 15퍼센트 증가했지만, 같은 기간 다른 자동차의 판매는 오히려 4퍼센트 감소했다.

영국에서도 SUV 소비가 증가 추세에 있는데, 교활한 영국인들은 SUV 소유자들에게 쏟아지는 사회적 비난에 대처하는 방법을 개발했다. 자동차에 뿌리는 스프레이용 진흙이 바로 그것이다. 8파운드만 주면 잉글랜드와 웨일스의 경계 지역에서 생산된 0.75리터짜리 진짜 흙탕물을 살 수 있다. 그 회사의 웹 사이트에 따르면 진흙의 목적은 이렇다.

"당신의 이웃들에게 당신이 하루 종일 근처를 돌아다니거나 쇼핑몰에 간 게 아니라, 사냥터나 낚시터에서 방금 돌아온 듯한 인상을 줄 수 있다."

물론 유럽 시장이 미국 SUV의 열풍에 그저 편승하기만 하는 것은 아니다. 여성 고객을 겨냥한 런던 자동차 업계의 한 선전 문구를 보자.

"멋진 스타일의 '캐딜락 CTS'는 유러피언 드라이빙 감성을 만족시키는 럭셔리한 스포츠 세단으로, 세계 최고급 브랜드가 되겠다는 캐딜락의 약속을 앞장서서 실현하고 있다. CTS는 다목적 차량 'SRX'와 'XLR 쿠페/컨버터블' 같은 SUV의 보완 차종이다."

미국 자동차 업계의 공세가 아시아 브랜드들에 비해 다소 처지는 감이 있기는 하지만 제품 콘셉트에서는 강한 호소력을 지녔으며, 심지어 디트로이트의 몇몇 자동차 메이커는 걸프 해 연안국을 비롯한 세계 곳곳에서 높은 시장 점유율을 차지하고 있다.

유럽과 아시아 국가들이 환경을 망치든 말든 그것은 전적으로 그들의 문제지만, 미국이 이 기괴한 자동차에 열광하지 않았다면 그 나라들에서 SUV 열풍이 불어 닥칠 수는 없었을 것이다. 그리고 설사 SUV 열풍이 전 세계로 퍼져 나가지 않았다 해도, 그것이 환경에 악영향을 미치고 석유 의존도를 심화시켰다는 점에서 SUV를 지구 상의 생명체에게 치명적인 해를 입히는 존재로 꼽기에 손색이 없을 것이다. SUV에 적어도 다음과 같은 알맞은 별명 하나쯤은 붙여 주어야 마땅하다.

"사회생태학적으로 형편없는 자동차(Socioecologically Uncool Vehicles)!"

021

과시적 소비 풍조

---------- 현대인은 모두 소비 중독증에 걸려 있다. 거기서 빠져나가기란 거의 불가능한 일이다. 3달러짜리 커피 한 잔에서 새 자동차나 좀 더 큰 집에 이르기까지 우리는 만족할 줄을 모르며, 소비와 소유에 온갖 관심이 집중된다.

사람들은 왜 그렇게 쇼핑을 좋아할까? 나는 그게 늘 궁금했다. 뭔가를 살 때 만족감이 느껴진다는 것은 나도 안다. 하지만 쇼핑 습관은 단순히 물건을 구입하는 것보다 몇 배의 시간을 요구하며, 심지어 필요

도 없는 물건을 사게 만들지 않는가.

그렇다. 사람들이 쇼핑에 빠지는 이유는 그것이 우리의 환상을 충족시켜 주기 때문이다. 저 옷을 입으면 어떤 모습으로 보일까? 저 소파를 우리 집 거실에 놓으면 잘 어울릴까? 저 접시 참 우아하지 않니? 저걸 쓰면 멋진 디너파티가 될 거야!

우리가 고급 쇼핑몰이나 상점가에 가는 것은 이러한 꿈을 실현하기 위해서이다. 쇼핑몰과 상점가는 우리의 꿈을 충족시켜 준다. 고객을 쇼핑몰에 잡아 두는 데 필요한 패스트푸드점만 제외하고는 이곳의 모든 것이 당신을 환상에 빠뜨리는 데 기여한다.

사람들은 종종 이렇게 말한다.

"신흥 도시의 중심에는 늘 쇼핑몰이 있다."

하지만 실제로는 쇼핑몰뿐 아니라 주택과 학교, 지역 센터, 관공서와 사무실, 식료품점, 오락 시설, 공원, 각양각색의 편의점 등도 있다. 그러나 그런 것들은 사람들의 기억 저편에 있다.

고급 쇼핑몰일수록 몇몇 한정된 상점만 들어오도록 허용하는데, 스코츠데일의 캐멀백이나 워싱턴의 조지타운, 보스턴의 코플리 플레이스가 바로 그런 곳이다. 그런 상점가는 환상을 깨는 철물점이나 약국 같은 것은 입점을 허용하지 않는다.

이것은 비단 오늘날만의 일이 아니다. 레프 톨스토이는 이렇게 말했다.

"거지에서 백만장자까지, 자신이 가진 것에 만족하는 사람을 찾아보라. 천 명 중 단 한 명도 없을 것이다. 우리는 오늘은 오버코트와 덧신을, 내일은 시계와 시곗줄을 사야 한다. 그다음 날엔 아파트에 소파와 청동 램프를 들여놓아야 하고, 또 그다음 날엔 카펫과 벨벳 가운을 사야 한다. 그런 다음에는 저택과 말, 마차, 그림과 장식품……"

아리스토텔레스 또한 "인간의 탐욕은 만족을 모른다."고 했다.

20세기 초, 미국의 탁월한 사회학자 소스타인 베블런(Thorstein Veblen)은 저서 『과시적 소비』에서 부자들의 과시적인 소비가 어떻게 사회의 계층 구조를 형성했는지에 대해 설명했다. 그의 이론은 오늘날에도 여전히 적용되는데, 햄프턴이나 비벌리 힐스, 퍼시픽 하이츠 같은 부자 동네에 가면 익히 볼 수 있는 현상이다.

하지만 여기서 우리의 관심을 끄는 것은 과시적 소비가 오늘날 어리석은 부자들을 어떻게 괴롭히는가 하는 점이 아니라, 그것이 미국 사회 전반과 더 나아가 거의 전 세계를 물들였다는 점이다. 오늘날 미국과 그 밖의 여러 나라에서 목격되는 소비 풍조는 불과 두서너 세대 전만 해도 찾아볼 수 없었던 것이다. 과거 중산층은 '근검절약'이라는 규범 속에 분수에 맞게 살면서 미래와 자녀를 위해 저축하는 등, 과시적인 소비와는 거리가 먼 생활을 했다. 물론 거기에도 맹목적인 측면이 있었겠지만, 그것이 나쁜 결과를 가져왔다고 보기는 어렵다.

미국의 소비문화가 비약적으로 발전하기 시작한 것은 오랫동안 부자들의 전유물로 내려오던 것들이 대중화하면서부터이다. 레스토랑이 중산층이나 가난한 사람들에게는 그림의 떡이던 시절도 있었다. 오늘날 외식은 흔한 일이 되었고, '스타벅스'에서 '치즈케이크 팩토리', 그리고 그보다 더 고급에 이르는 레스토랑 문화는 그 누구나 향유할 수 있는 것이 되었다. 자동차에서 의류, 전자 제품을 포함한 각종 저가 수입품 덕분에 불과 몇 년 전만 해도 저소득층은 상상조차 할 수 없었던 것을 살 수 있게 되었다.

이런 소비 행태에 불을 지른 것은 신용 카드, ATM(현금 자동 입출금기), TV 광고 등이다. 한편에서는 부를 찬양하면서 다른 한편에서는 그것을 조롱하는 대중문화도 한몫 거들었다. 사회학자 줄리엣 쇼(Juliet

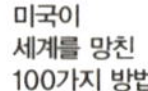

Schorr)의 지적처럼, 대부분의 구매는 소득과 배경이 비슷한 사람들이 사회적으로나 경제적으로 더 높은 단계의 라이프스타일을 지향하며 서로 경쟁을 벌일 때 이루어진다. 소비의 기준이 되는 준거 집단은 보통 경제적으로 상위 20퍼센트의 사람들인데, 이 기준은 TV와 잡지를 비롯한 광고 매체를 통해 우리에게 전달된다. 직장 또한 소비 패턴과 욕망의 학습장이 되었다. 이웃보다 잘살고자 하는 열망이 소비 심리를 부추기는 것은 물론이지만, 그저 남들처럼 살고자 하는 심리 역시 소비 욕구를 불러일으킨다.

'이 정도의 사치쯤이야', '잘사는 것이 최대의 복수이다', '저승에 돈을 가지고 갈 수는 없다' 등등, 소비를 정당화하는 말도 흔히 들을 수 있다.

1990년대 중반에 들어 대부분의 중산층이 소득의 많은 부분을 주택(과 제2의 주택)에 소비한 결과, 집의 크기는 50년 전의 평균 두 배로 늘어났다. 고급 음식과 유흥에 지출하는 돈도 급증했으며, 신용 카드 빚이 늘어나고 저축률은 급격히 떨어졌다. 사람들은 대형 TV와 대형 SUV, 교외의 큰 집을 사기 위해 빚을 진다.

오늘날 미국인의 대부분은 오늘 소비하기 위해 내일의 수입을 끌어다 쓴다. 미국 가정의 절반가량이 연평균 소득보다 많은 돈을 매년 지출한다. 줄리엣 쇼는 이런 결론을 내렸다.

"1990년대 중반, 미국 가정 대부분은 자신이 가진 것보다 가질 수 없는 것에 집착하며 비참해하거나 박탈감과 무력감에 빠져 있었다."

혹자는 '소비란 인간의 정상적인 욕구이며, 성공적인 경제 성장이 그것을 가능하게 만들었다'고 주장할지 모른다. 하지만 우리가 가진 물건의 대부분은 우리에게 전혀 필요치 않은 것들이다. 소비 욕구는 자연스러운 것이 아니라 조작된 것에 불과하다. 사람들의 소비 습관을 끊임없이 부추기는 유일한 이유는 사람들을 윤택하고 행복하며 안전하게 만들기 위해서가 아니라 돈을 벌어들이기 위한 것이다.

오늘날 대개의 사람들은 빚이 있고, 사회나 자녀에게 남겨 줄 것은 별로 없다(중산층이 감세를 열렬히 주장하는 것도 결국은 소비를 더 하기 위해서이다). 쓰레기는 산더미처럼 늘어만 간다. 저가 상품을 수입하는 것은 장기적으로 볼 때 미국의 경제 안정만 해칠 뿐, 제3세계의 발전에는 도움을 주지 못한다. 소비 중독은 언뜻 보기에는 해가 없어 보이지만 종국에 가서는 큰 해를 끼치는 악습이다.

또 하나의 문제는 미국에서 유행하는 것은 곧 다른 곳으로 전파되는 경향이 있다는 점이다. 이제 유럽 또한 미국과 비슷한 소비 풍조에 빠져 있다. 하지만 미국을 흉내 낸다는 것은 똑같은 어리석음에 직면하는 것이고, 그 결과 또한 미국과 똑같을 것이다. 미국에서 수십 년 동안 배양되어 온 소비 중독은 이제 전 세계에 피해를 주고 있다. 그중에서도 에너지 자원의 과소비가 가장 큰 문제이며, 그 밖에 여러 가지 천연자원도 급속도로 고갈되어 누군가 대가를 치르지 않으면 안 될 지경에 놓였다. 그 대가는 갈수록 커질 것이고, 결국 우리 모두가 치르게 될 것이다.

022

지식의 제국주의

---------- 한두 나라가 세계 전체에 엄청난 영향력을 행사할 때 일어날 수 있는 현상 가운데 하나로, 이른바 '지식의 제국주의'를 꼽을 수 있다. 강대국의 이념과 시각에 따라 모든 정보가 만들어지고 획득되며 전파되고 사용되는 현상을 말한다. 오늘날 미국이 패권 국가로 등장함에 따라 미국적 지식이 사람들의 사고방식을

규정하는 경우가 많아졌다. 마치 뜨거운 쇳물이 거푸집에 흘러들어 그대로 굳어지는 것과 마찬가지다. 이처럼 사고의 다양성을 억압하고 오직 하나의 사고방식이 세계를 지배하는 것은 지양해야 마땅하다.

미국인들은 지식의 제국주의를 거의 인식하지 못한다(내가 굳이 '제국주의'라는 용어를 사용하는 것은 제국주의가 가진 '무의식적인 힘'을 강조하기 위해서이다). 그 이유는 미국이 편협한 탓이기도 하지만 동시에 아무도 이에 대해 이의를 제기하지 않기 때문이다. 모두가 당연하게 생각하니 미국의 입장에서는 재고할 이유가 없는 것이다.

하지만 지식의 지배가 완벽할 수는 없다. 미국인들이 스스로 지식의 제국주의를 의식하지 못하는 또 하나의 이유도 바로 그것이다.

소련 역시 기대했던 것만큼 완벽한 지식의 제국주의를 구축하지는 못했다. 소련이 수십 년 동안 지식의 '생산 수단'을 거의 완벽에 가까울 정도로 통제했으면서도 시스템에 한번 금이 가기 시작하자 쉽게 무너진 이유 역시 마찬가지다. 소련의 시민 사회가 외부에서 새로운 사상을 받아들여 수용하는 것을 완전히 막지 못했던 것이다. 더구나 소련 공산주의는 처음부터 그다지 매력적인 사상이 못 되었다. 물질적인 만족을 가져다주지 못했으며 정신적인 가치를 질식 상태로 몰아넣었다. 누구나 이것을 알고 있었으며, 그 때문에 소련은 무력에 의해서만 체제를 유지할 수 있었다.

하지만 일부 제국주의 국가 중에는 소련처럼 억압적인 방식을 동원하지 않고도 자국의 이념을 전파하는 데 성공한 경우도 있다. 대영 제국이 그 대표적인 예이다. 대영 제국은 자국이 수십 년간 지배했던 인도와 파키스탄, 오스트레일리아, 그리고 상당수 아프리카 국가에 법적 규범과 절차, 언어, 비즈니스 관행, 크리켓 등의 유산을 남겨 주었다. 프랑스 또한 자국의 식민지에서 비슷한 영향력을 행사했는데, 특히 가톨릭이라는 강력한 정신적 유산을 남겼다. 에스파냐 제국 역시 아메리카 대륙과 필리핀에 진출해서 가톨릭을 유산으로 남겼다.

종교는 제국주의가 어떤 방식으로 작동하는지를 보여 주는 좋은 예이다. 이슬람과 기독교는 아프리카와 라틴 아메리카, 아시아 일부 지역에서 순식간에 성공을 거두었다. 이들 종교가 현지의 토속 신앙보다 보편적인 진리를 담고 있다는 사실을 보여 주는 데 성공했기 때문이다. 이러한 지식 시스템이 경제적 이해와 결합하고 경쟁 엘리트들과 힘을 합치면서 무력을 사용하지 않고도 강력한 지위를 획득하게 되었고 그 결과 현지의 지식 시스템을 압도할 수 있었던 것이다. 오늘날 정치, 경제 분야에서 이와 비슷한 방식으로 다른 나라의 다양한 지식 ‘시스템’을 받아들이는 일이 흔히 일어나고 있다.

지식의 제국주의가 항상 나쁜 것만은 아니다. 예를 들어, 강대국의 지배는 이전에는 과학을 비롯한 유용한 사고의 도구를 갖지 못했던 곳에 그런 것들을 전해 주기도 한다. 패권 국가들의 힘이 아무런 바탕도 없이 나온 것은 아니며, 다양한 형태의 지식이 군사력만으로는 유지할 수 없는 강력한 힘을 부여해 주었다. 하지만 과거 제국주의 국가들은 대부분 자국의 식민지에 지식 생산의 유산을 전수하는 데는 거의 관심을 두지 않았다. 그들이 식민지에 남긴 것은 어디까지나 도구적인 것뿐이었다. 즉, 식민지의 천연자원과 노동력, 전략적 우위 등을 확보하기 위한 수단이었을 뿐, 식민지 사람들의 생활을 향상시키려는 목적은 아니었다. 종교마저도 영혼의 정화를 위한 것이 아니라 사회적 통제를 용이하게 하려는 것이었다. 프랑스와 영국이 수십 년 동안 지배했던 개발도상국에 오늘날 훌륭한 대학이 별로 없는 것도 다 그 때문이다.

미국의 신식민지주의는 많은 점에서 과거 영국과 프랑스의 제국주의와 같은 길을 걷고 있다. 다른 나라 정부들은 미국이 주도하는 세계 정책을 추종하면서 '시장 경제를 도입해야 한다'거나 '테러와의 전쟁에 동참해야 한다'는 등 미국 정책 입안자들의 말을 앵무새처럼 반복하고 있다. 경제학은 미국 정부 정책의 근간이 되는 동시에 그것을 알리고·강화하는 데 필요한 지식을 제공하는 핵심 분야이다. 그 가장 좋은 사례가 '시카고학파'이다. 자유 시장 경제의 주창자인 밀턴 프리드먼을 주축으로 한 시카고학파는 1973년 피노체트가 좌파 대통령 살바도르 아옌데를 축출하고 집권하자 칠레 경제를 개혁하는 데 깊숙이 관여했다. 그 이후 자유 시장 경제는 전 세계 국가의 모델이 되었다. 이는 미국이 그것을 원했기 때문이기도 하지만, 개발도상국들이 미국의 세계적인 대학들에서 그에 관한 지식을 전수받고 흡수했기 때문이기도 하다.

지식 시스템의 이식은 한 사회 전체에 영향을 미친다. 패권 국가의 제국주의적, 혹은 '보편적' 세계관(이것을 과거에는 '근대화'라 했고, 요즘은 '글로벌리제이션'이라 부른다)은 지식 체계를 비롯한 현지 문화 전체를 무너뜨리는 경향이 있었다. 서구인들은 제3세계의 토착적인 사고방식과 습관, 관습, 지식을 기이하고 억압적인 것으로 인식해 왔다. 일부 지역의 할례(여성 성기 절제) 관습은 혐오스러운 '현지 지식'의 대표적 사례로 지적되었다. 하지만 이러한 관습은 극단적인 사례일 뿐, 사회 조직과 관련해 매우 보편적이고 중요한 정보를 제공해 주는 지식도 많다. 예컨대, 복잡한 방식으로 작동하는 대규모 혈족 관계의 공유라든지, 토지와 수자원 등 천연자원의 관리, 병든 자와 노인 보살피기, 그밖에 사회적 삶의 여러 측면에 대한 지식 등이 바로 그것이다. 동아프리카 전원 공동체들에서 예로부터 전수되는 지식들도 그런 사례 중 하나이다. 국제 개발 기구나 민간 회사가 이런 곳에 들어와서 "땅과 물(그 실상을 보면, 땅은 사유 재산에 관한 새로운 부동산법에 의해 묶이고, 물은 상류의 새 산업 시설로 인해 방향이 바뀌거나 오염된 상태이다)이 부족하고, 생산하는 육류는 시장성을 잃은 상태(국경을 넘나드는 육류 시장의 개방이 경제 상황을 바꾸어 놓았다)이니 당신들은 이제 생계를 유지하기 힘들다. 그러니 목축 생활을 버리고 정착해서 콩을 재배하고 수출하는 쪽으로 전환해야 한다."고 말할 때 바로 제국주의적 사고가 침투하게 되는 것이다. 이 말을 받아들여 성공적으로 수행하자면(물론 전망은 어둡지만), 지금까지 그들이 알고 있던 전원적인 생활 방식을 모두 버려야 한다. 이것이 바로 오늘날 작동하고 있는 지식의 제국주의이다.

물론 지식의 제국주의가 작동하는 방식은 이 외에도 여러 가지가 있다. 개도국의 엘리트들은 강대국들의 요구 사항을 들어주는 것이 자신들에게도 이득이 된다는 것을 안다. 따라서 이들은 강대국의 원조와 차관, 무역 협정과 함께 이에 수반하는 조건들도 기꺼이 받아들이는데, 그중에는 지식을 얻는 방법에 관련된 것도 있다. 텔레비전은 지식을 얻는 방법을 알려 준다. 책과 잡지, 인터넷 또한 지식에 접근하는 방법을 알려 주는 중요한 수단이다. 따라서 미디어를 지배하는 자가 세상을 보는 방식을 지배하게 된다. 무엇이 중요하고, 무엇이 위험하며, 어떻게 해야 성공하는지 등을 이들이 결정한다. 이것은 단순하고도 직접적인 과정으로서 음모라고 할 것도 없다. 중요한 것들은 특정한 종류의 아름다움을 통해 전달될 수도 있다. 종교, 자기 계발의 선전 문구, 유명 인사의 모습, 비벌리 힐스의 부자들 등은 충족한 삶의 상징으로서 이용된다.

미국이 세계 여러 나라에 심으려는 것이 실패로 끝난 소련의 스탈린식 이데올로기는 아니다. 자유, 개인주의, 기독교 신앙, 기업가 정신 등 미국인들이 자랑하는 특정 이념들을 순순히 따르도록 다른 사람들의 인식 체계를 지배한다는 의미의 이데올로기이다. 이런 것들이 모두 나

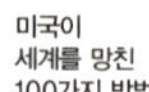

뿐 것만도 아니다. 경우에 따라서는 사람을 억압에서 자유롭게 해 주기도 하고, 자신감을 불어넣어 주기도 한다. 문제는 모든 것에 몰개성적인 동질성을 강요하는 '획일화'의 폭력이다. 미국은 특히 막강한 경제력을 앞세워 이런 이데올로기를 아무 생각 없이 다른 나라에 강제로 심고 있다. 이것은 미국 문화를 다양하고 풍부하게 만드는 데 도움이 될 수도 있는 지역 고유의 지혜와 전통을 절멸하는 결과를 초래할 것이다.

023

여성 학대와 폭력의 문화, 갱스터 랩

---------- 대중음악은 주기적으로 정치적 비난의 대상이 되어 왔다. 〈에드 설리번 쇼〉가 엘비스의 허리 돌리기를 막으려고 했던 일이 기억난다. 당시 로큰롤은 전 세계 젊은이들을 도덕적으로 문란하게 만든다고 하여 크게 비난받았다. 젊은이들이 도덕적으로 흔들리기 쉬운 것도 사실이고, 록 뮤직이 다분히 그런 의도를 가졌던 것도 사실이다. 하지만 이때 문제가 된 '도덕'이라는 것은 우스꽝스럽게도 중산층 이데올로기에 대한 순응, 섹스의 억제, 기성세대에 대한 복종 같은 것들이었다. 가만히 생각해 보면 당시의 록이 다소 체제 전복적이기는 했다. 그러나 폭력적이지는 않았다. 또 어떤 점에서는 성적으로 자유분방하기도 했고 그렇지 않은 측면도 있었으나, 여성을 혐오하지는 않았다.

다른 종류의 미국 음악이 그랬듯이, 록 음악도 곧 전 세계로 퍼져 나갔다.

약 50년 전, 엘비스가 사람들을 충격으로 몰아넣은 이래 록 음악이 아직까지도 건재한 상황에서 대중음악계에 한 가지 새로운 현상이 나

타났다. 연간 40억 달러의 산업 규모를 자랑하는 랩 음악이 바로 그것
이다. 옛 아프리카의 전통과 거리 문화가 혼합된 리드미컬한 운율의
랩 음악은 1980년대 초반 뉴욕의 우범 지대인 브롱크스에서 태어났
다. 그리고 곧 인기를 얻어 도심 지역뿐 아니라 백인들이 사는 교외 지
역에서도 큰 인기를 누리게 되었다. 초기 래퍼들은 대부분 사회의식이
강해서 도시 빈민의 고달픈 삶을 노래하곤 했다. 그중 '그랜드마스터
플래시 앤드 더 퓨리어스 파이브(Grandmaster Flash and the Furious
Five)'라는 그룹이 있는데, 이들이 1982년 발표한 〈더 메시지(The
Message)〉는 한 달 만에 1백만 장의 싱글 앨범 판매를 기록했다.

냄새가 나서 견딜 수가 없어

시끄러워서 견딜 수가 없어

이사하려고 해도 돈이 없어, 어쩔 수가 없어

앞방에는 쥐, 뒷방에는 바퀴벌레가 기어 다녀

골목에는 야구 방망이를 든 마약꾼이 있어

난 달아나려 했지만 멀리 가진 못했어

빚쟁이가 내 차를 끌고 가 버렸어

―〈The Message〉 중에서

그리고 얼마 지나지 않아 새로운 사조인 갱스터 랩이 등장했다. 이
에 대해서는 여러 가지 평이 엇갈렸는데, 그중에는 격렬한 비난도 있
었지만 '백인들은 이해 못 해' 식의 옹호도 많았다. 결론적으로 말해
이 음악은 엄청난 수익을 올렸는데, 문제는 이것이 여성 학대를 상업
적으로 이용한다는 것이었다. 일종의 '포주 문화(pimp culture)' 라고도
볼 수 있는데, 여성을 창녀 취급 하고 여성 구타를 호기롭게 떠벌리고

다니며 야비하고 무자비한 방식으로 여성을 묘사했다. 게다가 폭력에 대한 청소년들의 환상을 부추기고, 총과 코카인, 복수 등의 주제가 단순한 묘사를 넘어서 숭배의 대상으로까지 발전했다. 대부분의 갱스터 랩이 하층민의 폭력적 삶을 노래하는 데 반해 앨범 구매자의 80퍼센트가 백인이라는 사실은 낯선 것에서 느끼는 전율과 '내부 오리엔탈리즘(Interior Orientalism. 서양인들이 동양인을 열등한 타자로 취급하듯, 한 사회 내부에서 하층민을 차별하는 시각 · 옮긴이)'의 심리가 작용했음을 보여준다. 하지만 갱스터 랩의 기원과 매력이 무엇이든 간에, 그 음악을 사용하는 비디오와 광고, 라이프스타일, 노랫말 등에 포함된 메시지가 폭력적이고 반사회적이라는 사실은 부인할 수 없다.

재즈나 블루스, 로큰롤과 마찬가지로 갱스터 랩은 전 세계로 퍼져 나갔다. 누구나 예상하듯이 랩은 일반적으로 아프리카에서 인기가 많은데, 특히 갱스터 랩은 라이베리아, 시에라리온, 콩고, 남부 아프리카처럼 폭력이 만연한 지역에서 인기가 높았다. 서아프리카 군벌 소속인 청년 병사들은 '노토리어스(Notorious) B.I.G.'나 '투팍 샤쿠르(Tupac Shakur)' 같은 래퍼들에게 매혹되었다. 이 지역의 폭력에 관해 연구해 온 한 저명한 학자는 이렇게 설명한다.

"스스로를 '웨스트사이드 보이즈'라고 부르는 그들은 자신들의 청년 문화를 전쟁 문화에 결합시켰다. '웨스트사이드'는 갱스터 랩의 본고장 미국 서부를 가리킨다. 청년병들은 야심 있고 영리한 마약 중개업자로 출발해 자기네들처럼 '비공식 경제' 환경에서 임기응변과 폭력에 의존해 살아가는 자들을 선망의 대상으로 삼았다."

일부 청년병들은 어린아이들을 강제로 전쟁터에 내몰고 윤간과 살인을 하는 등 극악한 전쟁 범죄를 저지르는 한편, 미국 갱스터 랩을 읊조리면서 몬로비아와 프리타운의 거리를 약탈한다고 알려져 있다. 갱스터 랩의 성지 L.A.에서 그곳은 멀고도 먼 거리이다.

한 젊은이는 내게 이렇게 말했다.

"랩과 힙합은 맥도널드 광고에도 등장하죠. 리복과 나이키는 자사 제품을 선전하기 위해 랩 스타를 동원하고, 영화는 랩 아티스트를 등장시키고, 의류 회사는 힙합풍의 옷을 시장에 내놓습니다. ……아무튼 그 음악은 사방에 널려 있어요. 마케팅 회사와 레코드 회사들이 모든 것을 차고앉아 래퍼들의 인기를 이용하여 총기 사용과 반사회적, 분열적 행동을 마치 정상적인 것(일탈이 아닌 것), 혹은 매력적인 것인 양 묘사하고 있습니다."

물론 래퍼들이 아프리카의 폭력 행위를 자극한다고 자신 있게 말할 수 있는 사람은 없을 것이다. 하지만 여성에 대한 폭력이 가장 빈번한 인권 침해 사례로 보고되는 아프리카에서 미국 노래가 강간과 구타, 살인의 배경 음악이 된다는 것은 가슴 아픈 일이다. 할리우드 출신 외교관들이라도 나서서 동료라고 할 수 있는 이들 인기 래퍼들에게 문제의 심각성을 깨우쳐 줘야 할 때가 아닌가 싶다.

024

패스트푸드의 제국, 맥도널드

---------- 맥도널드의 프렌치프라이 냄새에 군침을 흘리지 않는 사람이 있을까? 공항이나 도로변 휴게소에서 다른 마땅한 먹을거리를 찾지 못했을 때, 큼직한 맥도널드 와퍼에 고마움을 느끼지 않을 사람이 있을까?

오늘날 패스트푸드를 먹지 않는 사람은 거의 없다. 스타벅스는 커피와 빵을 파는 일종의 패스트푸드점이며, 해변의 노점상들도 따지고 보

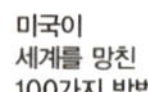

면 소규모의 패스트푸드점이라 할 수 있다. 이처럼 패스트푸드점은 다양한 크기와 형태로 우리 생활 속에 파고들어 있다.

그러나 맥도널드를 비롯한 다양한 패스트푸드점은 많은 문제를 안고 있는데, 그것은 그들의 빠른 성장이나 높은 수익 때문이 아니라 그 영향력 때문이다.

외국인들은 패스트푸드를 가장 미국적인 것의 하나로 손꼽는다. 물론 그것이 미국이 개발한 음식 중 가장 세계적인 것임에는 틀림이 없다. 패스트푸드가 파리에서 프놈펜에 이르는 전 세계를 점령한 것을 개탄해 마지않는 사람이라도 맥도널드가 상업적으로 큰 의미를 갖는 하나의 현상이 되었음은 부인할 수 없을 것이다.

맥도널드만큼 미국의 소비자 문화를 전 세계에 널리 확산한 것도 없다. 유명한 저서 『패스트푸드의 제국(Fast Food Nation)』에 따르면, 미국인들이 패스트푸드에 소비하는 돈은 연간 1천2백억 달러에 이르며, 이 액수는 대학 교육이나 PC, 컴퓨터 소프트웨어, 혹은 새 자동차를 사는 데 들이는 돈보다 많고 잡지와 영화, 음반, 신문, 비디오, 책에 투자하는 돈을 모두 합친 것보다도 많다고 한다. 또한 패스트푸드에 들어 있는 지방과 나트륨, 설탕은 우리 건강에 이루 말할 수 없이 나쁜 영향을 미친다.

미국인들은 지구 상에서 가장 뚱뚱한 사람들이다. 2004년 한 주요 학술 연구서는 이렇게 지적했다.

"1980년 이래 미국 성인의 비만율은 60퍼센트 증가했으며, 아동 비만율은 2배, 청소년 비만율은 3배로 증가했다. 또한 지난 30년 동안 미국의 일반 가정이 패스트푸드를 통해 섭취한 칼로리는 4~5배 증가했다. 전체 미국인이 패스트푸드에 지출한 비용은 1970년의 60억 달러에서 2000년에는 1천1백억 달러로 늘어났다."

특히 미국의 소아 비만은 심각한 수준인데, 보건 전문가들은 이것을 일종의 전염병으로 규정한다. 패스트푸드를 먹는 아이들은 1년에 평균 6파운드(≒2.72킬로그램)씩 몸무게가 늘어난다. 여기에 운동을 하지 않고 텔레비전만 보는 습관까지 있다면 아이들의 건강과 삶의 질에 큰 문제가 생길 것이 분명하다. 이로 인해 의료비가 증가할 것임은 말할 필요조차 없다. 비만 아동들이 자라 성인이 되었을 때는 심장병과 대장암, 당뇨병 등으로 고생하는 사람이 더욱 늘어날 것이다. 아이들은 맥도널드 광고의 주요 타깃이고, 맥도널드 매장에 설치된 놀이방은 아이들을 유혹한다.

문제는 여기서 그치지 않는다. 패스트푸드점에서 배출되는 쓰레기는 큰 골칫거리이다. 뉴질랜드 녹색당 대변인의 주장을 들어 보자.

"맥도널드와 KFC 같은 패스트푸드 브랜드가 뉴질랜드에 상륙한 이래, 도로변의 쓰레기 문제는 매우 심각해졌다. 패스트푸드점을 운영하는 사람들 사이에는, '매장 밖에 버려지는 포장용기는 모두 공짜 광고물'이라는 농담이 오갈 정도이다."

패스트푸드 업계는 근로자 안전 기준 강화와 최저 임금 인상을 막기 위해 열심히 로비를 해 왔다. 도축장에서 식당가에 이르기까지, 패스트푸드 업계가 벌이는 로비의 손길이 닿지 않는 곳이 없다(맥도널드는 세계 최대의 쇠고기 거래 업체이다). 그들은 또한 끊임없이 노조 결성을 방해해 왔다.

이러한 현상은 이제 마치 암세포처럼 전 세계로 번져 나가고 있다. 맥도널드는 현재 수익의 대부분을 해외 1백20여 개국에 퍼져 있는 3만 곳 이상의 가맹점에서 올리고 있다. 중국에서는 최근 패스트푸드 소비가 급증하고 있는데, 1995년부터 현재까지 중국이 미국에서 수입하는 프렌치프라이의 양이 10배 증가했으며(이것은 대 중국 무역 적자 해

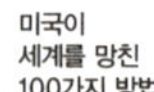

소에 크게 기여하고 있다!) 같은 기간에 중국 10대들의 비만율은 3배로 증가했다. KFC도 고지방의 치킨과 몇 종류의 현지화된 메뉴로 중국을 비롯한 전 세계를 공략하고 있다. KFC의 특별한 레시피로 만든 치킨은 현재 90개 이상의 나라에서 맛볼 수 있다.

물론 이 모든 것이 기업의 자유 의지로 이루어지는 일이라고 할 수도 있다. 그러나 여기에도 미국 정부의 입김이 작용한다. 농기업에 대한 통상적인 지원 외에, 통상 문제를 해결하기 위해 외교적, 군사적으로 영향력을 행사하는 한편 패스트푸드의 해외 마케팅 자금으로 연간 1억 달러에 이르는 직접 보조금을 주고 있다.

세계 곳곳에 닿아 있는 미국의 영향력의 물줄기는 간혹 전혀 예기치 못했던 이상한 방식으로 합쳐지기도 한다. 2005년 3월, 카라치에서 발생한 사건이 그것을 잘 말해 준다. 다음은 당시 한 언론의 보도 내용이다.

"경찰은 지난 화요일, 파키스탄의 남부 도시 카라치에서 이슬람 사원에서 일어난 자폭 테러에 항의하던 군중이 인근 미국 패스트푸드 매장에 불을 질러 종업원 여섯 명이 불에 타 숨졌다고 밝혔다. 경찰과 소방관들은 KFC 종업원들의 시체 여섯 구를 회수했다. 이번 사건은 시아파 이슬람 사원에서 자폭 테러가 일어나 다섯 명이 숨진 직후인 지난 월요일 오후, 성난 군중이 근처의 KFC 매장에 불을 지르는 바람에 일어났다."

KFC 종업원 여섯 명은 서글프게도 전 세계의 이목을 집중시키며 죽어 갔다. 하지만 전 세계적으로 패스트푸드를 즐겨 먹는 수백만 명이 심장병과 뇌졸중에 걸려 조용히 죽어 간다. 미국은 나쁜 식습관을 교묘한 방법으로 세상에 퍼뜨렸고, 패스트푸드는 바야흐로 미국을 넘어 전 세계로 전파되고 있다.

멜 깁슨의 폭력적 상업주의

———————— 강인하면서도 잘생긴 얼굴, 뛰어난 운동 감각, B급 연기……, 이 모든 것보다도 멜 깁슨을 할리우드 미국인의 대명사로 규정하게 하는 것은 그의 폭력적 이미지이다. 그래도 그가 우둔한 경찰 이야기나 그렇고 그런 복수극에 출연했을 때는 눈감아 줄 만했다. 그러나 '교훈극'이라는 탈을 뒤집어쓴 채 반사회적 폭력을 미화한 〈그리스도의 수난〉(2004년)이라는 영화에 이르면 문제는 달라진다.

이 영화의 명백한 반유대주의와 뛰어난 판촉술에 대해서는 그간 많은 이야기가 오갔다. 하지만 결정적으로 영화를 흥행에 성공하게 만든 요소는 바로 '폭력'이다. 유혈이 낭자한 장면들은 신자들을 흥분시키고 열광하게 만들었다. 목사들은 멀티플렉스 영화관을 통째로 빌려 이 무자비한 폭력을 10대들에게 구경시켰다. 교황 요한 바오로 2세는 바티칸에서 열린 특별 시사회에서 이 영화를 보고는 "사실 그대로다."라고 이야기한 것으로 전해졌다.

멜 깁슨은 우리에게 '예수 그리스도는 우리의 죄를 대신해 죽었다. 우리 모두는 그의 고통에 책임이 있으며, 따라서 우리는 그의 죽음을 증언해야 한다'는 사실을 상기시킨다(나는 성당에서 미사를 돕던 어린 시절에 이 개념에 대해 처음 들었는데, 50년이 지난 지금도 이해를 못 하겠다).

영화 속의 폭력은 정말 끔찍하다. 채찍질, 칼로 베기, 십자가에 못 박기 등의 장면이 자그마치 45분이나 계속된다. 깊은 인상을 남기지 않으려야 않을 수가 없다. 실제의 예수 수난 이야기가 지난 2천 년간 우리에게 깊은 인상을 주었던 것처럼.

이 영화에는 특별히 주목할 만한 점이 두 가지 있다.

첫째, 이 영화를 본 기독교인들은 예수가 겪은 모든 고통이 그의 신성을 증명하는 것이라고 확신한다. 하지만 역사상 수많은 정치범들도 고문과 채찍질 끝에 이름도 없이 끔찍하게 죽어 갔다. 이들을 고문하고 살해한 사람들 중에는 미국을 비롯한 여러 나라의 기독교인이 다수 포함되어 있다(그리고 그 희생자 중 다수가 예수를 포함한 유대 인이다). 그러나 그 어떤 경우도—예수보다 더 심한 고문을 받은 경우에도—신성의 증거로 받아들이지는 않는다. 오늘날 정치범 문제는 미국인의 관심사에서 뒷전으로 밀려났다.

둘째, 기독교의 입장에서 보더라도 〈그리스도의 수난〉은 예수의 메시지를 잘못 전달하고 있다. 예수의 메시지 중 가장 중요한 것은 '용서'와 '속죄'이다. 『보스턴 글러브』지의 칼럼니스트이자 가톨릭 신자인 제임스 캐럴은 "이 영화에는 예수의 신비와 권능의 핵심인 부활이 빠져 있다. 멜 깁슨의 사악하고도 교묘한 폭력 판타지는 무한한 남성성에 대한 환상을 밑바탕에 깔고 있다."고 말한다.

백악관과 바티칸에서도 상영되었을 정도로 유명하고, 개봉 1년 전부터 논쟁을 불러일으켰으며, 독립 영화 사상 최고 금액을 벌어들인(개봉된 지 5개월 만에 전 세계에서 7억 달러를 벌어들였다) 이 영화는 지구상의 모든 이들에게 매우 강력한 메시지를 전했다.

"국민 대부분이 기독교 신자인 우리 미국의 입장에서 볼 때, 메시아의 생애와 그 의미는 폭력이라는 맥락 속에서 가장 선명하게 이해된다."

더욱이 '아랍 인의 테러'라는 채찍에 고통받는 미국인들에게 이런 메시지는 더없는 도덕적 비전으로 받아들여졌다.

메시지는 적중했고 영화는 수천만 관객을 끌어들였다. 멜 깁슨의 성공에 편승하려는 아류작들에게는 청신호가 아닐 수 없었다. 미국은 이

미 사상 유례 없는 폭력을 행사했고, 그 폭력을 종교적 체험의 본질이라고 규정한다. 우리는 그 사건들 또한 멋진 총천연색 DVD로 볼 수 있다.

026
『뉴욕 타임스』와 『워싱턴 포스트』

────────── 어느 모로 보나 『뉴욕 타임스』는 세계 최고의 신문이다. 『워싱턴 포스트』 또한 그리 뒤지지는 않는다. 두 신문은 '최고의 저널리즘을 추구한다'는 똑같은 목표 아래 취재와 기사 작성, 심층 보도, 관련 기사 제공, 후속 보도 등 모든 면에서 최고를 추구한다. 이들이 언제나 시대를 선도했던 것은 아니지만, 몇몇 사안에 관해서는 매우 빠르고 확실하게 움직였다.

하지만 주제가 미국의 외교 정책에 이르면 두 신문은 언제나 머뭇거렸다. 스스로 세운 기준에 못 미칠뿐더러 독자들의 기대마저 벗어났다. 그렇게 된 이유는 이들이 중요한 몇 가지 주제에 관해 좀처럼 흔들리지 않는 경직된 세계관을 가졌기 때문이다. 이 때문에 두 신문은 서로 방식은 다르지만 똑같이 잘못된 판단을 하며, 기사 작성에서 커다란 맹점을 드러낸다. 그중에서도 경직된 사고를 가장 잘 드러내는 주제는 '세계화'와 '전쟁'에 관한 것이다.

두 신문의 논설위원과 편집인은 '세계화=다양한 형태의 자유 무역'이라고 이해한다. 자유 무역은 관세율이 낮거나 없는 상태, 자본의 자유로운 이동과 지적 재산권의 보호, 외국인의 소유권 인정 등을 의미한다. 또한 이들은 문화와 정치의 세계화를 '미국 대중문화에 대한 개발도상국의 짝사랑', 혹은 '민주주의에 대한 갈증'으로 치부해 버린다. 세계화를 이렇게 피상적으로 다루는 것은 그 어디에서도 찾아보기 힘들지만 두 신문은 보란 듯이 그렇게 하고 있다.

두 신문은 무역 문제에 관심이 많고, 따라서 무역에 관한 기사가 경제면은 물론이고 신문 전체의 주요 기사로도 자주 등장하지만, 현재의 '자유 무역'이 개발도상국 국민들에게는 최선의 대안이 아닌 데다가 환경이나 노동 기준, 경제 안정을 저해할 수도 있다는 사실에는 무관심하다. 그저 세계화는 좋은 것이고 자유 무역은 더 좋은 것이라는 입장이다. 진부한 표현이지만, "밀물은 모든 배를 띄워 올린다(Rising tide lifts all boats. 자유 무역이 모두에게 똑같은 이득을 준다는 뜻으로 케네디 대통령이 한 말 · 옮긴이)"는 것이 미국 파워 엘리트들의 일치된 견해이다.

『뉴욕 타임스』와 『워싱턴 포스트』는 세계화에 따른 갈등을 단지 정치적인 문제라고 본다. 즉, 그것이 보호 무역을 고집하는 노조와 매사에 반대하는 시위꾼들의 소행이며, 결국은 빈곤층에게 돌아갈 혜택을 가로막는 결과를 낳는다는 것이다. '이타적이고 호혜적인 미국과 시장의 보이지 않는 손'에 의해 전 세계 대중에게 돌아갈 발전과 혜택이 세계화에 반대하는 세력에게 제지당한다는 것이 그들의 생각이다.

물론 두 신문의 사설과 기사가 이보다는 은근하고 암시적이지만, 결국 전하려는 메시지는 똑같다. 무역을 '자유화'해야 하고 그에 대하여 의문을 제기하는 자들은 무시해야 한다는 것이다.

냉전 직후의 전쟁들이나 9·11 사태 직후의 전쟁에 관해서도 두 신문은 이와 흡사하게 미국적 관점을 뒷받침하는 역할을 했다. 부시 행정부의 모든 군사 행동이 거의 조작에 가깝게 정당화되었고, 백악관의 거짓 발표를 기꺼이 옹호하는 경우도 많았다. 대단한 충성심이라고 하지 않을 수 없다. 적어도 『뉴욕 타임스』는 이 문제와 관련해 자기 검증을 하겠다는 의지라도 보였지만, 『워싱턴 포스트』는 이라크 전쟁을 일으킨 원인이 날조되었다는 사실을 바로잡거나 사과할 생각조차 하지 않았다. "당시에는 누구나 이라크가 WMD(대량 살상 무기)를 가졌다고 생각했다"고 말하는 것이 그나마 그들이 인정하는 선인데, 이것은 진실이 아니다.

하지만 이 모든 잘못이 『뉴욕 타임스』의 주디스 밀러(Judith Miller) 같은 스타 기자나 『워싱턴 포스트』의 프레드 하이어트(Fred Hiatt)처럼 우둔한 논설 주간의 책임은 아니다. 문제는 두 신문이 뿌리 깊고 집요한 편견과 편애를 가졌다는 데 있다. 이라크 민간인 사망자 문제와 아프간 여성들의 새로운 패션 감각에 대한 보도를 같은 깊이로 다루는 것은 이들의 편집 정책을 분명하게 드러내는 좋은 사례이다.

『뉴욕 타임스』는 생소한 이라크 싱크탱크의 보고를 인용해, 2005년 말 현재, 미국을 포함한 다국적군으로 인해 사망한 이라크 민간인 숫자가 5백 명이라고 보도했다. 하지만 이 수치는 실제의 200분의 1밖에 안 되는 것이다. 그처럼 중요한 사항을 이렇게 엉터리로 보도하는 태도는 그들의 생각이 이미 정해져 있음을 보여 주는 것이다. 그것은 "이런 문제에 관해서는 사실을 보도할 수 없다"이다. 왜냐고? 너무 민감한 문제이니까.

미 행정부 인턴이던 여대생의 실종 사건으로 시끌벅적하던 언론은 2001년 늦은 여름 9·11 사태를 계기로 오사마 빈라덴에게 관심을 돌렸고, 그 이후 미국에 대한 테러 위협은 더없이 좋은 기삿거리였다. 신문들은 이제 판에 박은 듯, 각종 '테러 관련' 범죄에 연루된 미국 내 이슬람교도들에 대한 기소 또는 체포 기사를 다루었다. 조사 결과 그들이 석방되거나 혐의가 거의 없는 것으로 드러나도 그런 기사는 어디서도 찾아볼 수 없었다. 하지만 적어도 이런 기사는 실제 있었던 체포와 기소를 다룬 것들이었다.

더 어처구니없는 일은 아무런 근거가 없는데도 테러 위협이 있다고 암시한 것이다. 2004년 8월에는 확인되지 않은 정보가 한동안 나돌았다. 알카에다 요원들이 뉴욕의 금융가와 워싱턴의 세계은행 및 IMF 건물을 사전 답사했다는 것이었다. 신문은 이 같은 의혹을 대서특필했고, 특수 부대가 해당 건물을 호위하는 사진이 기사와 함께 실렸다. 『뉴욕 타임스』는 보도에서 미국 내 성전주의자들이 관련되었음을 강력하게 암시했다. 소문을 뒷받침하는 증거는 어디에서도 나오지 않았지만 근거 없는 공포는 증폭되었고, 3개월 뒤 조지 W. 부시는 손쉽게 재선되었다. 그러나 『뉴욕 타임스』나 『워싱턴 포스트』에서는 테러 위협과 부시 재선과의 관계를 다룬 스토리를 전혀 찾아볼 수 없었다. 그나마 『뉴욕 타임스』에는 테러 위협과 관련한 관한 좀 나은 기사 하나가 실렸는데, 그것은 로웰 버그먼 기자가 '래커워너 식스(Lackawanna Six. 미국 뉴욕 주의 래커워너라는 마을에서 알카에다 가담 용의자 6명을 체포한 사건·옮긴이)' 사건의 전말을 보도한 것이었다.

『뉴욕 타임스』와 『워싱턴 포스트』가 중요한 이유는, 두 신문의 보도 방향이 미국의 전체 언론과 나아가 일부 외국 언론에까지 영향을 미치기 때문이다. 정치가들도 정보의 대부분을 이 두 신문에서 얻는다. 몇 년 전 미국의 전략적 방어 정책에 대한 연구를 하던 중, 의회가 이렇게 기술적으로 복잡한 정보를 어떻게 얻는지 궁금해졌다. 그래서 그에 관한 설문 조사를 전문 업체에 위탁했다. 그 결과, 이들이 연구 보고서나 청문회, 정책 저널 등에서 정보를 얻는 경우는 극히 드물었고, 정보의 대부분을 『뉴욕 타임스』와 『워싱턴 포스트』에서 얻는 것으로 밝혀졌다. 이것은 다시 말하면, 미국의 국가 차원의 행동—공식적인 정책, 반대 의견 수용, 다른 나라에 대한 인식 등—이 두 신문의 소유주와 편집인들에 의해 결정된다는 뜻이다.

이데올로기란 자신이 속한 계급이나 당파의 성향에 맞게 현실과 원칙을 구성하는 방식이다. 언론은 스스로 이데올로기에서 자유롭다고 자부하며 이데올로기의 맹신자들을 조롱한다. 하지만 자유 무역에 대한 미국 정부의 입장을 옹호하는 것이나 미국의 수도에 사는 이슬람교도들의 애국심과 정직성을 덮어놓고 의심하는 태도만큼 확실한 이데올로기는 없다. 세계에서 가장 훌륭하다는 두 신문이 이러한 이데올로기를 걸러 내지 못한다는 사실은 놀랍기 그지없다. 더 큰 문제는, 두 신문이 그런 문제에 대한 다른 언론들의 보도를 좌지우지하고, 정책 결정자들의 정보 획득과 대응 방식에 결정적 영향을 미친다는 사실이다. 그것은 세계를 망치는 가장 확실한 처방이 아닐 수 없다.

0**27**

자기 계발 열풍

---------- 미국에 자기 계발 열풍이 부는 이유를 여러 가지로 설명할 수 있다. 미국 출판 시장의 규모와 다양성, 언론 매체의 강조, 개인주의적 윤리관 등등. 미국을 진원지로 한 이 열풍은 이제 일종의 거대 산업이 되어 전 세계로 뻗어 나가고 있다.

2002년, 미국의 한 뉴스 매거진은 다음과 같이 보도했다.

"오프라 윈프리와 필 도나휴 식의 자기 계발이 중국을 휩쓸고 있다. 한 저명한 심리학자는 '중국 인민이 이제 배가 부른 나머지 행복 찾기에 골몰하고 있다'고 말했다. 자기 계발 서적에서 긍정적 사고에 관한 강좌에 이르기까지, 과거에 없던 새로운 산업이 생겨나 중국인들이 추구하는 자기 탐구의 갈증을 채워 주고 있다."

또한 영국의 정치 주간지 『뉴 스테이츠맨(The New Statesman)』은 다음과 같이 전했다.

"행복 산업이 번창하고 있다. 만족스러운 삶을 약속하는 자기 계발 서적과 CD가 지금처럼 잘 팔린 적은 일찍이 없었다. 2003년, 영국의 자기 계발 서적과 CD 매출은 1억 4천만 달러에 달했다. 이를 1인당 매출액으로 따지면 미국의 6억 달러와 맞먹는 수준이다. 저술가 스티븐 코비가 설립한 '프랭클린코비'라는 상장 회사는 2002년 3억 3천3백만 달러의 매출을 올렸다. 이 회사는 순회강연과 세미나, 『7가지 습관』이라는 책 시리즈로 돈을 벌어들인다. 그중에는 스티븐 코비의 아들 숀 코비가 쓴 『성공하는 10대들의 7가지 습관』이라는 책도 있다."

'1분 매니저', '12가지 단계', '7가지 습관', '45일 다이어트' 등의 구호를 외쳐 대는 자기 계발 산업은 그동안 무수히 공격의 대상이 되어 왔다. 그러나 수많은 조소와 비판에도 폭풍우를 잘 헤쳐 가고 있다. 자기 계발 산업에 비판적인 저술가 스티브 샐러노는 하버드 의대 '정신의학과 법 프로그램'의 수석 연구원인 아치 브로드스키의 말을 인용해 문제의 핵심에 접근한다.

"『사랑과 중독』이란 책을 쓴 브로드스키는 '정신 치료의 경우 몇 년에 걸쳐 일대일 상담 방식으로 진행해도 성공할 확률이 그다지 높지 않다'며, '하물며 호텔 연회장에서 열리는 세미나에 한두 번 나가고 자기 계발서 몇 권 읽었다고 평생을 따라다닌 나쁜 습관이 고쳐질 거라고 기대할 수 있겠는가'라고 말했다."

날카로운 사회 비평으로 유명한 웬디 캐미너도 10여 년 전 『나도 문제, 너도 문제(I'm Dysfunctional, You're Dysfunctional)』라는 책에서 이렇게 지적했다.

"자기 계발서를 읽는 사람들은 자기 숙모나 자동차 정비공도 해 줄 수 있는 말로 인생의 가장 중요한 변화를 시도하려고 한다."

자기 계발 서적은 비디오테이프와 CD, DVD, 인포머셜(Infor-mercial. 인포메이션과 커머셜의 합성어. 정보량이 많은 상업 광고를 뜻한다 · 옮긴이), 대규모 강연회 등으로 이어진다. 그러고 나면 아직도 쓸 것이 남아 있는 저자의 다음 책이 출간된다. 저자들은 대부분 어떤 방식으로든 교회와 연결되어 있는데, 그들이 자기 계발 책자를 통해 제공하는 동기 부여 또한 다분히 영적인 성격을 띠고 있다. 최근에는 복음 교회들도 지옥에 대한 설교나 영혼의 구제 대신 자기 계발서를 따라 결혼이나 자녀, 재테크 같은 현실적인 문제들에 대한 조언으로 신자를 끌어들인다. 요컨대, 예수가 궁극의 치료사라는 것이다.

모든 자기 계발 도구들에는 한 가지 공통점이 있는데, 그것은 '자아'와 '인간관계', '자기 혁신 방법'에 초점을 맞춘다는 것이다. 또한 그 기본 전제는 '어린 시절, 혹은 어느 시련의 시기에 겪은 체험이 한 사람의 자존심, 자신감, 창조성, 도전 정신에 상처를 입히는데, 이 상처는 타인에 대한 배려와 미래 지향적 사고, 원칙에 충실하기 등의 다양한 자기 수련을 통해 치유될 수 있다'는 것이다. 하지만 앞서 캐미너가 지적했듯이 이런 정도는 당신의 숙모도 얼마든지 해 줄 수 있는 조언이다.

자기 계발의 가장 큰 문제점은 '개인'에 지나치게 집중한다는 것이다. '자아'가 모든 것에 우선하며, 인생의 많은 문제를 정직이나 믿음(예수 또는 자신에 대한), 자신감 회복 등의 덕목으로 해결할 수 있다고 주장한다. 개중에는 사회적 관계의 중요성을 인정하는 사람들도 있지만 대부분은 개인에 초점을 맞춘다. '개인'이야말로 자기 계발서를 지배하는 장르이며, 동시에 이 분야 최대의 고객인 것이다.

자기 계발 열풍이 개인주의와 행복 추구를 중시해 온 미국 땅에서 생겨났다는 것은 충분히 이해할 만한 일이다. 하지만 개인적인 문제들이 전적으로 개인 혹은 핵가족의 책임이라는 주장은 개인이 사회적,

정치적 공동체의 일원이라는 사실을 무시하는 것이다. 개인은 공동체 속에서 비로소 삶의 의미와 만족을 얻게 된다. 자기 계발 서적들이 해결해 줄 수 있다고 주장하는 현대인의 외로움과 소외, 무력감, 상실감, 목적의식 상실 등의 문제 또한 공동체만이 해결해 줄 수 있는 성격의 것들이다.

이처럼 모든 것이 자명한데도, 자기 계발의 허황된 처방은 끊임없이 사람들을 유혹하고 있다. 개인의 행복에 집착하는 미국인들의 강박증은 이미 중국과 영국에 침투한 데 이어, 조만간 전 세계의 불행한 영혼들을 사로잡게 될 것이다. 이런 현상은 모든 것을 원자화하는 미국 문화와 경제 정책 탓이 크다. 동시에 이는 미국인들이 천박하고 자기중심적이며, 개인의 행복에만 몰두할 뿐 이웃과 다른 나라에는 관심이 없다는 사실을 보여 주는 증거이기도 하다.

028

뉴에이지(New Age)

---------- 이미 30여 년 전, 브로드웨이 뮤지컬 곡 〈물병자리(Aquarius. 1968년 공연된 뮤지컬 〈헤어〉에 나오는 노래로, 뉴에이지 운동의 시작을 알리는 곡으로 평가받는다. 물병자리는 새로운 시대의 시작을 상징하는 별자리이다 · 옮긴이)〉가 크게 히트했지만, 그 가사에서 노래하듯 '조화와 이해, 공감과 신뢰가 넘쳐 나는' 시대는 2060년, 또는 2600년이나 되어야 열릴지도 모른다. 아니다. 그것은 1968년이나 1997년에 시작되었는지도 모른다. 또는 이미 지나가 버렸는지도 모른다. 그러나 한 가지 분명한 것은 지금이 뉴에이지의 시대라는 것이다.

그러한 사실은 미국 전역에 널린 5천여 곳의 뉴에이지 전문 서점 중

아무 곳에나 들어가 보면 금방 알 수 있다. 그곳에 꽂혀 있는 수백 종의 잡지 중 한 권을 뽑아 보라(최근에는 뉴에이지 관련 웹 사이트들이 오프라인을 능가하고 있는데, '물병자리 시대'라는 검색어는 조회 수가 2백만, '뉴에이지 잡지'라는 검색어는 3천5백만에 이른다).

그럼에도 뉴에이지가 무엇인지 설명하기는 쉽지 않다. '점성술'이라는 설명은 너무 막연하다. 뉴에이지를 상징하는 것들을 꼽아 보면 태양 에너지라든가 동종 요법(모든 질병을 그 질병과 유사한 증상을 일으키는 약으로 치료하는 방법 · 옮긴이), 허브 제품, 조화로운 삶, 공동체 생활, 영성, 웰빙 음식, 인간관계 등등 매우 광범위하다. 한마디로 뉴에이지는 기존의 주류적 문화나 정치, 경제에서 벗어난 새로운 것에 대한 갈망을 뜻한다. 대체로 해를 끼치지는 않지만, 그 방대함과 엄청난 영향력에 비추어 볼 때, 다소 회의적인 입장에서 한번 짚어 볼 필요가 있다.

먼저 동정적 회의론의 입장에서 뉴에이지를 살펴보자. 가까운 친구들 중 뉴에이지 운동과 그 신념에 적극 동참하는 사람들이 있다. 지금 생각해 보면 웃기는 일이지만, 나 자신 또한 1960년대에 젊은 시절을 보낸 사람으로서 한때 일부 뉴에이지 관습에 흥미를 느낀 적이 있다. 하지만 그것은 이미 오래전 일이고, '물병자리 시대'나 나 자신이나 모두 미숙하던 시대의 이야기다. 젊은이들이란 늘 청춘을 낭비하는 법 아닌가.

뉴에이지 문화는 몇몇 유익하고 즐거운 일에 생명을 불어넣고, 그것이 우리 삶 속에 자리 잡도록 기여했다. 예를 들어, 뉴에이지는 전통 음악을 비롯한 인류의 오랜 전통에 관해 폭넓은 이해를 가져왔다. 그중에서도 명상은 뉴에이지 최고의 선물이라 하겠다. 옥외 활동을 권장한 것이나 유기농의 중요성을 강조한 것 또한 뉴에이지의 공헌이라고 할 수 있겠다. 그 전체주의적 사고방식도 일부 평가할 만한 부분이 있다.

하지만 이런 긍정적인 영향들은 이미 주류 문화에 흡수되었고, 따라서 이제는 그것을 특별히 뉴에이지나 반(反)문화의 산물이라고 보기 어렵게 되었다.

뉴에이지에는 한마디로 미치광이 같은 측면이 있다. 점성술과 그 아류들, 사이비 영성, '다른 세계'에 대한 망상, 엉터리 자연 요법, 근거 없는 치유법, 각종 신화를 이상화한 만화들, 자기 계발 열풍, 그리고 여전히 심각한 '주변 정치 지향'⋯⋯. 주변 정치를 지향하는 사람들은 음모론적 성향을 띠는데, 그들은 늘 '아니면 말고' 식이다. 어처구니가 없는 일이다. 우드스탁(1969년 뉴욕 주 우드스탁에서 있었던 전설적인 록페스티벌. 뉴에이지의 출발점이 되었다 · 옮긴이)과 디토헤즈(Dittoheads. 미국의 극우 공화당파 정치 평론가 러시 림보가 진행하는 라디오 정치 쇼에 열광하는 2천여만 명의 팬들을 가리킴 · 옮긴이)가 만나는 지점이 바로 그곳이다.

딱한 것은, 그들이 이 세상에 존재하지 않는 것들을 믿으려 한다는 사실이다. UFO와 외계 생물체, 마법의 수정구슬, 죽은 자와의 소통 등에 대한 집착이 그런 것들이다. 그 범위는 가히 글로벌해서 마하리시 마헤시 요기(1970년경에는 그가 내 영적 스승이었다)에서 구르지예프(러시아 출신의 신비주의자로 1960년대 히피 문화에 큰 영향을 끼쳤다 · 옮긴이), 노자(老子)에 이르기까지 세계 도처에서 다양한 정신적 전통과 통찰이 건너왔다. 그것을 흡수해서 재해석하고 새롭게 포장해서—즉, 뒤죽박죽으로 만들어서—시장에 내놓는 것은 언제나 미국의 몫이었다.

영국 철학자 아이자이어 벌린(Isaiah Berlin)은 유럽 낭만주의의 기원과 발전, 그리고 그것이 파시즘에 끼친 영향을 설명하는 데 힘을 쏟은 인물이다. 그는 "낭만주의란 희생과 소외가 심각했던 토양에서 생겨난 사상이기 때문에 거대 신화에 대한 믿음과 계몽사상에 대한 불신, 합리주의와 경험주의에 대한 우월적인 태도 등의 비합리적인 특성은 필연적이며, 그 때문에 강한 매력과 위험성을 동시에 안고 있다"고 말한다. 이것은 오늘날의 복음주의와도 비슷하다.

뉴에이지는 비이성적인 신화 만들기에 골몰하는 다른 문화들에 비하면 좀 낫다고 할지 모르지만, 결국은 거기서 거기이다. 조금은 한심하고, 대체로 무해하지만, 미국이 새로 포장해서 세상에 선물했다고 찬양할 만한 것은 아니다.

029

꿈이 사라진 스포츠

---------- 프로나 아마추어를 막론하고 스포츠는 늘 내 생활의 일부를 차지해 왔다. 나는 요즘도 자주 경기장을 찾아 경기를 관람하며 즐거운 시간을 보낸다. 하지만 지난 50년 동안 스포츠는 크게 변했다. 게다가 그 변화가 모두 바람직한 쪽으로만 이루어진 것은 아니다. 그 같은 변화는 미국뿐 아니라 다른 나라의 스포츠에도 똑같이 나쁜 영향을 주고 있다.

바람직한 변화도 몇 가지 있기는 하다. 이제는 여성들도 자기들만의 스포츠를 즐길 수 있는 넓은 공간을 갖게 되었다. 또, TV의 보급으로 가정에서도 다양한 스포츠를 볼 수 있게 되었다. 몇몇 종류의 스포츠는 과거에는 별로 인기가 없었으나, 오늘날 각광받게 되었다. 미국의 축구가 그런 경우이다.

하지만 거의 모든 스포츠가 점차 상업화되는 경향을 보이는 것은 실망스러울뿐더러 그 악영향도 적지 않다. 대학까지도 거액을 들여 학생 선수를 스카우트하는가 하면 기존의 선수를 계속 졸업시키지 않는 등, 갈수록 물의를 일으키고 있다. 인기 종목의 프로 선수들이 받는 연봉

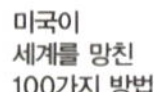

은 상상을 초월한다. 과거 프로 야구 선수의 전형은 여름 시즌에 다저스 팀에서 2루수로 뛰다가 겨울에는 덜루스에 있는 보험 회사 직원으로 돌아가는 것이었다. 당시 프로 스포츠는 파트타임제였던 것이다. 선수들은 한 팀에 오래도록 머물렀고, 사람들은 해마다 같은 팀을 응원했다. 하지만 이제 그런 시절은 지나갔다. 대부분의 낮 경기와 천연 잔디, 별도의 야구 시즌이 사라졌듯이.

모든 것이 돈 때문이다. 여기에는 TV의 책임이 가장 크다. '자유 계약 선수제'도 게임을 바꿔 놓았다. 그와 함께 케이블 TV나 유료 TV, 광고, 기타 상품 등 수입을 늘리기 위한 모든 것이 스포츠를 완전히 망쳐 놓았다. 간혹 풋볼 경기장을 찾을 때면 나는 경기가 도중에 너무 오래 중단되는 것에 놀라곤 한다. 물론, 그것은 끝도 없이 계속되는 TV 광고를 위한 배려이다. 경기장 곳곳과 심지어 선수들의 유니폼까지, 눈길 가는 곳은 모두 광고로 도배되어 있다.

스포츠 스타를 우상화하는 것은 이제 일상적인 일이 되어 버렸다. 믿거나 말거나이지만, 이런 얘기까지 있다. 마이클 조든과 데니스 로드맨이 어느 날 시카고에서 연습을 하고 있었다. 방금 '회고록'을 출간한 로드맨이 조든에게 그 책을 읽어 보았느냐고 물었다. 그러자 마이클 조든이 대답했다.

"아니. 내 회고록도 아직 못 읽었는데."

스포츠 팀과 그 소유주들에 대해서도 우려되는 점이 있다. 이 엄청난 부자들이 자신들이 소속된 도시에 손을 벌린다. 사실 도시들은 자기네 가난한 주민을 먹이고 입히는 데만도 힘이 부친다. 그런데도 그들은 "스타디움을 지어 주지 않으면 이 도시를 뜨겠다"는 식의 협박성 요구를 남발한다.

닳아빠진 스포츠 시장은 이제 스포츠맨십이나 뛰는 기쁨, 구경하는 즐거움과는 거리가 멀다. 야구나 농구, 풋볼은 수많은 상품 중 하나이며 마케팅의 대상일 뿐이다. 이런 가운데 스포츠에 대한 사랑, 꿈, 이상은 퇴출 대상이 되어 버렸다.

이런 폐해는 이미 전 세계를 물들였다. 축구 중계 도중에 수도 없이 끼어드는 TV 광고를 개탄하는 목소리가 여기저기서 들린다. 데이비드 베컴이 맨체스터 유나이티드를 버리고 레알 마드리드로 이적했을 때, 영국 일간지들은 연일 베컴과 관련된 갖가지 추측성 기사로 1면을 장식했다. 스포츠 선수들의 약물 복용 역시 상업화가 낳은 병폐이다.

이러한 현상은 어쩌면 불가피한 것인지도 모른다. 나는 미국 야구가 과거처럼 양대 리그 8개 팀으로 운영되고, 중견수에는 듀크 스나이더, 유격수에는 피위 리즈, 1루수에는 길 호지스 등 전설적인 선수들이 뛰는 모습을 보고 싶다고 떼쓰는 고리타분한 사람일지도 모르겠다. 하지만 나의 불평이 전적으로 옛 시절에 대한 향수 때문이라고 치부하기에는 스포츠 상업화의 폐단이 너무 크다. 돈이 속삭이는 유혹의 소리에 넘어가지 않을 것은 아무것도 없다는 말인가?

030

선정주의 뉴스 매체

---------- 그 첫 번째가 챈드라 레비였던가? 최초의 피해자가 누구였든 간에, 이런 식의 지나친 보도 행태는 이제 케이블 뉴스 산업의 큰 수입원으로 자리 잡았다. 그것은 신경에 거슬리는 정도를 넘어서 황당무계하기 이를 데 없으며, 심지어는 정치적 계략으로 이용되기도 한다.

챈드라는 2001년 여름 워싱턴 D.C.의 록 크리크 공원에서 조깅을

하다가 실종된 젊은 여성이다. 챈드라가 캘리포니아 출신 하원 의원과 부적절한 관계였음이 알려지자, 그가 실종 사건과 어떤 연관이 있는지에 대한 뉴스가 그해 여름을 뜨겁게 달구었다. 그사이 오사마 빈라덴은 여러 차례에 걸쳐 테러 경고를 내보냈고, 그 후의 사태가 어떻게 전개되었는지는 더 이야기하지 않아도 모두들 잘 알 것이다. 얼마 지나지 않아 9·11 테러가 발생했고, 이와 관련해 언론에서는 '가벼운' 자성의 목소리가 나오기도 했다. 테러 경고와 같이 중요한 사안을 제쳐두고 시시한 염문에 매달린 것을 반성하는 내용이었다. 다시는 그런 잘못을 범하지 않겠다는 분위기였다.

하지만 이러한 잘못은 여전히, 그것도 어처구니없을 정도로 주기적으로 반복된다. 낸시 그레이스나 조 스카보로 같은 중요 시간대 뉴스 앵커들을 포함해 모든 뉴스쇼가 실종 사건이나 싸구려 범죄 사건 다루기에 여념이 없다.

2005년 5월, '달아난 신부 사건(애틀랜타에 사는 제니퍼 윌뱅크스라는 여성이 결혼식을 며칠 앞두고 조깅 도중 증발했다가 나흘 뒤 뉴멕시코 주에 나타나 '괴한에게 납치되어 성폭행당했다'고 진술해 전국이 떠들썩했으나 후에 거짓말로 밝혀졌다 · 옮긴이)'이 처음 보도되었을 당시에 나는 병원에 입원해 있었다. 맞은편 침대에 있는 환자가 계속 TV를 보고 있었는데, 나는 그 스토리가 1, 2분 정도 나오겠지 하고 생각했다. 하지만 그렇지 않았다.

그 이전에도 이런 실종 사건이 적지 않게 있었다. 래시 패터슨, 존베네트 램지, 엘리자베스 스마트, 테리 시아보 등 줄잡아 10여 명의 여성이 실종된 바 있다. 하지만 이 사건들은 모두 9·11 테러가 일어나기 전, 미국 경제가 호황을 구가하며 나라가 평온했던 1990년대의 일이다. 클린턴의 섹스 스캔들을 제외하면 이렇다 할 뉴스거리가 없던 시절에 일어난 일이라는 얘기다.

2005년 5월 말에는 카리브 해 휴양지인 아루바로 졸업 여행을 떠난 여고생 나탈리 할러웨이가 실종되는 사건이 발생했다. 이 사건은 9·11 사태 이후에도 미국 TV 뉴스의 보도 태도가 가끔 성조기를 조그맣게 비춰 주는 것을 빼고는 달라진 게 없음을 증명했다.

일부 미디어 비평이 지적했듯이, 언론이 관심을 갖는 것은 젊고 예쁜 백인 여성들뿐이다. 그렇지 않은 여성들은 사라져도 아무런 주목을 받지 못한다. 2001년에 실종되었다고 보고된 사람들 중 22세에서 28세 사이의 여성은 전체의 1퍼센트도 안 되었다. 뉴스쇼(그중 다수가 공중파 TV의 모닝 쇼이다)의 프로듀서들은 보도의 공공성을 내세우며 극구 부인하겠지만, 이 업계의 몇몇 정직한 사람들은 문제점을 인정하기도 했다.

뉴스의 오락화 경향은 이제 대세가 되었다. 전설적인 언론인 에드워드 머로의 생애를 다룬 영화 〈굿나이트 앤드 굿럭〉에서 주인공은 TV 프로그램이 "우리가 사는 현실로부터의 도피, 고립, 퇴폐의 증거"라고 비판한다. 영화 속 주인공의 TV 비판은 에드워드 머로가 1958년 실제로 행한 연설의 일부이기도 한데, 그는 이 연설에서 "TV란, 쇼와 광고, 뉴스의 어색한 조합일 뿐이다."라고 말했다.

뉴스 가치가 별로 없는 '아루바 스토리'가 CNN과 폭스 TV의 중요 시간대 뉴스에서 다루어지는 것을 보고 나는 '지금 미국은 전쟁 중이 아니었던가?'라는 생각이 들었다.

아루바 스토리에는 뉴스 매체들이 좋아할 두 가지 요소가 있다. 우선 골치 아픈 이라크가 아니라 아름다운 휴양지 아루바라는 점. 그리고 한 소녀의 실종과 가족의 슬픔, 아루바 인의 희생, 아루바 당국의 무책임으로 이루어진 사건의 단순함.

복잡하고 논쟁이 분분하며 수치스럽기 그지없는 이라크 사태에 비하

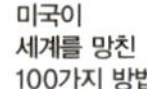

면 이 사건이 훨씬 다루기 좋은 것만은 사실이다. 미군의 폭격으로 수만 명의 이라크 인이 죽었다든지, 미군의 묵인하에 이라크 민병대가 반대파를 처형했다든지 하는 것은 일절 보도된 적도 없다. 그런 이야기들은 너무 거칠 뿐만 아니라, 보도하는 저널리스트들이 일신상의 위협을 느낄 수 있고, 정치적으로도 위험한 일이다. 2005년 현재, 최악의 혼란에 직면한 아프가니스탄에 상주하는 미국 기자는 3명뿐이다.

언론의 이런 태도가 왜 미국뿐 아니라 다른 나라들에도 문제가 될까? 그것은 미국인들이 알아야 할 지구촌의 수많은 사실을 은폐하는 결과를 가져오기 때문이다. 시청자들에게 슬픔과 관심을 동시에 안겨줄 수 있는 '좋은' 스토리들은 얼마든지 있다. 에이즈의 확산, 전쟁 중에 자행되는 강간, 소수 종족 지도자들의 부정부패, 테러리스트들이 핵무기에 대해 가진 소름 끼치는 망상, 세계의 기아와 가난, 생태계의 파괴……. 이런 뉴스들은 우리의 미래와 관련해 중요할 뿐만 아니라 잘만 다루면 훌륭한 스토리가 될 수 있는 것들이다.

031

디즈니 주식회사

---------- 수년 전 어느 일요일 오후, 나는 세 살짜리 딸과 함께 '디즈니 온 아이스' 쇼를 보러 갔다. 우리에게 친숙한 디즈니 캐릭터와 그 스토리를 중심으로 이루어진 호화로운 아이스 쇼였다. 피날레에는 쇼에 출연했던 캐릭터들이 모두 나와 아이스 링크를 돌면서, 환호하는 1만 2천 명의 어린 소녀와 부모들 앞에서 퍼레이드를 벌였다. 나는 그날의 공연 내용에 약간의 충격을 받았다. 신데렐라와 백설 공주, 잠자는 숲 속의 미녀, 〈미녀와 야수〉의 벨 등이 왕

자를 만나 구출되고 그들과 결혼해 영원히 행복하게 살았다는 이야기. 나도 어린 시절부터 이런 스토리들을 들으며 자랐고, 따라서 내 딸이 그것을 즐기는 것을 막을 생각이 없었다. 하지만 나는 그날, 이 만화들의 인물과 스토리가 그동안 많이 달라졌다는 것을 알게 되었고, 그래서 이에 대해 관심을 갖기 시작했다.

지금보다 어둡고 복잡했던 초창기 디즈니 스토리가 오늘날의 천편일률적인 '공주와 그녀의 용감한 왕자'로 바뀐 것은 길고도 슬픈 진화의 과정이었다. 이것이 왜 문제인지는 말하지 않아도 모두들 알 것이다.

"한결같이 예쁘고 날씬한 공주들이 때마침 성년이 된다. 어리석은 부모가 이들을 위기에 빠뜨리고, 왕자가 고생 끝에 이들을 구해 내며, 공주는 왕자와 사랑에 빠진다……."

소녀들은 이러한 공주 스토리에 도취되어 헤어나질 못한다. 이런 캐릭터들은 놀라울 정도로 여러 가지의 방식—영화, 그림책, 컴퓨터 게임, 인형, 의상, 문구, 놀이 기구 등—으로 마케팅이 이루어진다. 십 대들의 경우에는 미니스커트를 입고 스포츠카를 탄 바비 인형이 이런 공주 역할을 한다.

『인어 공주』나 『백조의 호수』 같은 아동 문학의 고전들은 이제 그 매혹적인 복잡성을 잃어버리고 '위기의 처녀' 모드로 변질되어 버렸다. 당신의 어린 자식들이 이런 이야기에 사로잡히게 되면 그 영향은 아주 오래도록 남는다.

디즈니 제국은 그들의 작품 속에 담긴 인생의 교훈을 못마땅하게 생각하는 페미니스트와 비평가들의 비판을 받아 왔다. 주로 소비 물신주의, 인종 차별주의, 가부장적 가치관, 특권 계급에 대한 동경 등이 비판의 주요 대상이었다(반면, 디즈니 스토리에 기독교적 상징이나 전도하려는 의도 등이 나타나지 않는 것은 높이 평가할 만하다). 아동문화를 상업화, 획

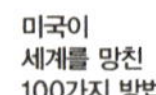

일화한 데 대한 비판도 만만치 않다. 개중에는 다소 지나치다 싶은 것
도 있지만—이 장르에서 비판받아 마땅한 대상이 디즈니만은 아니다
—대부분은 고통스럽지만 중요한 지적들이다. 특히 미국처럼 어린이
들이 TV에 많은 시간을 빼앗기고 학교가 배움의 장이 되지 못하는 상
황에서는 더욱 그렇다.

세계적으로 디즈니는 미국 문화의 정수로 받아들여진다. 따라서 이
처럼 일방적으로 미국화된 스토리—이 스토리 중에는 다른 문화권에
서 유래된 것도 많다—는 문화의 다양성을 가로막는다. 이런 형태의
문화적 글로벌화는 큰 부작용을 낳으며, 그중에서도 가장 심각한 것은
지역 고유의 문화를 말살한다는 점이다. 미국 디즈니랜드 테마 파크에
가면 여러 나라의 다양한 문화를 소개한 전시물도 있지만, 미국식으로
'세탁된' 것들이 대부분이어서 사람들이 이들 문화를 이해하는 데 오
히려 방해가 될 뿐이다.

디즈니가 전 세계에 미치는 나쁜 영향은 또 있다. 디즈니는 해외 공
장에서 현지인들의 노동력을 착취하는 기업들 중 하나이다. '홍콩 기
독교 공업 위원회' 보고서는 다음과 같이 지적한다.

"디즈니가 자사 제품을 생산하는 아이티, 미얀마, 베트남, 중국 등의
공장에서 노동자들을 착취한다는 소문이 계속되고 있다. 디즈니 공장을
조사한 결과, 긴 노동 시간, 적은 임금, 작업장 안전 기준 미달, 형편없는
음식, 위험하고 비좁은 기숙사 등 움직일 수 없는 사실들이 드러났다."

물론 디즈니만 이런 것은 아니다. 대다수 미국 해외 공장들의 사정
이 대체로 비슷하다. 디즈니는 중국에 사업을 집중하고 있는데, 이는
중국을 싸구려 상품의 생산 기지이자 소비 시장으로 생각하기 때문이
다. 디즈니의 미국 내 경쟁사들도 이 점에서는 마찬가지이다.

'디즈니의 멋진 세상(〈The Wonderful World of Disney〉)라는 TV 시리

즈를 빗댄 말로, 이 프로그램은 1954년부터 1983년까지 미국 ABC TV를 통해 방영되었다 · 옮긴이)'은 멋지다기보다는 다소 부담스러운 세상이다. 좋은 면으로 보나 나쁜 면으로 보나 디즈니는 미국적인 것의 화신이다. 유쾌하고, 종교에 구애받지 않으며, 낙관적인 것은 장점이지만, 사람을 멍청하게 만들고, 그릇된 가치관을 강요하며, 순응주의적인 것은 단점이라 하겠다.

032
'카지노 자본주의'의 상징, 라스베이거스

---------- 네바다 사막에 갇혀 하나의 고립된 세계를 이룬 도박의 도시 라스베이거스. 언뜻 보면 이것이 왜 세계를 망친 100가지에 들어갈까 싶다. 지금부터 그 이유를 설명하겠다.

지금은 '도박' 하면 라스베이거스의 현란함이 떠오르지만, 예전에는 도박을 그렇게 드러내 놓고 떠들썩하게 하지 않았다. 몇 안 되는 고급 카지노나 경마장, 또는 술집 골목의 후미진 방에서 카드와 주사위를 가지고 하는 것이 고작이었다. 하지만 거기에는 약간의 스릴과 낭만이 있었다. 영화 〈카사블랑카〉나, 카지노로 유명한 몬테카를로와 사라토가 등의 도시, 또는 뮤지컬 〈아가씨와 건달들〉을 떠올리면 될 것 같다. '몬테카를로 카지노에서 보낸 하룻밤'은 영화의 단골 소재였다. 또 남자라면 으레 한 달에 한 번쯤 친구들과 어울려 포커를 하곤 했다. 빙크로스비와 그의 친구들은 1937년, 남부 캘리포니아 델마에 경마장을 건립하여 '시비스킷'과 '스왑스' 등 유명한 경주마들에게 안식처를 제공했다. 그리고 이렇게 노래했다.

"경마와 서핑이 만나는 델마로 가자. 비행기를 타고, 기차를 타고,

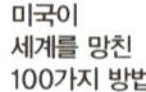

자동차를 타고……."

우리 아버지같이 매우 완고한 사람도 켄터키 더비 경마 대회에 돈을 걸곤 했고, 어머니를 컨트리클럽에 있는 카지노 나이트에 데리고 가기도 했다.

물론 이런 순수의 시대는 오래전에 지나갔다. 이제 도박은 모든 공동체의 틈새로 스며들었다. 복권, 파워볼(복권의 한 종류), 슬롯머신, 비디오 블랙잭, 인터넷 도박, 유명인의 TV 포커……. 런던의 한 여행사 창문에 붙어 있던 여행사 광고 포스터가 떠오른다. 그 포스터에는 자유의 여신상과 디즈니랜드, 라스베이거스 사진이 실려 있었다.

매년 라스베이거스를 다녀가는 외국 관광객은 5백만 명에 이른다. 외국인들에게 각인되는 미국의 이미지 중 하나가 도박이라는 것은 유감스러운 일이다. 그러나 라스베이거스는 이제 단순한 여행지로서의 의미를 넘어섰다. 라스베이거스는 사람들의 심리를 지배하는 하나의 상징이며, 한편으로는 미국의 중요한 수출 상품이기도 하다.

'라스베이거스 스타일'의 유흥 시설은 이미 세계적인 현상이 되었다. 그것은 일률적인 복장을 한 종업원들이 있는 멤버십 카지노뿐 아니라, 쇼 프로그램과 쇼핑 아케이드, 컨벤션 센터, 오락 시설 등 카지노에 딸린 다양한 위락 시설을 포함한다. 도박 산업의 마케팅 방식과 운영 형태로 인해 도박은 과거와 같은 순수함과 고상함을 잃어버리고 '성적으로 흥분한', '돈에 눈이 먼', '무절제한' 등의 말을 연상시키는 비즈니스로 변질되고 말았다. 그러나 도박의 역사가 오래된 유럽의 사례에서 보듯, 도박이 꼭 인간의 심리적인 약점을 이용한 천박한 것이어야만 하는 것은 아니다.

잘 알려진 대로 라스베이거스는 갱단의 두목 벅시 시걸이 사막 한복판에 건설한 오아시스로, 쿠바의 아바나를 대체하는 도박의 도시로 급

성장했다(카스트로는 카지노와 창녀촌을 폐쇄해 버림으로써 미국 관광객들과 마피아 오너들에게 큰 충격을 안겨 주었다). 이런 도시가 할리우드와 함께 미국 엔터테인먼트 산업의 상징이 되었다는 것은 하나의 아이러니가 아닐 수 없다.

라스베이거스는 신비스러운 매력과 성적(性的) 에너지, 화려한 오락으로 미국을 완전히 변모시켰다. 나아가 이제는 미국을 넘어 해외로 퍼져 나가고 있다. 특히 아시아에는 라스베이거스를 본뜬 도시들이 여럿 생겨났다. 돈 많은 아시아 인들이 이곳에서 밤새 주사위를 굴리고 카드를 돌린다. 호화 유람선과 인터넷은 라스베이거스 스타일을 보급하는 첨병 역할을 했다(모잠비크나 카이로의 호텔에 들어갔다가 그곳에서 '더 스트립' 등의 이름이 붙은 카지노와 마주치면 기분이 묘해진다). 이런 식으로 라스베이거스는 꾸준히 세계 시장을 파고든다.

내가 왜 이런 현상을 못마땅히 여기는지는 솔직히 나도 잘 모르겠다. 아마 전 세계 카지노가 놀라울 정도로 똑같은 모습이기 때문일 것이다. 카지노 사업이 순수하게 오락만을 위한 사업이 아니라는 이유도 있을 것이다. 라스베이거스 스타일로 획일화된 카지노들을 보면 뒷맛이 씁쓸하다. 미국이 이런 식으로 다른 나라에 각인되는 것을 나는 바라지 않는다. 하지만 오늘날 라스베이거스는 이미 그랜드 캐니언, 엠파이어 스테이트 빌딩과 함께 미국을 상징하는 대표적인 풍경 가운데 하나가 되고 말았다.

033

미국 최고의 상업적 발명품, 크리스마스

크리스마스가 시작된 것은 지금으로부터 천 년도 더 전이다. 그 역사적 배경에 대해서는 이교도의 의식과 초기 기독교인의 축제, 로마의 동지 등에 관련된 길고 복잡한 이야기가 전해진다. 이렇게 복잡다단한 크리스마스 스토리는 원래 유럽의 것이었다. 오늘날 우리가 아는 크리스마스가 탄생하는 데에는 미국 작가 워싱턴 어빙(Washington Irving)의 공이 컸다. 어빙은 1800년대 초반, 소설 『니커보커 이야기』를 발표해 주목받았는데, 이 소설이 오늘날 우리가 아는 크리스마스 개념의 대부분을 정립했다. 이로 인해 크리스마스는 약간의 논란이 있기는 하지만 각 가정의 종교적 축제일로 자리 잡았고, 더 나아가 국가적인 축제일로 승격되었다. 우리가 아는 산타클로스(빨간 옷을 입은 뚱뚱하고 유쾌한 할아버지)도 사실상 그가 만들어 낸 것이나 다름없다. 1843년, 찰스 디킨스는 『크리스마스 캐럴』을 통해, 워싱턴 어빙이 만들어 낸 빅토리아풍의 크리스마스를 한층 흥겹고 아름다운 것으로 만들었다.

오늘날 크리스마스는 경제의 엔진 역할을 한다는 점에서 정말 미국적인 발명품이라고 하지 않을 수 없다. 미국이 전통적으로 가장 신성하게 여겨 온 추수 감사절을 11월 마지막 목요일(에이브러햄 링컨 제정)에서 네 번째 목요일(프랭클린 루스벨트 제정)로 옮긴 것도 크리스마스와 연결되는 쇼핑 시즌을 좀 더 길게 하기 위해서였다.

그러나 크리스마스 시즌의 쇼핑 문화는 이미 1930년대 이전에 시작되었다. 19세기에 산업 생산이 늘어나고 중산층이 확대되면서 미국에는 소비자 중심주의가 싹트는 한편, 가족 중심적이고 어린이를 소중하게 여기며 종교 의식을 지키는 새로운 가족 개념이 탄생했다. 이런 새로운 추세는 크리스마스와 매우 잘 맞아떨어졌다. 이 시기에 워싱턴 어빙과 찰스 디킨스 등이 등장해 크리스마스 전설을 꾸며 낸 것은 결코 우연이 아니었던 것이다(크리스마스 전설 가운데 루돌프 사슴 코 같은 몇 가지는 완전히 상업적인 발명품이다. 루돌프는 1939년 몽고메리 워드 백화점이 처음으로 고안해 냈다).

1990년대에 이르러 크리스마스는 미국 경제의 버팀목이 되었다. 크리스마스 시즌의 판매 액수는 연간 소매 판매액의 4분의 1을 차지했다. 크리스마스의 상업화를 비난하는 목소리가 오래전부터 있었지만, 크리스마스 선물을 사고 트리를 장식하며 카드를 보내기 위한 크리스마스 특수는 계속 늘어났다.

미국인들은 크리스마스가 갖는 종교적 의미보다 세속적이고 물질적인 측면에 관심이 더 많다. 1년 내내 크리스마스 상품을 판매하는 가게들까지 생겨났으며, 쇼핑 기간도 매년 늘어나는 추세이다. 가령 K마트는 2005년부터 크리스마스 특별 판매의 시작을 10월 1일로 앞당겼으며, 이 시즌은 다음 해 1월 말까지 이어진다. 교회도 이런 분위기에 편승해 크리스마스를 교세 확장과 헌금 모금의 적기로 적극 활용하고 있다.

크리스마스 판매가 가져오는 시너지 효과는 대단하다. 몇 년 전에 본 TV 광고가 떠오른다. 한 소년이 아버지와 함께 크리스마스트리를 사러 갔다가 상점에서 파는 트리 세트들이 너무 조잡한 것을 보고 실망한다(2003년, 미국에서는 5억 2천만 달러 어치가 넘는 크리스마스트리가 판매되었으며, 3억 달러 상당의 트리 장식물이 중국에서 수입되었다). 이들 부자는 광고의 주제인 SUV를 타고 험준한 산을 올라가 울창한 숲에 도착한다. 그곳에서 부자는 크리스마스트리로 완벽해 보이는 키 크고 멋진 상록수를 발견한다. 전기톱을 꺼내 든 아버지와 아들은 경건한 자세로 나무에 다가간다. 그러나 부자는 서로 말하지 않았지만 똑같이 '이 멋진 자연의 경이를 베어 쓰러뜨릴 수는 없다'는 결론을 내린다. 그래서 그들은 다시 SUV를 타고 쓰러져 있는 다른 나무를 찾아 헤맨다.

이런 스타일의 광고에서 우리는 오늘날 크리스마스 체험의 핵심에 자리 잡고 있는 감상주의를 읽을 수 있다. 문제는 크리스마스 시즌을 지배하는 상업주의만이 아니다. 연중 계속되어야 할 이웃에 대한 사랑과 관심을 판에 박은 상업적 감상주의가 대체하는 세태 또한 큰 문제이다. 행인들은 연중행사처럼 산타의 자선 바구니에 1달러를 집어넣으며 만족감을 느낀다. 영화 〈34번가의 기적〉은 그 자체가 크리스마스에 대한 환상을 이용한 상품으로 그 교묘함에 소름이 돋을 정도이다.

크리스마스가 되면 그동안 소원했던 친척에게 전화를 걸고 멀리 있는 친지에게 카드를 보낸다. 매년, 그해 처음이자 마지막으로 자정 예배에도 참석한다. 그러곤 끝이다. 과거의 크리스마스가 가졌던 교훈적인 내용들, 즉 예수의 가르침 같은 것은 이미 오래전에 물신주의와 왜곡된 관습에 자리를 내주고 말았다.

이것은 이제 세계적인 현상이다. 빗나간 크리스마스 정신이 세계 곳곳을 오염시키고 만 것이다. 중국의 한 네티즌은 홍콩의 크리스마스를 이렇게 묘사했다.

"홍콩의 크리스마스는 '따분한 시간'이나 '감상적인 시즌', '끔찍한 휴일'과 동의어다. 내가 볼 때, 올해 가장 흉물스러운 홍콩식 크리스마스 장식물은 침사추이 뉴월드 센터의 '헬로 키티' 장식이다."

인도의 수도 뉴델리에는 힌두교인과 이슬람교인이 한데 섞여 산다. 이곳의 한 유력 일간지가 크리스마스에 대해 보도한 것을 보자.

"델리 사람들은 크리스마스를 인도의 전통 축제의 하나로 받아들인

산타클로스 모자를 팔고 있는 인도 소녀. 오늘날 우리가 아는 세속적이고 물질적인 크리스마스는 완전히 미국적인 발명품으로, 빗나간 크리스마스 정신은 비기독교 국가를 포함한 전 세계를 물들였다.

모양이다. 크리스마스 철만 되면 모든 가게가 저마다 산타클로스를 전시하고, 가수들은 귀에 익은 캐럴을 불러 댄다. 시장, 쇼핑센터, 술집, 호텔, 주유소 할 것 없이 도시 전체가 붉은색과 녹색의 크리스마스 장식으로 알록달록 빛난다. 대목을 노리는 상인들만 그런 것이 아니다. 어린애들은 너나없이 산타 모자를 쓰고 돌아다닌다."

기독교 신자가 전체 인구의 1퍼센트도 안 되는 일본에서도 크리스마스 시즌은 점점 인기를 얻고 있다. 한 관광 가이드는 이렇게 말했다.

"일본에서 크리스마스에 가장 민감한 곳은 상점과 쇼핑몰입니다. 크리스마스 몇 주 전부터 크리스마스트리와 산타클로스 인형, 트리 장식품 등이 매장에 등장해 손님을 기다립니다."

유럽도 예외는 아니다. 몇 년 전부터 유럽에 갈 때마다 나는 과거 차분하면서도 축제 분위기였던 크리스마스는 사라지고 미국식의 소비 지향적인 크리스마스가 그 자리를 대신하고 있는 것을 목격한다. 거리에는 크리스마스 장식이 요란하고 캐럴이 귀를 때린다.

물론 나도 크리스마스를 좋아한다. 어릴 적에 가족과 함께 즐겁게 보냈던 크리스마스의 기억이 지금도 선명하다. 자녀를 둔 미국인이라면 크리스마스는 피할 수 없는 현상이다. 이렇게 미국적인 버전의 크리스마스가 전 세계로 확산되는 현상을 보면서 안타까운 생각이 드는 것은, 미국이 전 세계의 문화적 헤게모니를 장악하고 있다는 사실 외에도, 이것이 진지하고 희생적인 자선보다는 천박한 소비의 미덕과 필요성을 찬양하는 잘못된 메시지를 전달한다는 사실 때문이다. 미국이 발명한 크리스마스 자체를 비난하자는 것이 아니다. 문제는 미국식 크리스마스가 다른 나라에 피해를 준다는 데 있다.

034

PR

---------- 미국이 PR를 발명했다고 한다면 지나친 말일 것이다. 프로파간다와 이미지 메이킹은 유구한 역사를 가졌다. 가령 고대 로마의 건축물이나 빅토리아풍 생활양식 속에서 우리는 그것이 전하려는 메시지를 읽을 수 있다. 하지만 미국이 PR를 발명하지는 않았더라도 그것을 완성했다고 한다면 영 틀린 말은 아닐 것이다.

프로이트의 조카인 에드워드 버네이즈(Edward Bernays)는 현대적

의미의 PR를 창안한 사람으로 불린다. 그는 실제로 사회학과 심리학을 여론 형성에 동원했다. 1919년 뉴욕에 사무실을 차린 버네이즈는 『여론 형성(Crystallizing Public Opinion)』(1923), 『프로파간다(Propaganda)』(1928) 등의 저서와, 『미국 정치 사회학회 연보』에 발표된 「동의의 조작(The Engineering of Consent)」(1947)이라는 논문을 펴냈다. 그가 거둔 초기의 성공 가운데 하나는 제1차 세계 대전 중 미 전쟁부에 공보 위원회를 설립하도록 만든 것이다.

하지만 이런 버네이즈조차 오늘날 미국의 전쟁 수행 관련 부서가 하는 행위를 보면 현기증을 느낄 것이 분명하다. 이제 PR는 초창기의 별해가 없는 것들—버네이즈의 전설적인 아이보리 비누 광고와 그것을 뒤이은 수만 건의 상업 광고들—에서 매우 위험한 것들에 이르기까지 그 범위가 크게 확대되었다. 최근에 와서는 뉴스와 기삿거리를 만들어 내고 심각한 수준의 정보 조작을 하는 등, 조직적으로 PR를 활용하는 사례가 늘고 있다.

이와 관련한 보도를 몇 가지 살펴보자.

미군은 이라크에서 활동하는 미군들의 이미지를 개선하기 위한 노력으로 미군이 작성한 기사를 실어 달라는 부탁과 함께 이라크 신문들에 은밀한 방법으로 뇌물을 건네고 있다. 미군 '정보 공작' 부대가 작성한 그 기사들은 아랍 어로 번역되어 바그다드 신문에 게재되고 있다.

—『로스앤젤레스 타임스』, 2005년 11월 30일

바그다드에 있는 미군 주도의 다국적군 본부에 근무하는 공보 스태프들은 최근 '정보 공작 태스크포스'라고 알려진 정보 공작 전문가 팀과 통합되었다. 그 결과, 미군의 군사 작전에 대한 객관적 정보를 제공하는 '공보 업

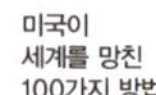

무'와, 적의 인지와 작전이나 행동에 영향을 주기 위해 프로파간다와 조작된 정보를 사용하기도 하는 '정보 공작' 사이의 경계가 희미해지게 되었다.

—『나이트 리더』지의 조너선 랜데이, 2005년 12월 1일

펜타곤은 얼마 전, 앞으로 5년간 총 3억 달러의 예산이 투입되는 프로젝트 3건을 몇 개 회사와 계약했다. 이 계약의 목적은 심리전에 좀 더 창조적인 요소를 불어넣어, 미국과 미군에 대한 해외 여론을 개선하려는 것이다.

—『워싱턴 포스트』, 2005년 6월 11일

국방부는 미국의 우방국이나 중립국의 정책 결정자와 여론에 영향력을 미치도록 비밀공작을 펼치라는 내용의 비밀 지령을 미군에 내려 보낼 것을 검토 중이라고 국방부와 행정부의 고위 관리가 말했다.

—『뉴욕 타임스』, 2002년 12월 16일

돌이켜 보면, 럼즈펠드 국방 장관이 2002년에 만들었다가 그 존재가 대중에게 알려지자 바로 폐쇄한 '전략 영향국(Office of Strategic Influence)'이라는 것이 있었다. 국방부 산하의 이 조직은 테러와의 전쟁에서 거짓 정보 혹은 역정보를 흘려 적을 교란하고 오판하도록 만드는 것이 그 임무였다. 당시의 상황을 『하퍼스』지의 존 맥아더 기자는 이렇게 보도했다.

"럼즈펠드 장관은 화가 난 것처럼 보였다. 하지만 그것은 그의 천재적인 홍보 전술 가운데 하나일 뿐이다. 럼즈펠드의 발표를 사람들이 대체로 무덤덤하게 받아들이거나 전반적으로는 호의적으로 생각하는 것을 보면서 나는, 대다수의 선량한 미국 시민들은 지난 수십 년간 국방부와 백악관이 진실을 말해 왔다고 믿는다는 사실을 깨달았다."

모든 정부는 자신에게 유리하도록 뉴스를 재단(frame)하는 법이다. 워싱턴에서 벌어진 일들도 그 연장선상에 있기는 하지만, 그 대담한 홍보 전술에는 입이 딱 벌어질 뿐이다. 가령 콜린 파월이 유엔 안전 보장 이사회에 나와서 이라크의 WMD(대량 살상 무기)에 대해 거짓 증언한 것을 한번 보라. 또한 정부가 정부 프로그램에 '깨끗한 하늘 이니셔티브', '건강한 숲 이니셔티브', '낙오 학생 없애기 캠페인' 등 그럴싸한 이름을 붙여 기업에서 지원금을 타 내는 것을 보라. 사정이 이러다 보니 사람들은 '민주화'라든지 '밀레니엄 개발 목표' 같이 정부가 세계적으로 추진하는 정책들에 냉소적인 시선을 보내게 된다. 합리적 아이디어와 구체적 실천에 바탕을 둔 것이 아니라 엉뚱한 홍보 효과만 노리기 때문이다.

'PR의 아버지'로 불리는 에드워드 버네이즈가 보더라도 창피하게 생각할 정도로 철면피한 PR가 횡행하는 요즘이다.

035
패리스 힐튼과 유명 인사 문화

---------- 나는 패리스 힐튼의 텔레비전 쇼를 본 적이 없다. 그녀의 포르노 비디오도 본 적이 없다. CNN의 연예 정보 코너에서 잠깐 본 것 말고는 별로 그녀를 본 적이 없는 것 같다. 하지만 내가 느끼기에 패리스 힐튼은 저 멀리 어렴풋이 보이는 거미처럼 위협적인 존재이다. 아니, 위협의 표상이며 쓰레기 같은 유명 인사라고 하는 것이 좀 더 적절한 표현일 것이다.

패리스 힐튼은 어떤 점에서는 반면교사가 되는 인물이다. 그녀에게는 이렇다 할 재능이나 업적도 없다. 단지 '힐튼'이라는, 상업계의 유

명한 이름을 물려받았을 뿐이다. 언론 보도로 보건대 그녀는 가냘픈 몸매에 금발 머리이고, 머리가 좀 나쁜 것 같다. 그녀의 유명세는 유명 인사의 자녀가 새로운 스타로 부각되는 할리우드 트렌드의 일종이다(그녀의 할아버지 니키 힐튼은 엘리자베스 테일러의 수많은 전남편 중 한 사람이다). 유명세에 대한 그녀의 집착은 명성이 자자한데, 눈살을 찌푸리게 하는 행동과 언론의 지나친 관심으로 실제로도 사람들의 입에 자주 오르내린다. 그녀에 대한 패러디가 붐을 이루고 심야 토크 쇼의 단골 조롱거리로 등장해도 그녀는 전혀 아랑곳하지 않는다. 구글에서 그녀의 이름을 검색하면 3천만 개의 링크가 뜨는데, 이것은 다이애나 왕비의 링크보다 2천8백50만 개가 더 많다.

그게 뭐가 어때서, 재미있을 뿐이지 해가 되는 것은 아니잖아?

글쎄, 그럴 수도 있고 그렇지 않을 수도 있다.

사람들은 늘 유명 인사를 동경해 왔다. 그리고 그 같은 동경의 대상은 대부분 어떤 업적을 이룬 사람들이었다. 가령 전쟁 영웅이나 재계 거물 같은 사람들. 물론 그 기준은 계속 변한다. 우리 세대에는 크리스토퍼 콜럼버스가 어린이들의 영웅이었지만, 얼마 후 그의 대량 학살 전력이 드러나면서 그 지위가 격하되었다. 일부 사립학교에서는 10월 둘째 월요일(콜럼버스의 날·옮긴이)을 '콜럼버스를 다시 생각해 보는 날'로 부른다고 한다.

스크린에서나 현실에서나 미남 미녀 들과 환상적인 라이프스타일로 가득한 할리우드는 유명 인사 동경 풍조의 온상이다. 요즘은 록 스타나 패션모델, 운동선수 들도 영화배우 못지않은 동경의 대상이다. 지난날의 할리우드는 오늘의 기준으로 볼 때 어이없을 정도로 조용한 곳이었다. 기껏해야 잉그리드 버그먼이나 찰리 채플린의 스캔들이 큰일이었을 정도로 순수한 시대였다. 당시의 스포츠 악동들―야구 선수

빌리 마틴이나 지미 피어솔을 기억하는가?—은 오늘날의 수백만 달러급 대형 스타들의 활약 앞에서 빛이 바랜다.

유명 인사의 영향력이 이렇게 크고 강한 것은 이상한 일이 아니다. 그러나 사람들은 아직 유명 인사 문화가 이 사회에 끼치는 영향에 대해 완전히 파악하지 못한 것 같다. 미국 문화의 좀 더 진지한 영역에서는 유명 인사 문화를 성토하기도 한다. 폴 홀랜더(미국의 사회학자·옮긴이)는 퍼프 대디가 『뉴요커』지의 인물 기사에서 과분한 대접을 받은 것에 대해 개탄하는 글을 『내셔널 리뷰』에 실은 적이 있다. 그는 "『뉴요커』의 기사에서 분명히 드러난 것처럼, 유명 인사들은 그들이 수행하는 기능에 비해 너무 후한 보상을 받고 있다. 그리고 그 결과 유명 인사들의 부풀려지고 비현실적인 자아 개념은 더욱 강화된다."고 말했다.

이러한 풍토는 좀 더 고상한 사상과 예술에 대한 열망을 단순히 모독하는 것 이상의 의미를 지닌다. 그것은 미국을 비롯한 전 세계의 상업 활동에 깊이 침투한 소비 지상주의의 한 형태이다. 벽이란 벽이 온통 유명 인사의 사진으로 도배되는 것은 우려스러운 현상이 아닐 수 없다. 유명 인사에 대한 동경이 청소년의 발달에 심각한 영향을 끼친다는 사실은 심리학 연구에서도 이미 밝혀져 있다. 한 연구는 10대들이 정서적인 면에서 부모로부터 독립해 또래 집단으로 옮겨 가는 통과 의례 현상에 대해 설명하면서, "안정감과 친밀감이 부족한 청소년일수록 유명 인사에게 개인적으로 강하게 집착한다."고 말했다. 그리고 이로 인해 정서적 독립이 제대로 이루어지지 않는 경우도 많다고 지적했다.

그와 같은 '의사(擬似) 사회적 관계'—마치 유명 인사를 개인적으로 잘 아는 것처럼 행동하는 것으로, 유명 인사가 등장하는 TV 쇼나 잡지 등에 의해 야기되는 일종의 신경증이다—는 모든 연령대에서 문제가 될 수 있지만, 특히 자아 정체성과 역할 모델을 탐색하는 10대 초반의 청소년들에게 큰 영향을 끼친다. 예를 들어 스타의 몸매를 선망하는 소녀들은 자신의 몸매에 불만을 가지게 되고, 이것은 결국 자아 이미지를 나쁘게 만드는 결과를 낳으며 문제 행동을 야기하기도 한다. 거식증도 그로 인해 나타나는 현상 중 하나이다.

의사 사회적 관계로 인한 또 하나의 문제는 현실 생활로부터 도피하게 된다는 것이다. 한 중요 연구서는 이런 결론을 내렸다.

"강한 개인적 동기에서 비롯되는 유명인 숭배는 허약한 정신 건강과 관련이 있고, 이것은 일탈을 권하는 일종의 방어 기제로 신경증의 범주에 포함된다."

그렇다면 그것은 과연 무엇으로부터의 일탈일까? 내 생각에는 일상 생활의 현실적 속성으로부터의 일탈인 동시에 타인과의 친밀감과 유대감을 깊게 해 주는 요소들로부터의 일탈이기도 한 것 같다. 즉, 사회적 관계로부터의 일탈, 공동체로부터의 일탈, 공동체의 문제에 대한 관심으로부터의 일탈이다. 텔레비전으로 인한 인간의 원자화는 유명인에게 집착함으로써 더욱더 강화된다.

『포브스』에 실린 '2005년 상위 100대 유명 인사' 목록의 대부분은 영화배우와 운동선수 들이 차지했다. 그중 패리스 힐튼이 55위(힐러리 더프는 54위, 빌 클린턴은 56위)에 그친 것이 그나마 희망이라면 희망이다 (패리스와 클린턴은 개인 소득이 낮아 순위가 밀렸다).

유명인에게 열광하는 풍조는 요란하게 전 세계로 퍼져 나가고 있다. 몇 년 전 나는 아파르트헤이트 철폐 이후의 혼란과 에이즈 창궐이라는 위기를 겪고 있는 남부 아프리카를 방문했다. 그때 나는 우연히 만난 10대 소녀로부터 미국의 최고 아이콘 한 사람에 대한 질문을 받았다. 그게 누구였을까. 빌 게이츠? 아니다. 오프라 윈프리? 역시 아니다. 그 소녀는 가수 마돈나의 근황을 알고 싶어 했다. 이토록 머나먼, 그리고

패리스 힐튼이 음주 운전으로 구속되어 3주간의 수감 생활을 마치고 출소한 직후 〈래리 킹 라이브〉에 출연했다. 할리우드에서 출발한 유명 인사 문화는 소비 지상주의의 한 형태로, 유럽에서 아프리카에 이르기까지 전 세계를 휩쓸었다.

격랑에 휩쓸린 지구 한구석에서 '물질적인 여자(마돈나의 히트곡 제목·옮긴이)' 마돈나에 대해 알고 싶어 하다니!(그녀는 『포브스』 리스트에서 8위였다)

인도의 한 고급 잡지 편집자는 이렇게 말했다.

"인도인들 사이에는 백인처럼 보이기를 열망하는 풍조가 만연되어 있다. 그들에게 하얀 피부는 선망의 대상이다."

이와 비슷한 현상이 아프리카에서도 발견되는데, 미국인 여성 스타의 이미지가 미의 기준으로 자리 잡은 결과 너도나도 피부 미백 화장품을 바르는가 하면, 이상적인 몸매에 대한 기준도 변화되어 슈퍼 모델처럼 비쩍 마른 체형을 선호하게 되었다. 더욱이 '미국에서 성공하기'는 곧 부를 과시하고 돈 이외의 것에는 관심이 없는 유명인들의 라이프스타일을 연상시킨다.

하지만 무엇보다 가장 위험한 것은 미국인들에게 만연한 유명 인사 숭배 풍조의 폐해가 다른 곳에서도 그대로 답습된다는 것이다. 유명인의 삶에 대한 망상, 의사 사회적 관계, 현실로부터의 일탈……, 이런 것들은 미국의 멤피스나 디모인에서와 마찬가지로 몸바사나 페낭에서도 인간을 고립시킨다. 고립된 개인은 무력감과 정서적 좌절을 느끼며, 병든 사회와 약탈적 이데올로기의 희생물이 된다.

패리스 힐튼의 명성이 언제까지나 계속되지는 않을 것이다. 하지만 그녀를 해외로 초청하는 비용이 30만 달러나 된다는 것, 그리고 다른 나라의 잡지에조차 나오지 않는 곳이 없다는 사실은 미국의 저명인사를 대표하는 새로운 사절로서의 그녀의 위상을 말해 주는 것이라 하겠다. 그녀가 CBS 뉴스 인터뷰에서 말한 것처럼.

"난 다른 사람들과 달라요. 미국의 공주라고나 할까요."

보수 · 우익과
기독교 근본주의

036

광기와 파괴의 역사, 냉전

---------- 해리 트루먼과 이오시프 스탈린이 1940년대 후반에 냉전을 선언했을 때, 그것이 그토록 장기전이 될 줄은 그 누구도 예측하지 못했다. 결국 냉전은 장장 40년에 걸쳐 서로를 적대시하게 하고, 여타 국가들을 포로로 만들었으며, 비열한 독재자를 탄생시키고, 대리전을 치르게 하고, 대규모의 인권 유린을 자행했으며, 자원을 낭비하고, 핵무기 경쟁을 벌이게 만들었다. 냉전은 20세기 그 파괴적 역사의 중심에 서 있었으며 히틀러와 도조 히데키(東條英機. 일본의 군인이자 정치가로 진주만을 공습해 태평양 전쟁을 일으킨 핵심 인물·옮긴이)에 버금가는 살인적 광기를 내뿜었다. 냉전이라는 무대는 쉽게 만들어졌으나, 그 위에서 진행된 드라마는 엄청난 비극을 몰고 왔다. 그 무대를 휩쓸었던 파괴와 군국주의, 사이비 사상 등은 지금도 세상을 괴롭히고 있다.

스탈린의 팽창주의를 억제하겠다는 것은 타당한 생각이었다. 그러나 그 정책의 입안자인 조지 케넌이 애초에 추구했던 정치적, 외교적, 경제적 봉쇄는 얼마 안 가 군사 정책으로 바뀌었고, 필연적으로 군대를 동원한 서커스가 되고 말았다. 전쟁을 두려워하지 않았던 공화당 대통령 드와이트 D. 아이젠하워는, 그러나 임기 말에 가서 '군산 복합체의 부당한 영향력'에 대해 경고했다. 그것은 이후 백악관 주인들의 입에서 나온 그 어떤 말보다 선견지명이 있는 것이었다.

미국이 감행한 군사 전략은 결국 원칙에 어긋나고 비생산적이며 경제를 황폐화한 것으로 판명 났다. 그것은 핵무기의 전쟁 억지력을 강조했을 뿐 아니라 전 세계의 독재자들을 무장시키는 결과를 가져왔다.

과테말라와 캄보디아에서 대량 학살을 초래했고, 앙골라와 모잠비크를 초토화하는 내전을 불러일으켰다. 이 지역들은 모두 억압과 분쟁에 휩싸였다. 아프가니스탄 회교 반군을 지원하고 이란에 새로운 황제를 즉위시키려는 계획 자체는 대성공을 거두었지만 결국 이들은 반미 국가로 돌아섰다. 한국과 베트남에서의 직접적인 전쟁 개입은 엄청난 사상자를 낳았다. 베트남에서는 1백만 명이 사망했고 한국은 여전히 남북으로 분열되어 있다. 냉전의 경제적 비용은 줄잡아 계산해도 1조 달러에 이르며, 이로 인해 미국의 교육과 도시, 기간 설비 등에 투자할 수 있었던 기회비용은 허공으로 사라졌다. 라틴 아메리카와 아프리카의 여러 지역과 이란, 파키스탄, 동남아시아 등이 정치적 자유와 민주적 희망을 희생시킨 데 대한 대가는 계산할 수조차 없다.

여기서 도덕적 형평성을 따지자는 것은 아니다. 소련도 다른 나라에 비열한 짓을 많이 저질렀고, 자국 내에서는 더욱 심한 일을 자행했다. 하지만 어느 쪽이 승리했는지, 어느 쪽이 더 나빴는지, 어느 쪽이 먼저 자극했는지, 혹은 적대감을 드러냈는지가 논의의 요점은 아니다. 내가 정말로 말하고자 하는 것은 냉전이 전혀 쓸데없는 짓이었다는 점이다. 1953년에 스탈린이 사망하고 나서 개혁주의자들이 정권을 잡은 이후의 시기에는 더욱더 그러했다. 그럼에도 냉전의 엄청난 비용—1960년대의 핵무기 경쟁과, 아프리카와 인도차이나, 라틴 아메리카에서의 대리전쟁, 허수아비 독재자들의 배후 조종 등에 소요된—은 스탈린이 죽은 뒤에도 오랫동안 발생되었다.

반드시 그랬어야만 했을까?

공교롭게도 그 엄청난 군사적 낭비와 호전성에도 미국의 민주주의와 번영의 이상은 승리를 거두었다. 소련의 시스템은 미사일보다는 자유주의 사상에 더 취약했다. 정치·문화적 자유를 비롯한 서구의 생활

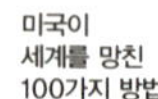

양식과 소련의 궁핍 사이의 간극은 점차 분명해졌다. 서유럽의 환경·평화·남녀평등 분야 시민 사회 운동가들은 단순하고 설득력 있는 논리—냉전은 모든 사람에게 나쁜 것이므로 끝내 달라고 요구하자—로 동유럽을 교화하였다. 유럽은 동서 경쟁의 완충 지대로서 주둔군과 핵무기가 넘쳐 났고, 유럽 인들은 양 진영이 자신들의 담장을 넘나들며 서로 으르렁거리는 것에 지쳐 있는 상태였다.

1970년대 후반에 들어서면서 유럽 인들은 이런 상황에서 벗어나고 싶다는 생각을 크고 분명한 목소리로 말하기 시작했다. 물론 미국의 정계는 귀 기울이려 하지 않았다. 유럽에 포용적이면서도 결국에는 자신들 마음대로 하는 것이 지금까지 미국이 취해 온 방식이었다. 베트남을 비롯한 동남아시아와 페르시아 만, 중앙아메리카, 아프리카 일부에서 독재자들이 득세하는 상황에서 데탕트는 미국의 정치 엘리트들이 받아들이기 힘든 것이었다.

지미 카터 대통령은 이슬람 혁명과 그에 뒤이은 소련의 아프가니스탄 점령에 놀라 무기 경쟁에 불을 지핌으로써 데탕트를 끝냈고, 그의 후계자 로널드 레이건은 이 정책을 한층 강화시켰다. 하지만 이 같은 강경책은 민중의 행동주의를 자극했을 뿐이다. 유럽과 미국의 평화 운동, 폴란드·체코슬로바키아·동독·헝가리의 점차 대담해지는 시민 사회 운동, 무기 경쟁에 대한 전 세계의 비난이 효과를 거두기 시작했다.

1975년의 헬싱키 조약(레이건은 이에 반대했지만 민주당원들은 마지못해 지지했다)은 새로운 인권 운동에 커다란 돌파구를 열어 주었다. 이것은 이후 소련권의 행동주의에 입지를 마련해 주는 동시에 일종의 세계적 규범을 폭넓게 심는 강력한 도구가 되었다. 그로 인해 행동주의는 범세계적인 기회를 얻었고, "정부는 잘못된 길을 걷고 있다. 동서의 적대 관계를 끝내기 위해서는 대중의 지지를 얻을 수 있는 길을 모색해야 한다"고 정치 엘리트들을 설득하기에 이르렀다.

1985년 소련 공산당 서기장에 취임한 고르바초프는 개혁을 추구하던 중 아래로부터의 혁명을 목격하고는 그것을 허용했다. 혁명은 결국 부패한 소련 제국을 붕괴시켰다. 이란-콘트라 스캔들로 시달리던 레이건은 고르바초프의 개혁 노선을 수용함으로써 간신히 대통령직을 유지했고, 이후 시민운동가들이 역사를 냉전 종식으로 이끄는 과정을 지켜보게 되었다. 좀 더 행운이 따랐다면 이 모든 것이 이미 25년 전에 일어났을 것이다.

냉전은 계산하기도 어려울 정도로 엄청난 대가를 치렀다. 그리고 그 잔재는 오늘날 우리에게 남겨졌다. 핵무기, 비대한 군대, 정보기관의 행패, 인권 침해, 패망한 국가들, 세계 전역의 폭력과 반동 문화……

미국이 냉전에서 차지한 역할은 결코 찬사를 보낼 만한 것이 아니다. 물론 어떤 면에서는 약간의 필요성도 있었겠지만, 그 필요성이 과장되게 해석되었고 그러한 나쁜 관습은 아직도 계속되고 있다. 냉전은 교훈의 대상이며, 우리는 그것을 지금까지 접해 보지 못한 교육적 기회로 삼아야 한다.

037

레이건 독트린

---------- 소련이 아프리카와 중앙아메리카, 중앙아시아에 발을 들여놓자, 그러한 상황에 좌절한 레이건과 그의 측근 우익은 소위 '레이건 독트린'이라고 불리는 새로운 반공 이념을 내놓았다. 그 논리는 단순한 것이었다. 소련의 지도자 레오니트 브레즈네프와 중국의 마오쩌둥이 식민지 국가나 미 동맹국 내부의 무력

폭동을 지원하듯이, 미국도 공산 정부에 저항하는 세력을 격려하고 지원한다는 것이다. 결과는 비극적인 실패로 끝났다.

미국은 특히 아프가니스탄과 니카라과, 앙골라, 이 세 나라를 표적으로 삼았다.

포르투갈의 식민지였던 앙골라는 석유 매장량이 풍부한 국가로, 1974년 포르투갈 우익 정부가 무너지자 독립하면서, 20년간 쿠바의 지원을 받아 온 '앙골라 인민 해방 운동(MPLA)'이 집권하게 되었다. 그 후, 조나스 사빔비가 이끄는 반군이 MPLA와 정권을 놓고 다투었으나 여러 차례에 걸친 평화 협정이 실패로 끝나자 사빔비는 무력에 의한 해결을 시도하며 다시 전쟁에 돌입했다. 사빔비는 처음에는 남아프리카 공화국 백인 분리주의 정권의 지원을 받았고 이어 레이건 정부의 지원을 받았다. 이것은 그가 어떤 인물인지 잘 보여 준다. 마오쩌둥주의자와 '자유 투사'의 입장을 번갈아 오갔던 사빔비는 평화 협정을 수차례 어긴 전형적인 반군 지도자였다. 아프리카 대륙의 중요한 다국적 협의체인 아프리카 통일 기구(OAU)는 그를 남아프리카의 앞잡이라고 비난했다. 레이건은 백악관에서 그를 맞아들이며 "미국의 가장 친한 아프리카 친구"라고 불렀다. 레이건은 반란을 지속시키기 위해 매년 3천만 달러어치의 무기와 보급품을 사빔비에게 제공했다.

앙골라 내전이 진정 국면에 들어설 때까지—사빔비는 2002년 살해되었다—그 희생자 숫자는 어마어마했다. 약 1백만 명이 죽은 것으로 추정되는데, 그중 많은 수가 민간인 간접 희생자이며 어린이도 30만 명이나 된다. MPLA 정권은 무너지지 않았고 앙골라는 피폐해졌으며 인접 국가들도 27년 내전의 영향을 받았다. 오스트레일리아의 한 건강 잡지는 이렇게 전했다.

"앙골라는 내전의 영향으로 1990년 세계 최고의 영아 사망률을 기록했다. 신생아 1천 명 중 3백50명이 5세 이전에 사망했다. 살아남은 어린이들도 빈곤과 영양실조, 부모와 이별, 파괴적 폭력에 노출, 살인이나 기타 잔학 행위 목격, 영구 장애, 전쟁 후유증을 겪는 부모, 생활을 지탱하는 사회 간접 자본 소실 등 또 다른 방법으로 고통받고 있다."

마침내 전쟁이 끝나고 사빔비의 통제하에 있던 지역에 접근할 수 있게 된 구호 단체들은 그 지역의 기아와 질병이 "재난 수준"이라고 말했다.

니카라과에서는 다니엘 오르테가가 이끄는 산디니스타 민족 해방 전선이 1979년 소모사 정부를 전복시키는 바람에, 30년간 독재자 소모사 가문을 지원해 온 미국은 이들과의 관계가 단절될 처지에 놓였다. 쿠바의 경우와 마찬가지로 새로운 좌파 정부의 강한 반미 감정은 그들을 급속히 소련 쪽으로 기울도록 만들었다.

레이건 취임 후 산디니스타 정부는 미 우익의 공격 대상 1순위였다. 미국은 소모사 잔당과 마약 밀수업자, 반공주의자들이 기묘하게 뒤섞인 그룹—싸잡아 '콘트라(Contra. 반군)'라고 불린다—을 은밀하고도 불법적으로 지원하는 한편, 니카라과 정부에 대대적인 압력을 가했다. 「세계 인권 보고서」는 이렇게 결론짓는다.

"콘트라는 무력 분쟁 규칙의 가장 기본적인 기준을 조직적으로 위반한 대표적인 집단이다."

그들은 코카인 공급망을 구축해 비용을 조달했으며, 그 공급망은 오늘날까지 존재한다.

중앙아메리카의 대통령들은 한결같은 목소리로 레이건의 콘트라 지원 정책을 반대했지만 전혀 소용이 없었다. 미 의회 역시 이에 반대했

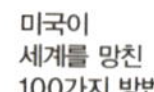

지만 백악관은 의회의 눈을 속여 가며 무기를 비롯한 각종 원조를 콘트라 집단에 제공했다. 악명 높은 올리버 노스 중령은 이 일을 주도한 혐의로 유죄 판결을 받았으며(그러나 그는 지금 극우 매체인 폭스 뉴스의 사회자로 맹활약하고 있다), 콘트라를 불법적으로 지원함으로써 길어진 전쟁은 어림잡아 5만여 명의 사상자와 20만 명의 난민을 남겼다.

국제적인 고립과 콘트라의 저항, 경제 정책의 실패 때문에 지칠 대로 지친 산디니스타 정권은 1990년 선거에서 온건파 연립 정당에 패배했다. 소련은 애초부터 중앙아메리카에 그다지 큰 관심을 가진 적이 없고 오르테가에 대한 지원은 포기한 지 오래였다. 그럼에도 산디니스타 민족 해방 전선은 레이건의 전쟁으로 황폐해진 니카라과에서 상당 기간 세력을 유지했다.

미국 의회 도서관의 국가 연구 자료에는 이런 내용이 있다.

"콘트라 전쟁은 니카라과를 심하게 분열시키고 무장시켰다. 2만 5천에서 10만여 점에 이르는 무기가 민간인의 손에 들어갔다."

1990년대 초, 스스로를 '레콘트라(Recontras)'라고 부르는 사람들이 산디니스타 일원을 납치해 몸값을 요구하고 산디니스타에 협력하는 농장을 공격하는 일이 벌어졌다. 1993년, 미 국무부는 이것을 정치적 의미가 담긴 범죄 행위라고 규정했다. 1989년, 한 상원 위원회는 다음과 같이 보고했다.

"전쟁 지역에서 콘트라 조직원과 콘트라 보급책, 조종사, 콘트라의 고용인들, 콘트라 지지자들을 통한 마약 밀매가 이루어지고 있다는 구체적인 증거가 있다."

1980년대와 그 이후의 미국 내 마약 밀반입은 대개 콘트라 지지 조직이 주도하거나 지원한 것이었다. 애초부터 콘트라의 범죄성은 심각했던 것이다.

아프가니스탄은 레이건 독트린의 옹호자들이 가장 자랑스럽게 여기는 성공 사례다. 그들에 따르면 CIA가 무자헤딘을 지원한 결과 소련군을 퇴각시켰을 뿐 아니라 소련 공산주의 자체의 몰락을 가져왔다는 것이다. 어쨌거나 소련이 몰락한 것만은 사실이기 때문에, 그들은 이런 주장을 끈질기게 계속하고 있다.

"미군이 아프가니스탄 지역에 들어갈 것처럼 태도를 취함으로써, 그에 위협을 느낀 소련이 아프가니스탄을 침공하도록 자극해야 한다"고 처음 제안한 사람은 카터 행정부의 안보 담당 보좌관 즈비그뉴 브레진스키였다. 하지만 소련이 움직인 주된 이유는 이란의 이슬람 혁명에 당황한 그들이 자신들에게 우호적이기는 하지만 완전히 지배되지는 않는 아프가니스탄에 이란과 비슷한 사태가 일어날 것 같은 불안을 느꼈기 때문이다.

1979년 후반, 소련이 아프가니스탄을 침공해 점령하자 차츰 영향력 있는 게릴라 저항 단체들이 생겨났다. 일반적으로 '무자헤딘'이라고 불리는 이들은 이슬람 원리주의자들로, 소비에트를 상대로 성전을 벌여 나갔다.

CIA는 1980년대 초 훈련과 무기를 제공하는 등 무자헤딘을 원조했고, 1985년부터는 스팅어 대공 미사일과 같은 무기를 더욱 공개적인 방법으로 제공하기에 이르렀다. 소련은 약 1만 4천 명의 희생자를 낸 끝에 1989년 결국 철수했다. 하지만 점령 초기부터 소련은 아프가니스탄의 저항을 우려했고, 소련 정치국의 의사록이 보여 주듯이 사실상 철수 전략을 모색했다.

1985년에 권좌에 오른 고르바초프는 수상 취임 초기에 이미 철수를 약속했다. 그런데 미국의 무기들은 대부분 소련이 철군 작전을 개시한 이후부터 쏟아져 들어오기 시작했다. 당시 소련 국민들은 아프가니스탄에서 벌어지는 상황에 대해 거의 아는 바가 없었고, 따라서 소련의 아프가니스탄 점령 실패가 소비에트 연방의 몰락을 가져왔다는 주장은 신뢰성이 떨어진다.

한 가지 분명한 사실은, 이 전쟁이 엄청난 파괴를 몰고 왔다는 것, 그리고 이러한 파괴가 비단 아프가니스탄에 국한되지 않았다는 것이다. 무자헤딘에게 건네진 무기들은 1980년대와 1990년대에 멀리는 모잠비크까지 흘러들어 가 내전에 사용되었다. 어림잡아 3백만 정의 AK-47 소총이 무자헤딘에게 공급되었고, 이들이 바로 이슬람 성전주의자(Jihadists)의 시초이다. 오사마 빈라덴 같은 반서방 테러리스트도 바로 이때 첫발을 내디뎠고 후에 전 세계에 큰 위협이 되는 인물로 성장했다.

아프가니스탄은 오랜 전쟁으로 완전히 파괴되었고, 소련이 철군한 뒤에는 미국으로부터 거의 철저히 내팽개쳐졌다. 그들은 실패한 국가의 전형으로, 경제는 마약 생산으로 간신히 지탱되었고 사회는 과격해지거나 또다시 군벌 또는 종교적 광신자들의 억압을 받았다. 오랜 내전 끝에 1980년대 후반 탈레반이 권력을 잡았으나 그들은 지구 상에서 가장 후진적인 정권이었다. 그럼에도 부시 대통령은 2001년 여름 그들에게 원조를 제공했다.

그 어떤 국제적 행동의 기준을 들이대더라도 '레이건 독트린'이 커다란 실패이자 비도덕적 행위였다는 사실은 이제 자명해졌다. 그리고 그에 따른 희생은 헤아리기가 불가능할 정도다. 수백만 명이 죽고, 그보다 더 많은 난민이 발생했으며, 수많은 어린이들이 고아나 불구자가 되었다. 국가는 파산하고 경제는 피폐해졌으며 코카인과 헤로인 산업이 꽃을 피웠다. 국제 범죄 단체와 테러 조직(콘트라, 알카에다 등)이 은

신처를 제공받아 공공연히 활동해 왔고 일부는 지금도 여전히 활개를 치고 있다. 레이건 독트린이 가져온 파괴의 넓이와 깊이는 이루 헤아리기가 힘들다.

이보다 더 타락한 정책은 상상할 수조차 없다. 그 의도는 처음부터 불법적이고 비도덕적이었으며, 따라서 그 결과가 계속되는 재난으로 이어지는 것은 당연한 일이다.

038 20세기 후반 최악의 전쟁, 베트남전

---------- 1960년대 초부터 1975년 4월 30일까지 미국 정부는 머나먼 작은 나라, 베트남 땅에서 20세기 후반의 가장 잘못된 전쟁을 수행했다. 1백만 명이 넘는 베트남 사람들이 주로 미군의 폭격으로 죽었고, 5만 8천 명 이상의 미군 병사가 희생되었다. 미국은 베트남에 패했고 베트남은 오늘날까지 공산당의 손아귀에 있다.

전쟁은 처음부터 무모했고, 당시에도 비평가들은 승산 없는 전쟁이라고 말했다. 베트남 전쟁은 그 어떤 전쟁보다도 심각하게 미국의 정치와 문화를 뒤흔들었다. 동시에 동남아시아와 미국을 비롯한 전 세계에 지울 수 없는 흔적을 남겼다.

흔히 그렇듯이 베트남 전쟁은 또 다른 전쟁에서 비롯되었다. 제2차 세계 대전은 베트남을 혼란에 빠뜨렸다. 오랜 기간 프랑스의 식민지였던 나라가 또다시 일본군에게 점령되자 베트남에서는 호찌민이 이끄는 민족 해방 운동이 일어났다. 일본이 패전한 후 프랑스는 다시 식민 통치를 시도했지만 호찌민의 강력한 저항에 부딪혔고, 디엔비엔푸에서의 결정적인 패배를 끝으로 물러나게 되었다.

그 후 베트남은 남북으로 분열되어 북부는 호찌민이 통치하고 남부에는 프랑스와 미국이 후원하는 불안정한 정권이 들어섰다. 남부에서 게릴라 전쟁이 다시 불붙자, 미국은 케네디 대통령의 결정으로 차츰 개입의 강도를 높이게 되었다. 1964년에 들어와 전쟁은 전면전으로 확대되었고 린든 존슨 대통령은 공산당의 승리를 막기 위해 본격적으로 전쟁에 개입하기로 결정했다. 의심스러운 통킹 만 사건으로 미 의회는 대규모 파병을 승인했고, 얼마 후에는 약 50만 명의 미군 병사가 베트남에서 싸우게 되었다.

역사가들은 미국이 좀 더 빨리 종전 협정을 맺을 수는 없었을까, 그러자면 그 조건은 무엇이었을까, 또 전쟁의 경과는 이러한 외교적 노력에 어떤 영향을 미쳤을까, 논쟁을 벌이곤 한다. 하지만 전쟁은 결국 엄청나게 황폐해진 국토와 의미 없는 평화 협정을 남긴 채 공산주의의 승리로 귀결되었다. 미국(과 유럽)에서는 평화 운동이 확산되어 정치뿐 아니라 문화와 사회 전반에 영향을 주었고 미군은 철수를 서두르게 되었다.

전쟁의 영향은 베트남 밖에서도 수십 년간 느껴졌다. 동남아시아를 불안한 국면으로 몰아넣었으며, 특히 캄보디아의 희생은 그 어느 주변국보다도 컸다. 그러나 이것은 미국이 필리핀과 인도네시아 등지에서 군사 정권과 독재자를 지원하는 좋은 핑계거리가 되었다. 미국은 철수 전략의 하나로, 미군 병력을 직접 파견하는 대신 남부 베트남을 무장시킨다는 이른바 '닉슨 독트린'을 채택했고, 이 정책은 1970년대까지 전제 군주 '샤'에 대한 미국의 군사적 지원을 받아 오던 이란에 가장 큰 영향을 미쳐, 오늘날까지도 끊임없이 계속되는 재난을 몰고 왔다.

베트남 전쟁은 또한 '미국의 수치'라는(그럼으로써 소련에 득이 되었다는) 신화를 낳았고, 이것은 '명예 회복'이라는 정치적 이상 심리를 야기해 대통령 선거에서 로널드 레이건이 승리하는 결과를 가져왔다. 베트남전은 미 역사상 최초의 명백한 군사적 실패였기 때문에 미국에 씻을 수 없는 상처를 남겼고, 그것은 정치권과 우익 언론을 계속 자극했다.

미국은 베트남 전쟁의 실패를 거울삼아 자신들의 오만과 외국 정치문화에 대한 몰이해, 정치적 행동 대신 군사적 해결을 선택한 일, 낡고 완고한 반공 이념에 국가의 자산과 많은 생명을 낭비한 것 등에 대한 교훈을 얻을 수도 있었다. 이 수치스러운 경험이 수많은 생명을 살리는 교훈으로 작용할 수도 있었지만 미국은 그러지 못했다. 이라크 전쟁이 바로 그 증거다.

무엇보다도 베트남 전쟁은 소련과 중국을 군사적으로 견제하겠다는 생각이 얼마나 치명적이고 비생산적인지를 증명했다. 동남아시아에서만 수백만 명이 목숨을 잃었고, 그보다 더 많은 사람이 캄보디아와 라오스, 인도네시아 등지에서 희생되었다. 피 흘려 싸우면서까지 동서의 선을 그어야 한다는 생각은 전 세계적으로 수십 년에 걸쳐 되풀이되어 온 값비싼 실수였으며, 그것은 오늘날 미국 정치와 세계 역사에 치명적인 유산으로 남았다.

039

금권 민주주의의 완성

---------- 학자들이 '교도 민주주의(Guided Democracies)'라고 부르는 정치 시스템이 있다. 민주주의의 특징을 일부 갖고 있지만, 대체로 강한 권력에 많이 좌우되는 제도를 가리킨다. 터키는 위세 당당한 군부가 통치하는 교도 민주주의 국가이며, 이라크도 미국의 점령하에 민주 통치가 이루어지는 일종의 교도 민주주의 국

가이다. 이러한 사례는 이 밖에도 많이 있다.

미국 민주주의의 근간을 이루는 각 기관들은 강력한 힘을 가지며 대개는 서로 독립적이다. 하지만 미국 역시 왜곡된 형태의 교도 민주주의로 고통받고 있으며, 그로 인해 미국인의 삶뿐만 아니라 전 세계 여러 국가에도 영향을 미치고 있다.

미국의 강한 권력은 바로 '돈'이다. '돈'이라는 권력은 국제 무역이나 환경 관련 조치, 전쟁, 그 밖에 지구 상에 존재하는 거의 모든 것에 영향을 미친다. 이렇게 볼 때 우리는 '교도(guided) 민주주의'에서 한 걸음 더 나아가 '금권(gilded) 민주주의' 속에서 살고 있다고 말할 만하다.

그러한 사실을 증명하는 사례를 하나 들어 보자.

중국의 대미(對美) 로비는 가끔 우리를 깜짝 놀라게 하는 동시에 상원 의원의 판단력을 뒤흔들어 놓는다. 중국과 홍콩은 지난 10년 동안 미국의 섬유 수입 제한 조치 등을 완화하기 위해 미 의회에 로비를 하는 데에 2천만 달러를 썼다. 대 중국 무역 적자가 심화되고 중국 정부가 미국 국채를 점점 많이 소유하게 됨에 따라, 중국이 자국의 목적을 달성하기 위해 미 의회 로비의 본산지인 워싱턴 K 스트리트의 잘나가는 로비 회사를 끼고 어떤 식의 로비를 벌이느냐는 단순한 흥밋거리 이상의 의미를 지니게 되었다(공화당 출신인 톰 딜레이 하원 원내 대표가 '공화당계의 로비스트를 써야만 효과를 거둘 수 있을 것'이라고 압력을 넣었음에도 로비 자금은 양당 계열의 로비스트들에게 골고루 돌아갔다). 3천 달러 정도의 기부금이면 미 의원 1인의 투표권을 확보할 수 있다고 하니, 2천만 달러면 꽤 큰 효력을 발휘할 것이고, 실제로 그런 결과가 나타났다.

클린턴 행정부의 베테랑으로서 돈의 영향력에 대해 매우 잘 알고 있는 일리노이 주 하원 의원 램 에마뉴엘은 CNN의 유명 앵커 루 답스와의 인터뷰에서 다음과 같이 말했다.

"하원 의장이 개회를 알리기 위해 의사봉을 두드리는 것이 요즘은 마치 경매장의 낙찰을 알리는 망치 소리같이 들립니다. 유가가 배럴당 64 달러인데도 석유·가스 업계에 80억 달러가 넘는 보조금을 지급하는 에너지법이나, 50억 달러짜리 문제를 해결하는 데 1천5백억 달러가 드는 법인세법, 업계가 1억 3천2백만 달러를 지출해 1천3백50억 달러의 추가 이익을 거둬 가는 조제·처방약 법안을 한번 생각해 보십시오."

의회는 전통적으로 로비 활동이 집중되는 표적이지만, 백악관도 로비에 취약하기는 마찬가지이다. 돈이 정책에 미치는 영향에 대한 연구로 유명한 워싱턴의 '공공 청렴 센터(Center for Public Integrity)'는 '펜실베이니아 애비뉴 1600번지(백악관)' 근무자들의 대표적인 로비 사례를 밝힌 바 있다.

"대통령 수석 보좌관인 앤드루 카드는 과거에 미국 자동차 제조 협회를 위해 제조물 책임법에 관한 로비를 벌인 적이 있다. 또한 전임 백악관 환경 정책 담당 보좌관 필립 쿠니는 미국 석유 협회를 위해 로비했다(그는 석유 업계를 위해 국가 기후 변화 보고서를 조작한 사실이 드러나자 2005년 6월 사임했고, 얼마 지나지 않아 엑슨모빌 사로 자리를 옮겼다). 인도 소프트웨어 서비스 협회(NASSCOM)의 로비스트 경력이 있는 에드위나 로저스 백악관 국가 경제 위원회 부위원장은 2004년 행정부를 떠나 ERIC(Erisa Industry Committee)의 로비스트가 되었는데, 이 기관은 퇴직과 연금, 건강 보험을 비롯한 근로자 복지와 관련해 고용주의 이익을 대변하는 곳이다."

이 길지 않은 문장 속에서도 우리는 업계의 이익과 정치권이 얼마나 서로 얽히고설켜 있는지 알게 된다. 공공 청렴 센터는 주요 로비스트 52명의 명단을 발표한 바 있는데, 이들은 모두 부시 선거 캠프에서 자금 모집책으로 활동한 사람들이었다. 그중 잭 아브라모프 같은 경우는

10만 달러 이상 모집자를 일컫는 '파이어니어(Pioneer)'라는 명칭으로 활동하면서 19명의 고객을 위해 로비를 벌였다.

이와 같은 일들은 이제 비밀이 아니다. 워싱턴 D.C.의 대형 로비 업체 '아널드 앤드 포터'는 자사 웹 사이트에서 다음과 같은 광고를 내걸었다.

사이버 보안을 비롯하여 국방과 국가 안보, 수출 규제, 해외 부패 관습, 국토 안전법, 생화학 테러, 전자 감시 등에 관련된 문제를, 국방부와 CIA, 국가 안전 보장국의 법무 수석 출신과 전직 법무부, 국무부 고위 관료로 구성된 팀이 해결해 드립니다.

이제 기업의 로비는 미국의 정책 결정 전 과정에 침투하고 있으며 그중 법률 제정이나 환경 법규에 대한 로비는 세계의 여러 국가에 깊고도 지속적인 영향을 끼친다. 경제계는 지구를 약탈하고 인간의 건강을 위협하는 일들―기후 변화, 제초제 수출, 유독 물질 폐기 등―에 대한 제한 조치를 없애기 위해 끊임없이 노력해 왔다.

정치 자금 집계 및 감시 사이트인 '폴리티컬 머니라인(Political MoneyLine)'에 따르면, 2004년 미국 기업의 로비 액수는 21억 4천만 달러에 이르렀다고 한다. 이것은 대 의회 로비와 220군데의 연방 기관에 대한 로비를 포함한 금액이다. 이런 수치는 충격적이고 두렵기까지 하지만 이제는 사실상 일상화된 일이다. 아브라모프와 톰 딜레이를 비롯해 수없이 많은 로비스트의 이름이 날마다 신문의 헤드라인을 장식한다. 그렇다면 로비스트는 어떤 방식으로 국제 사회에서의 미국의 행동에 영향을 미칠까?

잘 알려진 몇 가지 사례―중국과의 통상이나 이스라엘 원조 문제

등—를 통해 로비스트의 영향력이 어떤 것인지 일부 드러나기는 했지만, 실제로 로비의 영향력이 미치는 범위는 우리가 상상하는 것보다 훨씬 크다. 아브라모프와 톰 딜레이 스캔들은 빙산의 일각을 드러냈을 뿐이다. 이를테면 러시아가 미국의 원조와 특혜를 얻기 위해 바하마 국적의 회사를 고용해 미국 다수당 원내 총무의 호화로운 러시아 여행 경비를 댄 사실이 드러난 적도 있다. 이 정도는 흔해 빠진 일로, 만약 워싱턴에서 가장 부패한 것으로 알려진 앞의 두 전설적인 인물이 관련되지 않았더라면 세간의 이목을 끌지도 못했을 것이다. 이보다 간단한 여행, 예를 들어 진상 조사를 위한 외유 같은 것들은 특정 기업이나 정부에 구체적인 이익을 가져다주는 입법안과 관련된 경우가 많다.

인도네시아, 터키, 중국 등 많은 국가가 로비스트를 고용하여 자국의 이미지를 개선하고 인권 침해나 학살과 관련된 좋지 않은 평판을 막으려고 한다. 그리고 이러한 노력들이 성과를 거두기도 한다. 로비를 통해 의회의 환심을 충분히 사면, 의원들은 아무래도 해외의 좋지 않은 일에 대한 조사를 덜 하게 된다. 뉴스 매체 역시 이런 일에서 자유롭지 못하며, 따라서 제4부로 일컬어지는 언론을 목표로 하는 로비 수법도 다양하게 등장하고 있다.

때로는 이와 반대로, 미국 정부가 로비를 벌이는 경우도 있다. 미국 정부는 다양한 기법을 활용하여 외국 정부에 영향력을 행사하는데, 알고 보면 해외 원조라는 것도 결국에는 미국의 경제 발전을 위한 로비의 일부라고 볼 수 있다. 미국 기업들 역시 '반부패법'과 마찰을 일으키면서까지 외국 정부에 엄청난 로비를 벌이고 있다. 특히 약소국의 경우에는 미국 기업이 로비를 통해 큰 영향을 끼칠 수 있는데, 그 같은 로비는 워싱턴에서 시작하여 공공 은행이나 민간 국제 은행을 경유하고 천연자원이나 매각 가능한 시설이 있는 국가에 자본을 투자하는 것으로 결말지어진다.

그러나 워싱턴에서 이루어지는 모든 로비는 그 자체만으로도 전 세계에 반향을 일으킨다. '록히드 마틴'과 같은 항공 우주 업체는 방위산업에·대한 영향력으로 전 세계 항공 업계를 주무른다. '아처 대니얼스 미들랜드(세계적인 곡물 회사)' 같은 큰손들은 식량 원조 대상 국가를 결정하는 문제를 포함해 농업 정책 결정에 큰 영향을 미친다. 세계의 건강 보험은 미국 제약 회사들이 쟁취한 특권에 의해 좌우된다. 미국의 경제 규모와 미국 기업의 영향력은 워낙 크기 때문에, 특혜를 찾아 워싱턴을 돌아다니는 가벼운 발걸음이 지구 남반구에서는 지진을 일으킬지도 모른다.

이런 부패한 행위를 미국인이 처음 고안해 낸 것은 아니다. 하지만 여러 가지 다른 일처럼 미국은 그것을 완벽하게 가다듬었다. 그것이 전 세계적으로 미칠 영향을 알면서도 모르는 척하면서.

040 새로운 형태의 식민 침략, 복음주의

---------- 1990년대 중반, 콜로라도 주 보울더 시에서 열린 어느 회의에서 미국의 한 주요 일간지 상하이 지국장이 이런 말을 했다.

"중국인들은 미국을 기독교 십자군 국가라고 생각합니다."

당시 나는 약간 당황했는데, 그 이유는 그 말이 의심스러워서가 아니라, 맞는 말이긴 하지만 미국의 지식인들이 그 말의 의미를 이해하지 못한다는 사실을 알았기 때문이다. 물론 이제는 누구나 그 말이 뜻하는 바를 안다.

지난 수세기 동안 기독교 선교사들은 전 세계를 돌아다니며 이교도를 개종시켜 왔다. 그러므로 복음주의 자체는 그 폭과 열정에 차이가 있을 뿐, 특별히 새롭다거나 미국적이라고 할 만한 게 없다. 다만, 마을 변두리에 천막을 치고 열성적으로 복음을 전파하던 선교사들이 이제는 워싱턴으로 옮겨 와서 세계를 향해 '말씀'을 전하고 있다. 이들 중 상당수가 군부와 직접적으로 연결되어 있다는 사실은 이들이 "콩고에 병원을 세웁시다." 유의 운동 이상의 의미를 가지고 있음을 말해 준다. 그것은 권력과 지배, 도덕적 필연, 완고함 같은 것들을 상징한다.

그렇다고 해서 개발도상국이나 동구권, 유럽을 포함한 여타 지역에 개입하고 있는 모든 교회가 나쁘다는 뜻은 아니다. 복음 전파와 빈민 구제 및 지역 개발을 동시에 수행하는 기독교 사회단체들은 나쁜 일보다 좋은 일을 더 많이 하고 있다. 하지만 상당수가 선교와 지역 개발 사이에서 미묘한 줄타기를 하고 있으며, 적지 않은 단체가 개발 사역보다 전도를 우위에 둔다. 어떤 작가는 그 같은 현상을 이렇게 지적했다.

"비서방 국가에 들어온 1세대 기독교 단체들, 예를 들어 월드비전이나 십대 선교회(Youth for Christ), 순복음 실업인회, 국제 어글로우(Women Aglow), 대학생 선교회(C.C.C.), 성서 연합, 국제 복음 학생회 등은 일종의 선교적 침략으로 비쳤다. 이것이 새로운 형태의 종교적 식민지화가 아닐까 우려하는 이들도 있었다."

세계를 특별히 미국적인 방식으로 기독교화하겠다는 야망(거기에는 하나님이 미국에 특별한 사명을 부여했다는 믿음이 깔려 있다)은 부침을 겪었다. 그러나 1980년대 이후에는 확장하려는 경향이 좀 더 분명해졌다. 가령 대학생 선교회를 한번 살펴보자. 그들의 해외 선교부는 이렇게 말한다.

"우리의 향후 10년의 목표는 전 세계 남녀노소 모두가 예수 그리스도 안에서의 새로운 삶을 발견할 수 있도록 기회를 주는 것입니다."

이들은 60개국에 1만 6천 명의 스태프를 두고 '스포츠 선교부'와 '인터넷 선교부(그들의 목표는 10억 명에게 복음을 전파하는 것이다)'를 비롯해 '가정 선교부', '의료 선교부', 그 밖에 법률 서비스와 선교 조직 후원을 위한 부서들이 활발하게 활동하고 있다.

국내 선교와 마찬가지로 국제 선교 역시 개인의 성장과 가족생활, 스포츠, 오락, 재정 설계, 그 밖에 일상적인 관심사들에 초점을 맞춤으로써 자신들을 좀 더 매력적이고 가치 있게 보이도록 노력하고 있다.

대학생 선교회 같은 대규모의 국제적인 선교 단체 외에, 오랜 역사를 지닌 종교 단체들도 점차 세계화하고 있다. 근본주의적 경향이 가장 강한 교회 중 하나인 미국의 오순절 교회는 2003년 후반 전체 신자 약 1백60만 명 가운데 90퍼센트 정도가 외국인이라고 발표한 바 있다. 1980년, 남부 멕시코의 인류학자가 내게 밀림 부근에 사는 한 마야 부족이 오순절 교회로 개종한 사실을 이야기했을 때, 나는 농담이라고 생각했다. 그러나 이제는 그러한 현상이 빙산의 일각임을 깨닫고 있다.

"오순절 성결 교회는 복음을 통해 이 땅에 사는 모든 불신자를 감화하는 세계 복음화의 유일한 도구가 되라는 하나님의 부르심을 받았다. 우리는 하나님의 왕국과 왕이신 예수의 군림을 위해 경배와 증언의 생활 속에서 병사처럼 무장하고 적의 요새로 나아갈 것이다. 우리는 하나님의 명령을 수행하기 위한 전쟁에 뛰어들 것이다."

국제 오순절 성결 교회의 〈예루살렘 선언〉의 일부이다. 또한 미국 남침례교회 국제 선교부 사이트에는 다음과 같은 글이 있다.

"연령을 가리지 말고 모든 신자들을 고무하여, 지상 최대의 비기독교 국가에 복음을 전파하라. 인도는 세계에서 힌두교도의 숫자가 가장 많은 나라이다. 또한 인도는 세계에서 두 번째로 인구가 많은 나라이다. 그리고 인도는 세계에서 이슬람교도가 많은 나라이다. 인도 사람들에게는 하나님의 말씀이 필요하다. 남부 아시아는 세계의 길 잃은 영혼들이 가장 많이 사는 곳이다. 파키스탄과 인도, 방글라데시는 세계 10대 회교국에 포함되는 나라들이다."

'남부 아시아 사람들은 힌두교나 이슬람교를 믿기 때문에 길 잃은 영혼'이라는 것이 그들의 주장이다.

선교 활동은 이제 전통적인 목표인 교회 설립과 성경 연구, 기도 모임을 넘어서 대학과 인도주의 활동, TV와 출판, 비즈니스 조직, 여행, 입양 기관에까지 침투해 있다. 더욱이 그들은 현지인을 양성하여 교회와 세계 복음 운동의 리더로 만들고 있다.

이런 활동을 어떻게 볼 것인가는 각 개인의 종교관에 따른 문제이다. 하지만 우리는 이런 질문을 던져 보지 않을 수 없다. 신이라고 하면 기독교의 신밖에 없는 것일까? 그 신은 다른 누구보다도 미국인을 사랑하여 그들에게 전 세계를 개종시킬 사명을 부여했는가? 만약 그렇게 생각한다면 당신은 세계 곳곳에서 활동하는 전도사들을 환영할 것이다. 만일 당신이 좀 다른 종교관을 가졌다면, 또는 기독교 신자가 아니라면 이 많은 교회와 선교 단체의 열렬한 선교 활동이 마음에 들지 않을 것이다.

그런데 복음주의자들이 이제는 종교나 가정생활에만 관여하는 것이 아니다. 그들은 점차 국내외의 정치에 개입하고 있다. 이를테면, 최근에 불거진 한 논쟁은 기독교 근본주의자들이 군부에 점점 더 영향력을 행사하고 있음을 보여 준 바 있다. 복음주의자 그룹은 부시 행정부의 가족계획과 에이즈 관련 정책에 영향력을 행사하면서 성욕 억제를 주장함으로써 물의를 일으키기도 했다. 또한 그들은 기독교 연대를 위해 상당한 규모의 로비를 했고, 종교의 자유를 위한 복합적인 인권 운동을 벌였다(이 운동은 기독교도를 박해하는 곳에서 매우 활발하다).

복음주의자들은 중동 지역을 '성지(聖地)인 동시에 사악한 이슬람의 소굴'이라고 생각한다. 그들은 이 지역에 교회를 세우고 신도를 모집함으로써 종교적 발판을 얻으려 애쓴다. 그래서 어떤 이들은 구제 사업과 복음 전파를 위해서 미군을 따라 이라크에 들어갔지만 뜻대로 되지는 않았다. 2004년, 로이터 통신은 다음과 같이 전했다.

> 이라크 최대의 기독교 공동체 수장이 지난 목요일 이라크에서 활동 중인 미국의 복음 교회 전도사들을 비난했다. 그들이 돈과 멋진 차를 내세워 가난한 이슬람 신자를 개종시키려 한다는 것이다. 칼데아 가톨릭교회의 수장인 에마뉘엘 델리 주교는 언론인들에게, "개신교 활동가들 중 많은 수가 2003년 사담 후세인이 몰락한 후에야 이라크로 들어와서는 개종자를 끌어 모으기 위한 '가게'를 차렸다."고 말했다.

이러한 갈등은 '기독교 우익'이 몇 년 동안 지원했던 반공 캠페인, 유엔 비방, 친이스라엘 활동 등의 여파이다. 하지만 오늘날에 와서 더욱 문제가 되는 점은 그들이 세계에 미치는 영향력—사실상 종교의 세계화—이 매우 세련되어졌으며 미국의 대외 정책에 큰 영향력을 행사한다는 점이다. 각 교파의 구체적인 목표가 서로 다르고 그중 일부는 놀랄 만치 제국주의적임에도 그들 모두는 한 가지 공통적인 믿음을 갖고 있는데, 그것은 지구 상의 모든 사람이 기독교와 그 사회적 구속, 보수주의적인 정책을 받아들여야 한다고 생각한다는 것이다. 그들은 콘돔과 HIV 치료제, 피임약이 필요한 곳에서 '섹스를 하지 말라'고 설교한다. 또한 폭넓은 인권을 확보해야 할 곳에서 종교의 권리만을 내세운다. 좋은 학교가 필요한 곳에는 교회를 세운다. 도움이나 이해가 필요한 곳에서 대결과 복음만을 주장한다.

도덕적 정당성과 '비이성적 열성'으로 무장한 복음주의자들은 미국의 가장 좋은 관습(자비와 자유의 실천)을 해외로 가져가겠다고 해 놓고는, 막상 현지에 가서는 토착 종교 및 사회 질서에 대한 공격, 미국 찬양, 호전성 드러내기 등에 열중하고 있다.

041

흔들리는 에이즈 정책

---------- 1980년대에 에이즈가 세상을 놀라게 했을 때, 이 전염병이 만연해 있던 미국에서는 그 치료나 회복 가능성을 요원한 일로 여겼다. 에이즈에 걸린 사람들은 낙인이 찍혔고, 보건 전문가들은 여러 해에 걸쳐 적극적인 행동과 압력—그 대부분은 할리우드를 통해서였다—을 행사해 당국이 이 문제를 심각하게 받아들이도록 만들었다. 그러나 이 사태에 직면한 첫 번째 대통령으로 기록된 로널드 레이건은 매우 느리게 대응했다. 그러다가 결국은 이에 대한 본격적인 대응에 착수하게 되었고, '항레트로바이러스 제제(ARV)' 등의 완화제나 콘돔 사용 등의 예방적 행동 덕분에 치료에 희망이 보이기 시작했다.

이제는 거의 누구나가 아는 사실이지만, 약물에 의한 에이즈 치료는 경제적으로 여유가 있는 북반구에나 해당되는 이야기이다. 그리고 에이즈로부터 생명을 구해 줄 약품의 보급을 가로막는 것이 제약 회사의 특허권만은 아니다. 특히 부시 행정부는 이른바 'ABC 가이드라인'이라고 불리는 정책을 통해 에이즈와의 전쟁에서 승리하는 길을 가로막

아 왔다.

대규모 자원을 투입해 에이즈에 맞서는 것은 매우 시급한 일이다. 관측자들은 사람의 생명을 앗아 가고 어린이들을 고아로 만드는 등 매우 비극적인 결과를 낳는 이 세계적인 전염병이 사회를 해체 또는 붕괴시킬 수 있다고 우려한다. 아프리카는 특히 취약한 지역으로, 전 세계 HIV(Human Immunodeficiency Virus. 에이즈를 일으키는 '인체 면역 결핍 바이러스'·옮긴이) 감염자의 약 64퍼센트는 사하라 사막 이남의 아프리카에서 살고 있으며, 남부 아프리카에서만 약 5백만 명이 감염된 상태다. 세계적으로는 하루에 약 8천5백 명이 에이즈로 죽는 것으로 추산된다.

미국의 정책은 여러 가지 면에서 결함을 안고 있다.

첫째, 1백50억 달러의 예산을 배정해 7백만 명이 새로 감염되는 것을 막고 항레트로바이러스 제제로 2백만 명을 치료하겠다고 오랫동안 귀가 닳도록 떠들어 댔지만, 실상은 그것이 모두 신규 예산은 아닐뿐더러, 아직까지 그만한 돈이 요청된 적도, 또한 집행된 적도 없다. 정부는 대형 제약 회사를 상대로 약품 가격을 낮추기 위해 협상하기는커녕, 인상액만큼을 보조해 주어야 한다고 주장한다. 이것은 결과적으로 치료 가능한 환자 수를 거의 4분의 1 수준으로 줄이는 결과를 가져올 것이다. '세계 보건 기구'와 '에이즈, 결핵, 말라리아 퇴치를 위한 세계 기금' 등 에이즈 예방과 치료에 관련된 다른 기관들은 이미 복제 약의 사용을 승인한 상태인데도 미국 정부는 값비싼 의약품에 막대한 예산을 지출함으로써 제약 업체들을 최대의 수혜자로 만들었다.

둘째, 미국 정부의 ABC 가이드라인—Abstain(성행위 절제), Be Faithful(한 명의 상대에게 충실할 것), Use Condoms(콘돔 사용)—은 에이즈 예방에 효과가 없다는 것이 명백해졌다. 특히 금욕과 정절에 대한 여러 연구는 이 방법이 에이즈와 같이 무서운 전염병을 예방하는 주도적인 방법으로는 적절치 못하다는 결론을 내렸다. 이와 관련하여 '국제 인권 감시 기구(Human Rights Watch)'의 2005년 자료는 다음과 같이 지적한다.

> 미국 관리들은 금욕 위주 프로그램의 효과에 관한 민간 보고서를 조직적으로 무시할 뿐 아니라 금욕의 장점을 비과학적이고 폭넓게 주장하기까지 한다. 예를 들어, 미 정부의 에이즈 전략은 "첫 성경험을 1년 늦추는 것만으로 청년기의 건강과 행복, 그리고 지역 사회의 에이즈 확산에 큰 영향을 줄 수 있다."고 주장한다. 이것은 근거 없는 주장일뿐더러, 짐바브웨나 남아프리카 공화국 등 우간다보다 평균 첫 성경험 시기가 늦은 국가들이 HIV 발병률이 훨씬 높다는 사실을 설명하지 못한다. 중요한 것은, 설사 섹스 시기를 늦춘다 하더라도 성관계 시 스스로를 보호하지 못하는 사람들을 HIV 감염으로부터 보호할 수는 없다는 사실이다. 금욕 위주의 프로그램은 피임과 안전한 섹스에 대한 정보를 차단하는 한편, '기혼자들은 안전하다'고 암시함으로써 오히려 HIV 감염 위험을 높이고 있다.

금욕과 정절이 미국 에이즈 정책에서 우선순위를 차지하게 된 것은 미국과 아프리카 내 기독교 복음주의 단체들의 압력 때문이다. 이들은 자금력을 바탕으로 사람들을 개종시키는 동시에 금욕주의를 전파한다. 실제로 미국 복음주의 단체들은 아프리카 15개국에 대한 금욕 프로그램 실시를 위해 매년 약 10억 달러를 배정받는다. 그러나 금욕 정책은 상상 이상의 해를 끼친다. 미국의 에이즈 기금 중 약 3분의 2가 금욕 프로그램을 시행하는 데 쓰이기 때문에 임신 중절이나 임신에 관한 상담을 제공하는 기관에는 돌아갈 예산이 없다.

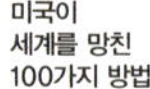

한편으로 미국은 마약 중독자의 행동을 장려하는 것으로 오인될 수 있다는 이유에서 그들에게 깨끗한 바늘과 주사기를 제공하는 것에 반대한다. 마찬가지로 콘돔 또한 섹스 산업 종사자에게만 제공하고 젊은 이들에게 나누어 주는 것은 금지하는데, 실제로는 젊은이들이 섹스 산업 종사자들보다 훨씬 섹스를 많이 한다. 이에 대해 한 언론은, "미국은 콘돔 제공을 위한 예산을 삭감하겠다고 위협했는데, 이에 대해 유엔의 아프리카 HIV/AIDS 특사인 스티븐 루이스는 '근본적 결함을 지닌 독단적인 정책으로, 아프리카에 피해를 주고 있다'고 주장했다."고 전했다.

'에이즈, 결핵, 말라리아 퇴치를 위한 세계 기금'의 다원적인 접근법은 그 성공 가능성이 이미 과학적으로 입증되었는데도 미국은 이에 대해 냉소적인 태도로 일관해 왔다. 현재 전 세계적으로 에이즈 감염자 수는 4천만 명에 달하며, 특히 인도와 중국의 감염률은 우려할 만한 수준에 도달했다. 그러나 브라질처럼 저렴한 ARV 제제, 콘돔, 깨끗한 바늘 등으로 단호하게 대처한 나라에서는 감염률이 절반으로 떨어졌다.

미국의 에이즈 정책이 복음주의자들과 제약 회사에 의해 좌지우지된다는 사실은 부끄러운 일이 아닐 수 없다. 그것은 예산의 낭비일 뿐 아니라, 질병과 싸우는 가난한 나라를 돕고 사람들의 생명을 구하는 것보다 미국적인 가치가 더 중요하다고 역설하는 것과 다름없다. 사람들은 미국이 1980년대 초반의 부정과 비난의 어두운 터널에서 빠져나왔다고 생각할 것이다. 하지만 실상은 이러한 정서를 수익 추구와 음흉한 복음주의로 전환시켰을 뿐이다.

레이거노믹스(Reaganomics)의 망령

---------- 미 공화당 정치 지도자들 대부분은 지금도 여전히 스스로를 '레이건 공화당원(Reagan Republican)'이라고 칭한다. 이것은 그들의 성향을 무척 잘 드러내는 표현이다. 로널드 레이건은 대통령 선거 운동 내내 "정부가 우리의 문제를 해결해 줄 수 없을뿐더러 바로 정부 자체가 문제이다"라고 말하곤 했다. 이 말은 정부의 경제 개입에 관한 그의 생각을 잘 나타내 준다. 그는 대통령이 되자 자신의 생각을 국내 경제뿐 아니라 국제 경제에까지 적용했고, 양쪽 모두에서 불공정하고 비생산적인 결과를 낳았다.

레이건의 정치 철학은 일선 행정을 비판하고 자립의 비전을 제시함으로써 미국인들에게 큰 공감을 불러일으켰다. 또한 자국 우월주의자였던 레이건의 말과 신념은 그의 매력 있는 성격과 낙관주의에 힘을 실어 주었다. '정부의 관료주의뿐 아니라 모든 형태의 관료주의는 비대와 비효율로 치닫기 쉽다. 따라서 정부의 과도한 개입은 낭비를 초래하며, 보통 사람들의 주체성을 방해한다'는 레이건의 기본 이념은 설득력이 있었다. 그의 지지자들은 '레이건 혁명(Reagan Revolution)'이라는 용어를 즐겨 사용했는데, 그 주된 내용은 레이건의 기본 이념에 따라 정부의 규모를 축소하고 세금을 줄이자는 것이었다.

하지만 그에게는 또 하나의 욕구가 있었으니, 바로 냉전을 공격적으로 수행하고 보수주의에 입각한 사회 공감대를 형성하는 것이었다. 그러자면 훨씬 크고 개입적인 정부가 필요했다. 따라서 레이건이 가진 철학(과연 철학이라는 말이 타당할지는 모르겠으나)은 이런 종류의 보수주의가 다 그렇듯이 근본적인 모순을 내포하고 있었다(자유 시장 정책과 안보 정책이 별개의 영역이라고 주장하는 우익 전문가들은 안보가 경제 정책 전반과 관련이 있다는 명백한 사실을 무시한다. 그러나 방위 산업에 대한 막대한 보조금 지급과 그와 관련한 비즈니스 모델, 해외 경제 정책을 강제로 시행하기 위한 무력 사용 등, 안보와 경제 정책은 떼어 놓고 생각할 수 없다).

'냉전'의 이념은 역대 미국 대통령들의 정책과 가치로 오랫동안 계승되면서 점진적인 군비 확충과 반공주의, 동맹 관계 구축 등으로 이어졌다(케네디의 취임 연설문은 냉전의 호전성을 잘 드러내고 있다). 레이건 독트린도 그 연장선상에 있기는 하지만, 그 결과는 매우 심각한 재난을 몰고 왔다. 레이건은 이란-콘트라 스캔들이 터지자 그때까지의 반(反)소련적 입장에서 재빨리 돌아섰다. 그러한 변신은 레이건의 지지 세력조차 그를 이해하지 못할 정도의 정치적 술수였다. 그는 우익의 단골 메뉴인 범죄 억제, 반자유주의, 멕시코 인 불법 입국 저지, 진보주의자 법관 임명 반대, 인권 단체인 ACLU(미국 시민 자유 연맹) 반대, 낙태 금지 등을 들고 나와 사회적 이슈로 부각시켰고, 이것은 더할 수 없는 혼란을 불러일으켰다.

바로 이러한 것들이 그의 '작은 정부' 이념보다 한층 지속적인 영향을 미쳤다. 레이건 대통령이 미국 역사에서 번영과 민간 주도의 새 시대를 열었다는 주장은 근거 없는 전설에 불과하다. 그의 취임 초기인 1981년에 GNP에서 정부 지출이 차지하는 비율은 21.6퍼센트였는데, 임기 말인 1989년에는 21.8퍼센트로 증가했다(당연하게도, 예산의 무게 중심은 복지 사업비에서 국방비와 부채 상환으로 이동했고, 이 중 부채 상환이 차지하는 비율은 70퍼센트까지 치솟았다). 경제 성장은 빚더미 위에서 이루어졌고, 가계는 여러 장의 신용카드에 의해 번영을 구가했다. 그러한 상황 속에서도 불평등은 가중되었고, 부자들을 제외한 모든 국민의 개인 소득은 침체 일로를 걸었으며 무역 적자가 급증하고 개인과 연방 정부의 빚 또한 크게 늘어났다. 건강 및 안전 관련 법규와 환경 보호 법률은 끊임없이 공격받았고 노동조합은 탄압받았다. 레이건의 기업 정책은 그 이전 15년간의 미온적인 정부 행동주의 끝에 나온 것으로, 방위 산업 관련 예산을 증액하고 기업 간부와 유한계급에 대한 세금을 감면하는 한편 각종 규제를 완화하고 좌파의 재원을 고갈시키는 등으로 구체화되었다.

이것을 국제 경제에까지 적용하는 것은 도박이 아닐 수 없었다. 그가 추진한 해외 원조와 차관 규제에 부가된 각종 조건과 요소들은 좋지 않은 결과를 낳을 것이 분명함에도 거스를 수 없는 것들이었다. 시장 경제, 작은 정부, 대규모 국방비 지출이라는 '마술'은 대부분의 나라에서 꽃을 피우지 못했고, 그 대부분의 국가는 이 정책이 실패할 때 그 추락의 충격을 흡수해 줄 안전장치가 없었다. 그 결과 일부 개발도상국은 전례 없는 불행한 사태에 직면했다.

이런 상황은 키 큰 카우보이가 말을 탄 채 러시아 인들을 내려다봄으로써 미국인들을 자랑스럽게 만들던 그 레이건주의가 아니다. 레이거노믹스라는 전설의 허구성은 이 책에 제시된 다른 '100가지'에서 입증된 것과 마찬가지로 한눈에 드러난다. 그런데도 레이거노믹스는 여전히—소득 안정과 일자리 창출, 탐욕스러운 강자로부터 힘없는 계층 보호하기 등이 정부의 할 일이 아니라고 주장하는 방식으로—현 행정부와 그를 모방하는 여러 국가에 여전히 살아 있다. 그리고 그 결과는 언제나 같다. 즉, 부자는 더욱더 잘살고, 빈민과 중산층은 그렇지 못하다. 자연환경은 파괴되고 군(軍)이 국가의 재산을 더 많이 빨아들이며 이민자들은 악마로 내몰린다.

레이건의 단순한(그는 단순한 점에서 매우 뛰어났다) 전략은 정부의 개입을 비판하면서도 자신의 목적을 위해서는 정부를 최대한 이용하는 것, 바로 그것이었다. 1980년 이후 미국의 우익을 지배해 온 것도 바로 이런 냉소적 태도이다.

레이건의 후임자이며 보수적인 국가 조합주의자(Corporatist. 정책 결정 과정에서 국가가 능동적이고 적극적으로 주도권을 행사하여 정부와 각 이익 집단 간의 합의를 이끌어 내는 방식을 지지하는 사람 · 옮긴이)인 조지 부시(아버지)는 국민들에게 "더 친절하고, 더 온화한" 정부를 약속하면서 이것을 대통령 선거 캠페인의 주요 테마로 삼았다. 레이건 행정부의 부통령이었던 부시조차 레이건주의의 독선적 태도에 근본적인 회의를 느낀 것이다. 하지만 그의 지지 기반은 그를 용서하지 않았고, 그는 재선에 실패했다. 아들 조지 부시는 레이건주의의 서투른 숭배자였다. 그는 정부의 권력을 비정상적으로 이용해 전쟁(레이건조차 이라크를 공격하는 어리석은 실수를 저지르지는 않았다. 오히려 그는 사담 후세인의 환심을 사는 쪽을 선택했다)을 일으키고 미행과 고문을 자행했으며, 보수주의적인 사회 이념을 보급하는 데 앞장섰고 전례 없이 자연을 파괴했다. 레이건의 장례식에서 부시가 레이건의 관을 덮은 덮개에 손을 내미는 어색한 장면은 한심스러우면서도 많은 것을 시사한다.

그 발단이 어떠했건 간에 레이거노믹스는 결국 추악한 이데올로기(부자들의 반란)로 변질되었다. 그리고 무엇보다 안타까운 일은, 그 이데올로기가 미국뿐 아니라 전 세계에 나쁜 영향을 미친다는 사실이다. 무조건적인 낙관주의는 해로운 유산일 뿐이다.

043

빌러리(Billary)—진보의 탈을 뒤집어쓴 보수

1992년 빌 클린턴이 대통령에 당선되었을 때, 자유주의와 진보, 중도 노선 진영에서는 안도의 한숨이 터져 나왔다. 스태그플레이션의 우울한 나날들, 냉전 지상주의, 레이건의 개혁 실패……, 이제 이 모든 것과 우익의 정치는 끝이 났다며 환호했다.

생각해 보면 어리석기 그지없는 일이다. 당시까지 우리가 그에 대해 아는 것이 얼마나 있었던가. 빌 클린턴, 그는 과연 누구인가. 그는 무엇을 상징하는가.

그가 전직 대통령 자격을 넘어서는 행동을 하고 그의 부인 힐러리가 차기 대권에 도전하겠다고 나선 지금, 모든 것은 여전히 수수께끼에 싸여 있다. 힐러리가 어떻게 되든 간에, 우리는 지난 15년간의 클린턴 부부의 행보에 관해 한마디로 실망스럽다고밖에는 말할 수 없다. 혹은 그보다 더 나쁜 평가도 가능할 것이다. 그들 부부를 백악관에 입성시킨 대가를 세계 곳곳에서 아직도 치르고 있으니 말이다.

물론, 부시 부자나 레이건과 비교한다면 당연히 빌러리(Billary. 빌 클린턴과 힐러리를 합쳐서 부르는 말·옮긴이)를 선택해야 할 것이다. 적어도 두 사람은 명석하고, 여러 가지 측면에서 진보적이며, 빌 클린턴의 경우 뛰어난 정치 기술의 소유자이다. 그럼에도 빌 클린턴은 대통령 재직 시절, 별다른 업적도 없이 툭하면 애매한 태도를 보이는가 하면 비겁하고 이념적으로도 혼란스러운 경우가 많았다. 힐러리가 대통령에 당선되어 클린턴 가문의 시대가 다시 열린다 해도 별로 달라지는 것은 없을 것이다.

실패한, 혹은 실패에 가까운 외교 정책들과 무능한 국정 처리, 기업에 대한 특혜, 부적격자 중용, 의회와 국방부를 공화당에 장악당한 일. 또한 소말리아의 혼란, 보스니아 사태의 우유부단한 대응, 르완다 대량 학살을 수수방관한 일. 노동·환경 기준과 국가 간의 공정성을 약화시킨 자유 무역 협정, 중동의 평화 과정을 치명적으로 손상시킨 친이스라엘 정책, 이란 문제에서 이스라엘 리쿠드 당의 사주를 받은 미국 내 로비 단체의 로비에 넘어간 일. 이라크에 대한 혹독한 경제 제재. 대인 지뢰 금지 조약과 국제 형사 재판소, 교토 의정서 등에 대한 회피, 핵무기 감축에 대한 미온적 태도……. 열거하자면 한이 없다.

그러나 뭐니 뭐니 해도 으뜸가는 실패는, 냉전 직후의 세계 질서를 재편할 유일한 역사적 기회를 놓쳤다는 것이다. 당시 미국의 지위는 최고조에 달해 있었다. 이와 같은 미국의 위상은 과거에 단 한 번, 그러니까 제2차 세계 대전이 끝날 무렵에 경험했던 것이다. 전쟁이 끝나자 루스벨트와 트루먼 대통령 행정부의 '현명한 사람들'은 비전을 가지고 주어진 기회를 기민하게 활용했고, 그 결과로 탄생한 것이 유엔과 세계은행, 마셜 플랜 등이었다. 이 기구들의 목적과 설립 의도는 시비의 대상이 될 수 있을지 모르겠지만, 그들의 열정과 기회 포착력은 인정하지 않을 수 없다.

클린턴의 백악관에서는 그런 열정과 능력을 전혀 찾아볼 수 없었다. 그는, 이른바 '문명의 충돌'이 일어나자 구시대의 전선(戰線)을 재구축하고, 해외 원조나 개발 정책을 중단했으며, 군사 동맹을 추진하고, 반 UN 정서에 동조했다. 또한 외교 문제에서 언제나 이익만을 취하려고 했다.

클린턴이 이와 같은 태도를 보인 이유를 짐작하기란 어렵지 않다. 민주당은 과거 자신들이 소극적이나마 베트남 전쟁에 반대했던 것을 아쉬워했다. 지미 카터 대통령이 계속해서 실망만 안겨 주자 그들은 점차 중도 노선으로 기울었고, 심지어 기독 우익 성향을 보이기까지 했다. 그들은 그것이 미국민의 마음을 사로잡을 수 있는 유일한 방법이라고 생각했다. 따라서 클린턴은 국방부가 '새로운 전쟁들'에 서투르게 대처하고 과거의 행태를 답습함에도 그에 맞서지 않았다. 강력하게 부상하는 유럽과의 관계에서는 유럽 통합 노선에 동조하고 나토 확대를 주장했는데, 이것은 근거도 실익도 없는, '새 민주당(New Democrat)'의 책략이었다. '보리스 옐친 구하기'가 러시아와 미국이 보유한 핵무기 숫자를 줄이는 것보다 중요한 것으로 간주되었다. 라틴 아메리카와의 관계는 자유 무역 등 사소한 것에 국한되었고 아프리카는 잊혔다. 아시아 또한 우선순위에서 밀려났다가 금융 위기로 인해 다시 주목의 대상이 되었다. 아시아 금융 위기는 다행히 세계적인 불황으로 번지지는 않았다. 한국의 북핵 위기는 전쟁 일보 직전까지 갔다.

국제 문제와 관련해 클린턴이 남긴 말이나 제안, 인상적인 순간에 대해서는 전혀 기억나는 것이 없다. 1995년(건강 보험 개혁에 실패한 해) 이후 그는 공화당 의회에 포위되어 전혀 힘을 쓰지 못했다. 공화당 출신인 레이건은 8년간이나 민주당 의회를 겪었어도 주도권을 잃지 않았었다. 클린턴은 또한 섹스 스캔들로 세상을 시끄럽게 했는데, 그것은 개인적인 문제니만큼 더는 언급하지 않겠다.

클린턴 행정부 8년은 '잃어버린 8년'이었다. 그 같은 평가를 내릴 만한 대통령이 여럿 있기는 하지만, 클린턴은 그들이 갖지 못한 재능과 지적 능력이 있었으며, 무엇보다도 그에게는 세계사적 변화를 도모할 수 있는 절호의 기회가 주어졌다. 확고한 원칙이 없이 어리석게도 냉전적 사고방식에 빠져 있던 그는 그 좋은 기회를 그냥 날려 보냈다. 레이건 독트린의 실패나 조지 부시가 일으킨 이라크 전쟁과는 달리, 클

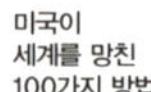

클린턴 부부의 모습. 지난 15년간의 이들의 행보는 한마디로 실망스럽다고밖에는 할 수 없다. 힐러리가 대권 도전에 성공할 경우 클린턴 행정부의 '잃어버린 8년'이 재연될 가능성이 매우 높다.

린턴은 적어도 미국을 재앙으로 몰아넣지는 않았다고 말하는 사람도 있을 것이다. 하지만 용기와 아이디어가 있어야 실수도 있는 법이다. 그는 르완다, 보스니아, 에이즈, 무자헤딘, 지구 기후 변화 등 잇단 재난에 과감하지도, 효과적이지도 못한 대응으로 일관했다.

만약 힐러리 클린턴 상원 의원이 차기 대선에서 승리한다 해도 확고한 원칙과 소신, 원대한 비전 없이 정치 기술에만 능한 국정 운영이 반복될 가능성이 매우 높다. 그런 대통령은 결코 성공할 수 없다.

과학에 대한 공격

---------- 미국이 자랑하는 자산 가운데 과학적 능력은 가히 최고의 자산이라고 할 수 있다. 미국은 풍부한 천연자원, 부지런하고 숙련된 인력과 함께 세계 최고의 연구 대학과 민간 연구소, 정부 후원 연구 기관들을 갖추고 있다. 누구든 미국의 주요 연구 기관에서 일해 보면 미국이 과학의 여러 분야에서 얼마나 엄청난 능력을 가지고 있는지 알게 될 것이다.

과학은 의학과 영양학을 발전시켜 인류의 생명을 구하고 경제 성장을 뒷받침해 왔으며, 우리의 삶 속에 수많은 경이를 가져다주었다. 물론 모든 과학 연구 기관이 하늘을 우러러 한 점 부끄럼 없는 것은 아니다. 특히 '거대 과학(Big Science. 주로 정부 주도로 많은 과학자와 연구 기관이 동원되어 행하는 대규모 과학 연구·옮긴이)'은 이윤 창출과 파괴 도구 생산에 이용됨으로써 세계를 망치는 데 일조하기도 했다. 하지만 순수한 개념으로서의 과학, 다시 말해 진실을 추구하고 그것을 인간의 문제를 해결하는 데 적용하는 행위는 인류에게 엄청난 공헌을 해 왔고, 미국은 전 세계 과학을 선도하는 입장에 있었다.

사람들은 미국의 우익 세력이 과학 발전의 최대 후원자라고 생각할 것이다. 경제 성장과 과학 발전은 떼려야 뗄 수 없는 관계이기 때문이다. 또한 과학 기술은 미국의 국방력을 지탱하는 근간이기도 하다. 반면 좌익은 핵에너지에서 유전자 변형 식품까지 과학의 모든 것을 비판해 왔다.

그런데 오늘날 우익은 한편으로는 과학을 후원하면서도 한편으로는 그것을 공격하는 이율배반적인 태도를 취하고 있다. 부시 행정부와 그

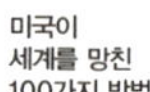

의 악명 높은 지지 기반은 엄청난 규모와 강도로 과학을 공격해 왔다. 미국이 과학 분야의 세계 선두 주자이며 동시에 전 세계에 절대적인 영향력을 행사하는 나라라는 것을 생각할 때, 미국의 우익이 경험주의와 합리주의, 계몽주의라는 과학적 전통에 공격을 가한다는 것은 큰 폐해를 몰고 올 일임에 틀림없다.

도대체 무엇부터 설명해야 할까? 사람들은 아무리 광신적인 태도라 해도 그것이 표면적으로 큰 해가 없어 보이면 그저 '종교적 극단주의자들의 소행'이라며 가볍게 넘긴다. 하지만 우익이 다윈과 진화론을 가차없이 공격하는 글을 읽고 있자면 정말 현기증이 날 지경이다.

최근의 여론 조사에서 다수의 자유주의자들이 학교에서 '지적 설계론(Intelligent Design. 진화론에 배치되는 개념으로, 고도의 지적 존재가 우주의 만물을 설계했다는 이론·옮긴이)'을 가르쳐도 괜찮다는 입장을 보인 것은 정말 충격적이다. 이것은 과학자들이 반(反)다윈주의자들의 터무니없는 주장을 논박하는 데 실패했음을 보여 주는 것이다. 이런 것들이 모두 기독교 보수의 일시적인 난동이며 뉴스 매체들이 거기에 과도한 관심을 보이는 것이라고 보아 넘길 수도 있다(물론 대통령이 그들을 옹호하는 것 또한 이런 상황에 일조했을 것이다). 하지만 '과학적 논쟁'이라는 탈을 뒤집어쓴 날조된 이론을 수많은 어린이들에게 가르친다는 것은 비극이 아닐 수 없다. 창조론과 그에 따른 일련의 논리를 종교적 광신자의 헛소리로 무시할 수만은 없는 것이, 그런 자들이 관청이나 의사당의 요직을 차지하고 교육 정책을 비롯한 여러 가지 결정 사항을 좌지우지하기 때문이다.

물론 창조론을 어처구니없는 미친 소리라고 생각하는 사람이 대부분이기 때문에 창조론을 주장하는 것 자체가 큰 영향을 끼치지는 않겠지만, 문제는 그들이 과학을 공격하는 두 가지 방식이 심각한 폐해를 끼친다는 것이다.

그 첫 번째 방식은 '아는 바 없다'는 식으로 시치미를 떼는 것이다.

두 번째는, 줄기세포 연구를 좌절시킨 것에서 볼 수 있듯, 매우 파괴적인 방식을 사용하는 것이다.

2004년 초, 유명한 공익 단체 '우려하는 과학자 연합(Union of Concerned Scientists)'은 이런 사례들을 열거한 보고서를 내놓았는데, 미국의 저명한 과학자들 다수가 이에 대한 지지를 표명했다. 보고서의 사례 중에는 부시 행정부가 여러 번에 걸쳐 환경 관련 연구 결과를 왜곡하려고 시도했다는 내용이 포함되어 있다. 가령, 석탄을 연료로 쓰는 공장에서 발생하는 수은 공해가 치명적이라는 정부 보고서 내용을 고쳐 쓴 것도 그중 하나이다.

이런 식의 왜곡이 무엇보다 가장 큰 폐해를 끼치는 분야는 기후 변화와 관련된 것들이다. 조지 부시와 그의 측근들은 인간이 일으킨 기후 변화에 대해 근본적인 정책 변화가 필요하다는, 이미 과학적으로 입증된 사실을 무시해 버렸다. 그 이유는, 주지의 사실이지만, 눈앞의 이익에 급급한 석유 회사를 비롯한 기업들의 압력 때문이다. 언론 역시 이런 문제에는 관심이 별로 없다(메이저 신문들조차 기후 변화 문제와 패리스 힐튼을 거의 비슷한 비중으로 다룬다). 이 때문에 보통 사람들은 과학적 진실과 거짓 주장을 구별하기가 어렵다.

나는 오래전부터 기독교 우익이 줄기세포 연구에 반대하는 것은 종교적 독단 이외에도 순진한 신자들의 기부를 끌어내려는 목적이 있다고 생각해 왔다(모든 사람이 동성애를 혐오하는 것은 아니기 때문에 동성애 반대 운동만으로는 충분한 모금이 어려웠을 것이고, 따라서 또 다른 구실이 필요했을 것이다). 모두들 알다시피, 줄기세포 연구는 다발성 경화증 같은 난치병 치료에서 현대 의학의 유일한 희망이다. 이런 놀라운 가능성을 최대한 현실화하기 위해서는 배아 줄기세포가 반드시 필요하다. 미국 우익은 지난 2001년, 줄기세포 연구에 대한 연방 자금 지원을 대통령령에 의해 차단하는 데 성공했다. 다른 국가들은 활발하게 연구를 진행시키고 있는데 유독 미국의 과학자들만 뒤처질 위기에 놓인 것이다. 줄기세포 복제는 매우 유망한 분야이지만, 기독교 극단주의자들은 성경에 반대할 근거가 없는데도 그것을 맹렬히 반대한다.

종교를 앞세운 터무니없는 주장들은 한편으로 몇몇 기업의 탐욕에서 비롯된 것이기도 하다. 상당수의 대형 제약 회사들이 줄기세포 연구에 반대하는 이유는, 새로운 치료 방법이 개발되면 현재의 의약품으로 거둬들이는 수십억 달러의 고정 수입을 잃게 될 위험이 크기 때문이다. 그 대표적인 사례가 당뇨병이다. 만약 줄기세포 연구로 인공 췌장을 만들어 낼 수 있다면, 2천만 명에 달하는 미국의 당뇨병 환자를 포함해 전 세계의 수많은 당뇨병 환자들이 지금처럼 성가시고 돈이 많이 드는 치료 방법(예를 들어, 혈당 검사나 인슐린 주사)에서 벗어날 수 있을 것이다. 그리고 제약 회사의 수십억 달러에 달하는 수입도 아울러 사라질 것이다. 이런 사정 때문에 일부 대형 제약 회사들이 줄기세포 연구에 반대하는 우익 종교 단체들을 후원하고 있다고 알려져 있다.

중립적인 과학이 일반인에게 가져다주는 각종 혜택이 종교적 광신주의자와 기업 엘리트들에게는 나쁜 뉴스가 될 수도 있다. 이 때문에 과학은 부도덕한 음모의 타깃이 되거나 군사 기밀로서 폐기되기도 한다. 현재 미국은 특허와 논문 수, 의제 설정 연구 등에서 다른 나라들에게 따라잡히고 추월당할 위기에 놓여 있다. 미국 특허의 절반 이상은 다른 나라 사람의 소유이다. 서유럽은 이미 10년 전부터 물리학 논문 출판에서 미국을 앞질러 왔다.

미국이 과학을 통해 기여해 온 인간의 행복과 장수, 지구 환경 보호의 과업을 이제는 하나 둘 다른 나라의 손에 넘겨주고 있다.

045

실패한 대통령, 조지 W. 부시

---------- 실패를 좋아할 사람은 아무도 없다. 실패는 목격하는 것조차 슬픈 일이며, 사람들은 실패라는 단어와 자신을 연관시키고 싶어 하지 않는다. 국가의 경우도 실패는 경계의 대상인 동시에 커다란 치욕이다. '실패한 국가'의 범주에 든다는 것은 한마디로 지구라는 공동체에서 차에 치여 죽은 동물 신세나 마찬가지다. 그리 볼만한 광경은 아니다.

미국 역사에서 백악관을 차지한 42명의 대통령 중에는 성공한 대통령보다는 실패한 대통령이 더 많았다. 하지만 제임스 뷰캐넌(15대)이나 율리시스 그랜트(18대), 체스터 아서(21대) 등의 실패가 다른 나라에 미친 영향은 크지 않았다. 반면 오늘날의 대통령이 실패한다면 문제가 다르다. 따라서 조지 W. 부시를 실패한 대통령이라고 선언하고 그의 실패에 대해 설명하는 것은 괴롭고도 부담스러운 일이다.

내가 성급하게도 이런 평가를 내리는 것은 결코 당파적인 차원의 행동이 아니다. 여기까지 읽어 온 독자들은 이미 느꼈겠지만, 이 책은 그 어느 당의 편도 들지 않는다. 나는 이미 클린턴 정부의 실책도 폭로한 바 있다. 또한 지미 카터의 실정이나 린든 존슨의 실패한 베트남 정책, 그 밖에 민주당의 다른 약점들도 거침없이 지적했다.

다만, 우연히도 그가 현재의 미국 대통령이며, 그런 그가 실패한 대통령의 전형일 뿐이다.

부시 대통령을 고발하는 기소장의 첫머리는 당연히 이라크 전쟁이 차지할 것이다. 이라크전은 무수한 인명을 희생시키고 지역 전체에 혼란과 파괴를 가져왔다. 이 모든 것은 잘못된 첩보와, 그 첩보가 조작되었음을 알아채지 못한 데서 비롯되었다. 빈라덴을 찾지 못하고 알카에다도 뿌리 뽑지 못한 채, 이라크 전쟁은 새로운 테러리스트들만 양산해 놓은 꼴이 되었다. 한편, 부시는 지구 기후 변화가 몰고 올 재앙에 제대로 대처하지 못했다. 또한 종교적 극단주의자들에게 휘둘린 에이즈 정책은 헤아릴 수조차 없이 많은 생명을 희생시켰다. 2001년부터 연방 예산을 대폭 증액하기 시작한 결과, 국가 채무는 눈덩이처럼 불어났다. 무역 적자 또한 놀랄 정도로 늘어나 기록을 경신했다. 기업 편들기가 횡행했으며, 국내외에서 시민의 기본권을 마구 침해하는 바람에 보수파까지 격분케 했다. 이것들은 대표적인 몇 가지 사례를 열거한 것에 불과하다.

그런데 이런 것들이 왜 그렇게 문제가 되는 것일까? 과거에도 우리는 거짓말을 밥 먹듯이 하고 실수투성이이며 무능하고 경제를 파산 직전으로 몰고 간, 호전적이며 황당무계한 지도자들을 수차례 겪지 않았는가. 실패한 대통령은 한둘이 아니고, 그 피해가 누적되어 오늘날 그러한 결과로 나타났다고 볼 수도 있다. 그러나 온정적 보수주의를 표방하던 그가 실제로 대통령이 되자 냉혹한 파괴주의자로 행동하고, 앞뒤를 가리지 않고 무모하게 저지른 일들이 지구 구석구석에 영향을 미쳤다는 것은 용서할 수 없는 일이다.

그가 저지른 실책의 결과를 일일이 나열할 것도 없이, 단 하루의 사건이 그의 실수를 총체적으로 대변한다. 바로 2001년 9월 11일에 일어난 일 말이다. 나는 지금 부시가 그날 뉴욕과 워싱턴에서 일어난 만행을 막지 못한 것을 지적하려는 게 아니다(물론 거기에도 책임이 없는 것은 아니다). 그는 뻔뻔스럽게도 미국이 전 세계에서 차지하는 위상도 망각한 채, 자신의 정치적 이익과 보복주의의 달성을 위해 9·11을 정책과 전략, 국민 정서 조작의 도구로 몇 번이고 이용했다. 이것은 그가 저지른 여러 도덕적 실패 가운데서도 가히 최고라고 할 만하다.

9·11 사태는 '알카에다와 그들의 일그러진 이데올로기'라는 악에 맞서 전 국민을 하나로 결집시키는 계기가 될 수도 있었다. 그러나 부시는 "우리 편이 아닌 자는 모두 테러리스트와 한편"이라는 극단적인 태도를 취함으로써 사태를 악화시켰고, 더 나아가 관타나모와 아부 그라이브 비밀 감옥을 운영하는 한편 미국 내 이슬람교도들을 연행하고 이라크 민간인을 무차별 살상하는 등의 행동을 서슴지 않았다. 이로 말미암아, 한때 미국에 깊은 존경심을 가졌던 나라들이 이제는 미국을 상징하는 것이라면 무엇이든 경멸하는 지경에 이르렀다. 부시는 국가적인 애도 분위기 속에서 국민적 단합을 꾀하고 전쟁터에서 싸우는 국민들에게는 경의를 표하는 행동을 보였어야 한다. 그러나 그는 그런 것은 안중에도 없고 오로지 부자들과 석유 회사, 군수 산업체에 엄청난 경제적 특혜를 몰아주는 데만 급급했다. 겉으로는 자유를 외치면서 국정 운영의 비공개를 주장하고, 수많은 사람을 불법으로 체포 또는 구금했으며, 국민들을 끊임없이 감시하기까지 했다.

이것은 실패치고도 아주 특이한 종류의 것들이다. 그의 무능은 세상이 다 아는 것이지만, 단순히 무능이라는 말로는 설명되지 않는다. 단순한 오판의 문제도 아니다. 그의 '이기적인 보수주의' 때문이라는 설명으로도 충분치 않다. 왜냐하면 진정한 보수주의자란 본래 세상을 혼란으로 몰고 가거나 새로운 사회 질서를 꾀하기보다는 현상 유지에 무게를 두기 때문이다.

부시의 실패는 결국 제국주의를 꿈꾸는 일개 도당의 실패이다. 이들은 안전한 사무실에 들어앉아 전쟁 노름을 펼치면서, 자기 패거리와

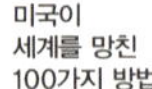

9·11 테러 직후인 2001년 9월 14일, 부시 대통령이 전용 헬기 '마린 원'에서 펜타곤을 바라보고 있다.

자신들이 지향하는 계급을 위해 국부를 고갈시킨 자들이다.

이런 실책이 세계적인 재난과 반미 운동을 초래하고 도처에 잘못된 지배 체제를 양산하는 결과로 이어지지 않았다면 오히려 이상한 일이다. 미국은 먼 훗날, 중동의 피비린내 나는 혼란과 자국의 산더미 같은 부채, 세계 기후 변화를 막지 못한 과거를 되돌아보며 이렇게 질문할 것이다.

"우리는 그때 무슨 생각으로 조지 W. 부시에게 그토록 큰 재량권을 주었을까?"

046
호전적 사냥꾼, 자유주의 매파

---------- 30년이 넘는 세월 동안, 정치적인 동물 한 마리가 화려하게 날개를 퍼덕이며 세계 곳곳에 흔적을 남겼다. 이 동물은 미국에서 생겨난 고유 종(種)으로, '자유주의의 매'라고 불린다. 철저한 반공주의자인 헨리 잭슨 상원 의원을 필두로 한 자유주의 매파는 외교 분쟁이 터질 때마다 느닷없이 나타나곤 했다. 이들은 진보적 자유주의에서 우파로 전향했지만 그들의 핵심적인 속성인 호전성만은 그대로 이어받았다.

자유주의 매파(派)는 냉전 시기에 활개를 쳤지만 소련에 대한 이들의 공격은 별다른 정치적 결실을 얻지 못했다. 하지만 라이벌 소련의 광기를 견제하는 역할을 한 것만은 인정할 수 있다. 최근에는 이란의 핵 무장 야심과 푸틴의 책략, 차베스의 허세, 이슬람 테러리즘, 반세계화 시위대 등에 대해 시끄럽게 날갯짓하고 있다.

자유주의 매파의 핵심 사상은 이렇게 요약된다.

"국내적으로는 환경주의와 페미니즘, 문화적 다원주의, 소극적 민주주의를 표방하며, 미국과 미국의 이상을 수호하는 문제에 관해서는 강경한 입장을 고수한다."

이들은 독재자를 용서하지 않으며, 정치적 자유를 최우선의 가치로 삼는다. 월 스트리트와 보스턴 남부, 오렌지카운티의 부유한 보수주의자들이 민주주의를 확산시키고 독재를 견제해 왔듯이 미국의 지성인들도 그런 역할을 할 수 있고, 해야만 한다고 생각한다.

그 누가 인권이나 자유, 민주주의를 비웃을 수 있을까? 하지만 나는 자유주의 매파들에게서 쥐 사냥의 냄새를 맡는다.

이들은 2003년, 미군의 이라크 침공과 점령을 촉구하기 위해 모여들었다. 여기서 논의된 내용은, 지금은 허구로 밝혀진 'WMD(대량 살상 무기)의 존재', '사담 후세인과 알카에다의 연계', 백악관 오리들이 주워 삼킨 유언비어들이었다. 그러면서도 이들 자유주의 매파는 후에 "우리가 진정으로 우려했던 것은 후세인 독재하에 신음하는 2천5백만 이라크 인들의 인권 보호와 해방이었다"고 주장했다. 백번 양보해서 그 주장이 사실이었다고 해도, 과연 그 방법이 전쟁을 일으키는 것뿐이었을까?

지금 이라크에서는 20만에 가까운 사망자가 발생하는 등 가공할 수준의 폭력이 자행되고 있는데도 자유주의 매파 진영은 이에 대해 침묵으로 일관하고 있다. 이라크가 사실상 분열되고 범죄와 부정부패가 판치며 이슬람 성전주의자들이 득세하고 남부에서 이란이 영향력을 넓혀 가고 있는 것에 대해서도 별다른 우려를 표명하지 않는다. 과연 이것이 자유주의 원칙의 승리란 말인가?

자유주의 매파의 퇴각은 부시가 이라크전에 실패했다는 데 대한 확실한 반증이다. 이라크 전쟁은 당초 원대한 계획에서 시작되었다. 하지만 네오콘의 오만함이 모든 것을 망쳐 놓고 말았다. 이라크 전쟁은 결단코 처음부터 불법적이고 비도덕적이거나 유혈 사태를 예견한 것은 아니었다. 소름 끼치는 전례를 남길 만한 것도 아니었다. 처음부터 제국주의적 성격을 띠지도 않았었다. 그토록 많은 사람이 희생될 일 또한 아니었다. 다른 중요한 문제를 은폐하기 위하여 저지른 전쟁 역시 아니었다.

그러나 결과는 사담 후세인을 때려눕힘으로써 자신들도 '터프 가이'라는 것을 증명해 보였을 뿐, 거기에는 법이나 정치, 인간의 존엄성은 물론, 2002년과 2003년 초반 유행했던 '도덕적 투명성'이라는 캐치프레이즈조차 없었다.

원칙이 무시되는 일은 늘 결과가 좋지 않다. 자유주의적 국제주의는 한때 자랑스러운 전통을 가지고 있었지만, 이라크전에서 보여 준 자유주의 매파의 무원칙한 행동 때문에 그 빛을 잃고 말았다.

047
'청교도적' 윤리의 이율배반적 논리

━━━━━━━━━━ 청교도는 종교 탄압을 피해 영국에서 신세계로 건너온 사람들이다. 초기 개신교도들의 구원관과 근면 정신을 담은 '청교도 윤리(Puritan Ethic)'는 독일의 사회학자 막스 베버가 만들어 낸 것일 가능성이 크다. 하지만 극도로 금욕적이며 도덕적 고결함을 지향하는 '청교도적(Puritanical)' 윤리는 순전히 미국에서 태어난 것으로, 지금 전 세계로 확산되고 있다.

세상의 영혼을 구하기 위해 전력을 다해 싸워 온 미국의 청교도주의(Puritanicalism)는 음주와 흡연, 마리화나, 섹스, 도박, 상스러운 농담과 욕설 등 쾌락이나 욕망과 관련한 모든 행위를 일절 용납하지 않는다.

기독교 복음주의 단체인 '포커스 온 더 패밀리(Focus on the Family)'를 비롯한 자칭 '공중도덕 수호자'들은 아마도 TV에 사람의 성기가 노출되면 비명을 지를 것이다. 하지만 실제로 이런 장면이 문제가 되는 것은 그것이 성행위와 연관되었을 때뿐이다. 물론, 미국 전투기에 의해 산산조각 난 무슬림의 성기가 텔레비전에 비친다면, 그건 또 다른 문제일 것이다.

한편으로는 폭력을 칭송하고 찬양하면서, 다른 한편으로는 섹스를 억압하고 악마 취급 하는 미국인들의 태도는 굳이 언급할 필요조차 없다. 그들은 빈곤이나 환경 파괴, 전쟁, 인종 차별에 관심을 기울이기보다 TV에 유방이 노출되는 것을 막는 데에 더 많은 힘을 쏟아 붓는다.

그들이 주장하는 '정의'라는 것은 너무나 독선적인 것이어서 때때로 사람들은 그 저의를 의심하게 된다. 메릴랜드 주에서는 경마장 내 슬롯머신 설치를 합법화하자는 입법안이 격렬한 반대에 부딪혀 부결된 적이 있다. 하지만 메릴랜드 주에는 이미 합법과 불법을 막론하고 온갖 형태의 도박이 판을 치고 있다. 메릴랜드 주민들은 슬롯머신이 있는 이웃 주로 원정을 가 수천만 달러를 퍼붓고 있는 실정이다. 법안이 통과될 경우, 경마 산업을 번창시켜 그 돈으로 수백만 제곱미터의 목초지를 구할 수도 있을 것이다. 아니면 슬롯머신에서 나오는 수입을 공교육에 투자할 수도 있었을 것이다. 아하! 문제는 바로 거기에 있었던 모양이다. 기독교 우익은 세속주의와 진화론, 그 밖에 여러 사악한 내용을 가르치는 공교육을 혐오한다. 아니나 다를까, 슬롯머신 법안을 저지한 주도 세력은 보수 기독교 세력이었다.

이렇게 이율배반적인 미국의 청교도적 윤리는 아주 느리지만 서서히 전 세계로 퍼져 나가고 있다. 방탕하기로 유명한 유럽 인들조차 미국 뉴욕 시에서 시작된 금연 운동에 차츰 동참하고 있다. 이제 더블린과 런던의 레스토랑에서는 담배를 피우지 못한다. 스칸디나비아 국가에서조차 텔레비전에서 성적인 장면을 방영하지 못하도록 해야 한다는 분위기가 힘을 얻고 있다. 오스트레일리아는 이런 부분에 대해 선진국 가운데 가장 엄격한 도덕적 기준을 적용하고 있다.

그러나 이 문제에서 미국의 역할은 미묘하고도 자기모순적인 성격을 띠고 있다. 미국의 포르노 산업은 세계 최대 규모로서, 전 세계로 수출되는 수익성 높은 사업이다. 미국은 세계 제1의 담배 생산국이자 수출국이며, 전 세계에 열성적으로 알코올을 전파하는 나라이다(애석하게도, 술 수출은 8위밖에 안 된다). 미국의 대형 도박 회사들은 마카오 등지에 대형 도박장을 건설 중이다(우연의 일치인지 모르지만, 이처럼 쾌락을 수출하는 기업들은 대부분 공화당이 다수를 차지한 주에 자리하고 있다).

이런 가운데서도 미국 정부는 아프리카의 에이즈 위기에 대처하는 방법으로 아프리카 인들에게 콘돔 사용을 권장하며, 처방약을 저가에 공급하기보다는 섹스를 자제하라고 권고하고 있다. 포르노를 열심히 수출해 성적 욕망에 기름을 붓고, 술과 담배로 자제력을 잃게 하면서 섹스를 자제하라고? 이것이 바로 '청교도적 윤리'의 특이한 논리이다.

이런 의문을 갖는 사람이 있을 것이다.

"광포한 위선에 방해받지 않고 마음대로 선택할 자유가 있었던 그 옛날을 그리워하는 것도 일탈일까?"

048

쿠바 때리기

---------- 쿠바에 대한 미국의 적대 정책만큼 철저히 실패한 정책도 찾아보기 어려울 것이다. 지난 반세기에 걸쳐 미국 대통령들은 피델 카스트로를 암살, 축출, 조롱, 고립, 학대, 모욕, 봉쇄하기 위해 갖은 애를 써 왔다. 무려 10명의 미국 대통령이 카스트로에 대해 적대적인 외교 정책을 펼쳐 왔다.

미국과 쿠바, 양국의 외교사가 복잡하기는 하지만 두 가지 서로 다른 시각으로 요약해 볼 수 있다. 카스트로와 제3세계의 카스트로 추종자들은 미국을 카리브 해와 라틴 아메리카를 지배해 온 전형적인 신식민지주의 세력으로 규정했다. 무엇보다도 미국은 쿠바의 독재자 풀헨시오 바티스타를 무려 20년 동안이나 지지했다. 카스트로와 체 게바라는 1959년 폭넓은 지지 속에 바티스타를 축출하고 쿠바 혁명을 성공시켰다. 미국은 쿠바의 혁명 열기를 좌시할 수 없었으며, 쿠바 독립의 상징 인물인 카스트로를 제거함으로써 마이애미에 정착한 쿠바 난민들의 복수심에 찬 분노를 가라앉히려고 했다.

반(反)카스트로 정책 입안자들이 볼 때, 이러한 행동은 불가피한 것이었다. 소련과 오랫동안 우호 관계를 유지해 온 카스트로가 마르크스주의를 쿠바 국내에 정착시키는 데 그치지 않고 해외로까지 수출하려 했기 때문이다. 하지만 카스트로는 미국이 먼저 자신에게 위해를 가했기 때문에 소련 쪽으로 기울어지게 된 것이라고 주장했다.

카스트로를 옹호하자는 얘기가 아니다. 하지만 그는 어떤 의미에서는 장기 집권했던 독재자들 가운데 보기 드물게 자신의 대의에 충실한 인물이었다고 할 수 있다. 개인적으로 부정부패를 저지르지도 않았고,

정치적 권모술수에 능하지도 않았다. 이렇게 볼 때 그의 억압 정치는 좀 이해하기 어려운 부분이기도 하다.

1980년대 후반, 소련의 보조금이 끊기면서 GNP(국민 총생산)가 40 퍼센트 가량 줄어들자, 카스트로가 곧 실각할 것이라는 소문이 돌았다. 하지만 그는 위기를 견뎌 냈고, 유럽에서 투자를 유치해 쿠바 경제를 회복했다. 오늘날 쿠바는 남반구에서 가장 건강한 국가 중 하나이며, '인간 개발 지수(유엔 개발 계획이 세계 각국의 실질 국민 소득, 교육 수준, 평균 수명 등 다양한 인간 삶의 지표를 종합해 평가한 지수·옮긴이)'에서 종합 52위(2005년 기준)에 올라 있다. 쿠바가 최악의 시기에 추락을 면할 수 있었던 것도 카스트로가 교육과 보건에 지속적으로 투자를 했기 때문이다. 거의 모든 개발도상국과, 쿠바보다 1인당 국민 소득이 더 높은 일부 국가들마저 겪고 있는 극단적 빈곤 상태를 쿠바는 경험한 적이 없다.

하지만 쿠바는 정치적 자유가 없다. 민주주의 형태가 일부 유지되고는 있지만 제약이 심하다. 정치적인 문제로 투옥되는 사례도 아주 흔하고 시민 사회는 늘 정부의 감시 아래 있다. 카스트로는 구소련 시절 고르바초프가 철권통치를 완화했다가 권력을 잃은 사례를 타산지석으로 삼았는지도 모른다.

카스트로의 정치적 동기가 무엇이었든 간에, 미국의 쿠바 정책은 그에게 구명보트가 되어 왔다. 시간이 흐르면서 양국 사이에는 기이한 적대적 공생 관계가 형성되었다. 카스트로가 자신의 일당 독재를 정당화하기 위해서는 미국의 위협이 필요했다. 미 정치인들은 선거에서 플로리다 지역(쿠바 난민들이 많이 사는)의 표를 얻기 위해 반(反)카스트로 정책을 펴야만 했다. 그러니 양국 모두 기존 노선에서 벗어난 새로운 정책을 취할 필요를 느끼지 못했던 것이다. 만약 미국의 정치 지도자들이 좀 더 유연하고 현명했더라면, 소련 지배하의 동유럽 국가들과 경제·문화 교류를 지속함으로써 좋은 결과를 거두었던 것처럼 이미 쿠바와의 적대 관계를 청산하고 문을 열었을 것이다.

미국이 쿠바와 적대 관계를 유지함으로써 잃은 것도 적지 않다. 대쿠바 정책은 인근 남미 국가들, 심지어 카스트로를 싫어하는 국가들까지 미국에 거부감을 갖도록 만들었다. 카스트로와 체 게바라를 제3세계 수백만 젊은이들의 영웅으로 만들어 준 것도 그중 하나다. 카스트로를 암살하고 그의 체제를 전복하려는 미국의 계속적인 노력은 세계 여론을 악화시키는 데도 기여했다. 또한 적극적이든 묵시적이든, 쿠바 정부에 대항하는 정치적 폭력을 지원해 온 것은 9·11사태 이후 테러리즘에 대처하는 미국 정부에 부메랑이 되어 돌아올 가능성이 높다.

휘날리는 혁명 깃발을 배경으로 연단에 선 카스트로가 미 제국주의를 조롱하고 미국의 개도국 약탈을 비난하며 자신이 전 세계 좌파들의 진정한 친구라고 외치는 모습은 미국의 어리석은 외교 정책이 어떤 결과를 가져오는지를 뼈저리게 보여 준 사례로 남을 것이다.

049
총기 소유 지지자들의 대부, NRA(미국 총기 협회)

---------- 브라질은 전 세계에서 총기 사고가 가장 빈번한 나라이다. 이 때문에 브라질 정부는 2003년 총기 규제 법안을 통과시켰고, 그 결과 권총으로 인한 사망 사고 비율이 현저히 낮아졌다. 그러나 문제가 완전히 해결된 것은 아니었다. 2005년에는 개인에게 총기 판매를 금지하는 내용의 법안에 대한 국민 투표가 통과되기 일보 직전까지 갔었다. 여론 조사에서는 국민의 80퍼센트가 이

법안에 찬성하는 것으로 나타났다. 바로 이때, 미국의 이익 단체인 '미국 총기 협회(National Rifle Association. 이하 NRA)'가 행동에 나섰다.

그들은 총기 반대 분위기가 확산되는 것을 좌시할 수 없었다. 그래서 브라질 현지의 총기 소유자들에게 국민 투표를 부결시킬 수 있는 방법에 대해 조언했다. 그 결과 시행된 성공적인 광고 캠페인에 대해 어느 브라질 특파원은 이렇게 전했다.

광고는 진지한 뉴스 장면으로 시작된다. 뉴스 앵커가 카메라를 똑바로 쳐다보며 시청자들에게 브라질의 총기 금지 법안에 대해 경고한다.

"사람들은 무기 소유 금지에 대해 잘못 생각하고 있습니다. 무기 소유 금지가 범죄자의 무기까지 빼앗지는 못할 것입니다."

이어 앵커는 화면에서 사라지고, 과거 자유를 쟁취했던 역사적 사건들이 몽타주 형식으로 지나간다. 넬슨 만델라가 감옥에서 석방된다. 한 남자가 톈안먼 광장에서 탱크의 행렬을 몸으로 막고 있다. 베를린 장벽이 붕괴한다. 이때 앵커가 말한다.

"당신의 권리가 위기에 처해 있습니다. 자유를 향한 당신의 권리를 잃지 마십시오."

이 메시지에 호소력을 더하기 위해, 20년의 독재 끝에 민정 회복을 위해 브라질 국민들이 거리로 쏟아져 나오는 자료 필름이 방영된다.

결국 총기 금지 법안에 대한 국민 투표는 부결되었다. NRA는 "총기를 소유할 권리가 위협받는 곳이라면 그 어디에서든 똑같은 조치를 취할 것"이라며 의기양양해했다. '총이 많아질수록 범죄는 줄어든다'는 미국적 신념을 세계에 전파한다는 것은 정말 끔찍한 일이다(브라질에서는 이 신념과 반대로, 총이 많을수록 범죄율이 높아진다는 사실이 증명되었다).

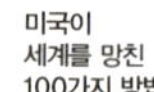

NRA는 세계 구석구석에서 일어나는 무기 금지 움직임을 막으려고 애쓰는 한편, 언제 어디서나 소형 무기를 살 수 있는 권리를 보호하기 위해 힘을 기울인다.

현재 전 세계에 유통되고 있는 소형 무기는 약 6억 점에 이른다. 그리고 지난 10년간 일어난 49건의 무력 충돌(대부분이 내전) 가운데 47건에는 소형 무기들이 동원되었다.

이런 무기들의 주요 공급처는 미국에서 매년 개최되는 4천여 건의 총기 전시회인데, 여기서는 놀라울 정도로 다양한 무기들을 구입할 수 있다. 한 무기 수출상은 다음과 같이 증언했다

"켄터키의 한 무기 전시회에는 테이블마다 AK-47, M-16, 저격용 라이플, 권총, 철갑탄, 예광탄, 발화탄, 평면탄, 원형탄, 소음총, 야간 망원경 등이 넘쳐 나게 전시되어 있었다. 뿐만 아니라 남북 전쟁과 1·2차 세계 대전 당시 사용된 무기들까지 나와 있었다. 나치가 사용하던 각종 장비와 일본도(日本刀), 두 대의 방공포까지 있었다."

이들 중 바레트 50구경 라이플은 1천8백 미터 떨어진 표적도 맞힐 수 있는 가공할 파괴력을 가졌다. 이런 무기들은 모두 개인에 의해 합법적으로 수출된다.

또한 이 무기들은 라이베리아, 수단, 코소보, 콩고, 파키스탄, 이라크 등지로 흘러간다. 이라크 반군들이 7백만~8백만 점으로 추정되는 소형 무기를 어디서 구했겠는가? 물론 여러 루트를 통해 흘러들어 왔을 것이다. 하지만 그런 무기들이 유통되도록 내버려 두는 것이 점령국 미국의 정책이다. 무기 전문가 레이철 스톨은 2004년, "미국이 이라크 새 정부에 정권을 이양했을 때, 그들은 이라크가 직면해 있는 가장 긴박한 문제를 외면했다. 그것은 바로 수백만 점에 이르는 소형 무기가 이라크의 국가 안보를 불안하게 하고 국민들의 안전을 위협한다

미국 라스베이거스 컨벤션 센터에서 열린 총기 전시회의 모습. NRA는 세계 구석구석에서 일어나는 무기 금지 움직임을 막으려고 애쓰는 한편, 언제 어디서나 소형 무기를 살 수 있는 권리 보호에 힘을 기울인다.

는 사실이었다. 장기 보안 계획에서 소형 무기 문제를 제외한 것은 말도 안 되는 실수다."라고 말했다. 그의 말이 맞다. 그리고 미국의 그러한 태도는 그들의 총기 숭배주의와 부합하는 조치이기도 하다.

무기 유통을 규제하려는 모든 움직임에 대해 NRA는 온 힘을 다해 견제한다. 이 협회는 세계 각국의 총기 소유 지지자들의 대부 노릇을 하며, 유엔 본부 건물에 사무실까지 개설해 총기 유통 금지 움직임을 좌절시키기 위한 로비에 열중하고 있다. 따라서 이들이 미국 내 총기 사고 방지 대책을 저지하는 선에서 만족하리라고 생각하는 사람은 아무도 없다.

"따끈따끈한 권총이 곧 나의 행복"인 로비스트들은 지금도 세계 곳곳에서 '파괴'라는 자신들만의 브랜드를 퍼뜨리는 데 전념하고 있다.

050

좌파 와해 공작

----------- 미국의 우익과 대통령들은 냉전 시절, 전 세계 좌파와 사회 운동 세력을 붕괴시키는 일에 열중했다. 이런 행동의 근거는 이들이 정치적으로 소련과 연결되어 있다는 것이었다. 그것은 일종의 편집증이라고 볼 수 있는데, 좌파는 소련의 사주를 받았건 그렇지 않건 간에 소련 공산주의의 동반자이거나 공산주의 이념에 동조하는 자들이므로 절멸시켜야 한다는 것이 우익의 입장이었다.

주류의 입장에서 볼 때, 좌파는 늘 거추장스러운 방해물이었다. 따라서 이들보다는 친기업, 친국가 세력을 늘 선호했다.

미국은 1945년 이후 줄곧 비밀공작과 프로파간다, 해외 원조, 각종 외교 수단 등을 통해 좌파 세력을 파괴하는 데 혈안이 되어 왔다. 그 대상에는 민주적 좌파(The Democratic Left)도 포함되어 있었다. 그들은 공산주의도, 권위주의 독재 세력도 아니며, 굳이 말하자면 스칸디나비아식 사회 민주주의에 가까웠다. 사실 좌파의 대부분은 사회 민주주의라고 볼 수 있다. 그런데도 좌파를 배척하는 정책 기조는 오늘까지 그대로 남아 있다. 이 정책이 시대착오적이라는 것에는 의심할 여지가 없다.

다른 나라의 다양한 평화적 정치 세력 중 하나를 별다른 이유 없이 파괴한다는 것은 그 나라의 주권을 침해하는 것이나 다름없으며, 더 나아가 정책 민주주의의 초석이라고 할 수 있는 정치적 다원주의를 말살하는 것이다. 또한 한 나라의 정책적 해법이나 정치 지도자, 사회 자본, 개혁 운동 세력 등, 한 나라의 정치를 풍요롭고 건강하고 기능적으로 만드는 것들을 박탈하는 행위이다('좌파에 대한 자금 지원 중단'도 이런 맥락에서 나왔는데, 이는 빈곤층과 중산층의 연대 의식과 집단행동을 강화할 수 있는 각종 프로그램을 차단하기 위한 것이다).

현재 지구 상의 10대 부국 중 8개국은 이미 오래전에 사회 민주주의를 택한 나라들이다.

사회 민주주의에 대한 미국의 적대적 태도는 그 타깃이 되는 국가에 명백한 해를 입힌다. 그러나 미국은 서유럽을 포함해 정치적 갈등이 있는 모든 곳에 대해 그러한 태도를 취했다. 예를 들면, 미국은 1950년대와 60년대, 70년대에 이란 내 좌파 정치 세력의 축출을 시도했는데, 이에 대해 이란의 종교 지도자와 전통 세력은 크게 반발하고 나섰다.

일부 국가에서는 좌파 정당이 공격을 받아 붕괴하면서 일부 구성원들이 게릴라 조직으로 변신하기도 했는데, 이런 일은 라틴 아메리카 대부분의 독재 국가에서 일어났다. 콩고 총리 파트리스 루뭄바와 칠레의 반체제 지도자 올란도 르텔리어를 암살한 일, 1960년대 중반 인도네시아에서 수천 명의 좌파 세력을 무자비하게 숙청한 사건 등은 비도덕적이었을 뿐 아니라 장기적으로는 대중의 지지도가 높은 정치 지도자들을 제거해 버리는 결과를 가져왔다.

오늘날에도 미국의 해외 원조나 비밀공작에서는 이와 같은 경향을 볼 수 있다. 해외 원조에는 늘 '미국식 정당 건설' 등과 같은 '민주화' 노력이 조건으로 따라다닌다. 대표적인 비밀공작으로는 베네수엘라의 차베스에 대한 미국 정부의 공격을 들 수 있다(역설적이게도 미국 내에서는 외국 정부나 외국인 개인이 미국의 정당을 지원하는 것이 법적으로 금지되어 있다).

미국 기업들 역시 진출 국가에 정치적 영향력을 행사하기 위해 끊임없이 노력한다. 당연한 일이지만, 이들이 좋아하는 것은 시키는 대로 고분고분 말을 잘 듣는 현지의 보수 엘리트들이다. 글로벌 미디어 기업들이 특히 이런 일에 능한데, 이들은 어느 나라에서 좌파의 집권 가능성이 높아지면 곧바로 공격에 나선다. 미국은 아주 오래전부터 이런 식으로 행동해 왔고 이제는 그것을 무자비한 음모라고 생각하지도 않는다.

미국 정부는 각국의 사회 민주주의 정당만 적으로 생각하는 것이 아니라, 시장 경제에 도전하는 폭넓은 의미의 사회 운동에 대해서도 가차 없는 태도로 공격을 가한다. 대표적인 예로 이른바 반(反)세계화 그룹을 들 수 있는데, 국제적 성격을 띤 이들 그룹은 WTO(세계 무역 기구)와 IMF, 미국 외교 정책이 내세우는 의제를 효과적인 방법으로 공략하고 있다. 이들 사회 운동 그룹이 미국 정부의 침투와 감시, 분열 책동을 비롯한 온갖 공세에 굴복했는지 그렇지 않은지는 정확히 알 수 없다(그랬을 가능성이 상당히 높다). 하지만 이들이 시애틀 등지에서 반세계화 시위를 성공시키자 미국의 언론사와 싱크탱크들은 곧바로 이들에게 무차별 공격을 퍼부었다. 반대 세력의 고립화는 우파의 오랜 수법 중 하나이다.

좌파에 대한 공격은, 미국이 주장하는 민주화의 논리가 거짓은 아니라 해도 얼마나 편협한지를 보여 주는 좋은 증거라고 볼 수 있다. 미국은 자국의 이익에 도움이 되고 시장 경제를 신봉하는 민주주의만을 진정한 민주주의라고 생각한다. 다른 형태의 민주주의는 모두 감시의 대상이다.

'달마티안 기독교인'

---------- 인도 다음으로 종교적인 국가이며 신심 깊은 기독교 국가인 미국은 예수의 가르침에 관하여 모순적인 태도를 보여 왔다. 다른 나라들은 이러한 현상에 주목하고 있다.

조지 W. 부시는 예수를 자신이 가장 신뢰하는 정치 조언자로 생각한다고 말했다. '대통령 후보들 사이에 토론이 벌어졌을 때 누군가가 이 문제를 건드려 주었더라면' 하고 생각하는 독자가 있을지 몰라 내가 한번 질문을 해 보기로 했다.

미스터 부시, 다음의 말씀을 어떻게 생각하십니까?

"내가 진실로 너희에게 이르노니 부자는 천국에 들어가기가 어려우니라. ……낙타가 바늘귀로 들어가는 것이 부자가 하나님의 나라에 들어가는 것보다 쉬우니라."

부자의 아들이며 부자의 손자인 동시에 자신도 부자인 당신은 또한 많고 많은 부자들의 아주 좋은 친구이기도 하죠. 당신은 세금 감면, 정부 계약, 기타 정부 보조 등으로 부자들을 한층 더 부자로 만들어 주었는데, 이러한 태도는 위의 구절과 맞지 않습니다. 이 말씀에는 "단, 부자라도 정의로운 사람은 예외로 한다."라든지, "가난한 사람들을 구조하기 위하여 새로운 부를 창출한 부자는 예외로 한다." 따위의 예외 조항이 없어요. 그 메시지는 아주 명확합니다. 즉 "하나님과 재물을 동시에 섬길 수는 없다."는 것이죠.

다른 말씀을 하나 더 살펴봅시다.

"누가 네 오른쪽 뺨을 치거든, 왼쪽 뺨마저 돌려 대어라."

미스터 부시, 예수가 당신에게 아프가니스탄을 폭격하고 이라크에서 민간인 10만 명을 죽이라고 조언할 때는 위의 말씀을 잊으셨던 걸까요? 아니면 혹시 "그건 9·11 전 얘기지."라고 하셨나요?

자, 다음으로 넘어갑시다. 성경 앞부분에서 예수는 갈릴리의 한 아름다운 산에 올라가 산상 수훈을 했습니다. 그중에 중요한 구절이 있습니다.

"온유한 사람은 복이 있다. 그들이 땅을 차지할 것이다."

온유한 자란 부자를 가리키는 건가요? 아니면 부자들이 이 말을 의식하고 태도를 좀 바꾸었나요?

"평화를 이루는 사람은 복이 있다. 그들이 하나님의 자녀라고 불릴 것이다."

이것도 매우 중요한 구절입니다. 예수는 뒤에 가서 이와 비슷한 말을 또 하기 때문에 놓치기는 힘든 내용입니다. 바로 다음의 구절이죠.

"칼로 흥한 자는 칼로 망한다. 악이 악에 의해서, 혹은 폭력이 폭력에 의해서 극복되는가? 평화의 길은 용기와 인내가 필요하지만, 결국에는 평화가 승리하리라."

좀 더 정곡을 찌르는 구절도 있습니다.

"전쟁의 유산은 먼지뿐이리니, 그들의 시야가 거짓으로 일그러져 헛된 것을 귀하게 여기기 때문이다. 파괴에는 승리가 없고 어둠만이 있을 뿐이다. 승리는 폭력이 아니라 사랑에서 온다."

미스터 부시, 테러리스트의 마을에 비처럼 쏟아지는 정밀 유도 포탄보다 위대한 사랑은 없다고 예수가 말했던가요? 또, 당신은 '믿음에 기반을 둔 이니셔티브'를 부르짖는가 하면 '국가 조찬 기도회'를 열기도 하고 학교에 가서 기도하기도 했지요? 하지만 성경에는 이런 말이 나오죠.

"너희는 기도할 때에, 위선자들처럼 하지 마라. 그들은 사람들에게 보이려고 회당과 큰길 모퉁이에 서서 기도하기를 좋아한다. 내가 진정으로 너희에게 말한다. 그들은 자기네 상을 이미 다 받았다. 너는 기도할 때에, 골방에 들어가 문을 닫고서, 은밀하게 계시는 네 아버지께 기도하여라. 그러면 숨은 일도 보시는 네 아버지께서 갚아 주실 것이다."

미국의 복음주의 기독교 신자들의 오랜 문제점 중 하나는 물질적인 욕심과 사회적인 차별, 국제적인 호전성을 용납하는 신앙을 가졌다는 것이다. 그래서 어떤 종교 사상가는 그들을 '달마티안 기독교인'이라고 부르기도 한다. 부분적으로만 기독교인이라는 뜻이다. 자기 인식과 진실함이 결여된 믿음은 미국의 영혼을 좀먹는 검은 점이다. 이제 온 세상 사람들이 그것을 주시하고 있다. 종종 보도된 바와 같이, 미국 대통령과 그 일파—수십 명의 의원과, 고위직을 노리는 사람들—는 이 세계에서 자신들이 맡은 역할을 묵시록적 관점에서 보면서 그것이 신의 메시지라고 믿는다. 정말 웃기는 일이 아닐 수 없지만, 그냥 웃고 넘어가기에는 그 결과가 너무나 엄청나다.

하지만 성경에는 조지 W. 부시를 위로해 줄 만한 구절들도 있다.

"이 세대의 아이들은 살아 있는 예언자 대신 죽은 예언자들을 숭배한다. 이것은 모든 세대가 그러했으니, 너를 박해하는 자들의 아이들이 너를 기념하여 기념비를 세울 것이다."

부시는 지금 세상이 아마도 이 말씀과 같다고 생각할 것이다.

052

법의 탈을 쓴 집단 보복, 사형

---------- 정부가 지닌 위협의 수단 중 사형 만큼 야만적인 것은 없다. 범죄를 저질렀다는 이유로 한 인간을 죽인다는 것은 극도의 권력 남용이다. 그것은 고의적인 복수 행위 그 이상도 이하도 아니다. 문명국가들 중에는 유독 미국만이 이 제도를 고집하고 있어 인권의 파수꾼이라는 명성을 무색하게 만든다.

사형제를 반대하는 논리는 너무나 분명하고 잘 알려져 있어서 장황하게 설명하지 않겠다. 한마디로, 사형 제도는 흉악 범죄를 예방하지도 줄이지도 못한다. 억울하게 사형당한 사람들도 한둘이 아니다(1973년 이래 무죄가 입증되어 방면된 사형수만 1백20명에 이른다). 전기의자에 앉힐 것이냐 가스실에 들여보낼 것이냐를 둘러싼 인종 차별 논란은 참으로 소름 끼친다. 2004년에만 59명이 처형되었으며, 2005년 후반 현재 3천4백 명이 처형을 기다리고 있다.

도덕적이지도 못하고 효과도 없다는 점에서 갈 길이 정해져 있음에도 미국은, 아니 좀 더 정확히 말해 미국의 서른여덟 개 주 정부와 연방 정부는 '인간 도살장'을 유지해야 한다고 고집함으로써 국위를 선양(?)하고 있다. 다음은 2004년 한 해 동안 세계에서 사형을 가장 많이 집행한 나라의 순위다.

1. 중국—3천4백 명

2. 이란—1백59명

3. 베트남—64명

4. 미국—59명

5. 사우디아라비아─33명

6. 파키스탄─15명

7. 쿠웨이트─9명

8. 방글라데시─7명

9. 이집트─6명

9. 싱가포르─6명

9. 예멘─6명

다들 인권과 관련해서는 참으로 내세울 것이 없는 국가들이다. 현재 적어도 1백22개국이 사형 제도를 폐지했거나 사형을 집행하지 않는다.

미국의 양식 있는 사람들이 우려하는 점은 단지 사형 제도가 창피하다거나 정의롭지 못하다는 것이 아니다. 좀 더 구체적으로는 미국의 전기의자 처형 제도를 다른 나라들이 어떻게 볼 것인가 하는 것이 큰 고민거리다. 사형 정보 센터의 리처드 디터는 이렇게 말한다.

"미국이 다른 나라에 협조를 가장 많이 구하는 분야 중 하나가 범인 인도이다. 미국은 여러 나라와 범인 인도 조약을 맺고 있는데, 이 조약에 따르면, 다른 나라에서 범죄를 저지른 범인을 수용하고 있는 국가는 범인을 범죄를 저지른 국가에 돌려보내야 할 의무가 있다. 하지만 사형수의 경우는 얘기가 다르다. 영국, 프랑스, 캐나다, 멕시코, 이탈리아, 도미니카 공화국, 독일 같은 나라들은 미국에서 도망쳐 온 살인 용의자의 인도를 거부하거나 늦추고 있다. 미 사법 당국으로부터 사형 판결을 내리지 않겠다는 확약을 받아 내기 위해서다."

이 우스꽝스럽고 수치스러운 제도를 빨리 철폐하라는 국제적 압력이 커지고 있다. 이와 관련해 미국이 회원국으로 있는 국제기구에서 통과된 국제 조약이 4개나 되며, 채택된 결의안은 수도 없이 많다. 전 세계 우방이 미국의 사형 제도 철폐를 호소하고 있다. 미국 내의 법률과 여론이 서서히 상식을 수용하는 쪽으로 변해 가지만, 사형 제도 폐지를 주장하는 것이 자신에게 유리하고 생각하는 정치인들은 그리 많지 않다.

미국이 사형 제도에 대한 국제 사회의 비난을 모른 척하기 때문에 중국과 이란 같은 가혹한 정권들도 사형에 대한 비난을 쉽게 면할 수 있는 것이다. 만약 미국이 사형 집행을 유예하거나 제도 자체를 완전히 철폐한다면, 미국의 도덕적 위상이 높아지는 것은 물론이고 몇몇 국가의 중세 암흑시대적인 사고를 종식시킬 수도 있을 것이다.

이웃 캐나다는 사형 제도를 철폐한 이후 살인 사건이 크게 줄어들었다. 사형 제도 폐지와 관련해 피에르 트뤼도 전 캐나다 총리의 설명은 귀담아들을 만하다.

"살인자를 동정하자는 것이 아니다. 복수를 사회적 집단행동의 동기로 인정하는 것은 문제가 있다. 그런 선택을 하게 될 경우, 우리는 우리 자신과 다른 사람들의 한없는 희망과 신뢰의 싹을 자르게 될 것이며, 그것은 또한 자유 시민으로서의 성숙도를 나타내는 행위이다."

053

실체 없는 여론 조작 기구, ○○위원회

우리는 과거 수십 년간, 각계의 엘리트들이 자신의 의견에 권위를 부여하기 위해 낡아 빠진 수법을 사용하는 것을 보아 왔다. 예컨대 '○○위원회'라든지 '○○프로젝트', 또는 재단의 이름을 붙이거나 '당면한 위험', '새 시대', '민주주의 수호', '정보국 수뇌' 등을 들먹이는 것이 바로 그런 수법들이다.

거기에는 한 가지 공통된 메시지가 있다.

"미국은 현재 위기에 처해 있으며, 우리는 강대국으로서 주어진 역할에 충실해야 한다. 또한 이슬람 테러 분자와 우유부단한 유럽 각국, 세계화 반대론자들에게는 강경하게 대응해야 한다. 그것이 우리의 의무이며 우리의 운명이다."

기업 대표와 정부 관리들은 의견 조율을 위해 '대외 관계 협의회'니 '3자 위원회'니 하는 자기들만의 유서 깊은 기구를 운영하기도 한다. 싱크탱크 또한 그와 유사한 기능을 한다. 그러나 미 제국주의가 만들어 낸 이 속이 빤히 보이는 위원회들은 대개 이름뿐인 조직으로, 각기 웹 사이트를 가지며, 위원과 이사, 고문 등으로 구성된 '위원회'가 있고, 홍보 조직이 있다.

1997년 결성된 '미국의 새로운 세기를 위한 프로젝트(Project for a New American Century)'의 경우, 사담 후세인을 공격해 미국의 위상을 재정립할 것을 클린턴 대통령에게 요구하면서 과도한 주목을 받았다. 이 프로젝트 소속 위원들 가운데 '미스터 오만' 딕 체니를 비롯한 여러 명이(이들이 최고급 레스토랑 맥린의 은은한 촛불 속에서 방위 산업체인 록히드 마틴에게 최고급 갈비와 와인을 곁들인 저녁 식사를 접대 받는 장면은 상상하고도 남음이 있다) 나중에 부시 행정부에서 요직을 차지했다. 그리고 그들은 곧장 바그다드로 날아갔다.

이런 위원회들은 조직의 실체는 없지만, 신문 기고를 통해 여론을 형성하고 의회의 자기편을 띄우는 스태프를 거느리고 있다. '미국의 새로운 세기를 위한 프로젝트'의 부소장인 엘렌 보크('우연히도' 극우 성향의 법학자 로버트 보크의 딸이다)의 경우, 『파이낸셜 타임스』와 『아시안 월 스트리트 저널』에 자주 기고한다. 이 프로젝트의 공동 설립자인 윌리엄 크리스톨과 로버트 케이건은 그 분야의 달인이다. '미국의 새로운 세기를 위한 프로젝트'는 주로 이라크 문제를 집중적으로 다루는데, 혹자는 이를 두고 '이라크에서 미국의 새로운 세기가 종말을 맞았다'고 말한다. 이 프로젝트가 작성한 세 편의 보고서 중 하나가 2005년 4월 발표된 「이라크: 기록 바로잡기」였는데, 이 보고서는 시종일관 알카에다와 사담 후세인의 관계를 다루었다.

현대에 들어와서 새로운 미국을 위한 선봉에 선 것은 '현재 위험 위원회(Committee on the Present Danger)'였다. 1950년대에 미국인들에게 반공 의식을 심어 주기 위해 결성된 이 위원회는 냉전 이후 해체되었다가 '테러와의 전쟁'을 계기로 부활했다. 그들은 1970년대 후반, 냉전에서 소련의 승리가 임박했음을 계속해서 경고해 크게 주목을 끌었다. 미국이 군비를 확장해 힘의 우위를 차지해야 한다는 것이 그들의 주장이었다. '미국의 새로운 세기를 위한 프로젝트'와 마찬가지로 늘 논쟁의 단초를 제공한 이 위원회는 유순하고 경험 없는 반공주의자가 대통령이 되자 때를 맞아 매우 성공적으로 활동했다.

현재 민주당 상원 의원 조지프 리버먼과 공화당 상원 의원 존 킬을 명예 공동 위원장으로 내세운 이 위원회는 레이건 행정부의 두 번째 국무 장관 조지 슐츠와 마당발로 알려진 전 CIA 국장 제임스 울시 등도 멤버로 활동하고 있다. 그들 중 다수가 또 다른 위원회와 프로젝트에도 동시에 발을 들여놓았다. '현재 위험 위원회'는 테러리즘과 그 기반이 되는 활동 및 이데올로기를 척결하는 것을 목표로 한다. 연구 활동이나 보고서 작성 등은 하지 않으며 직원도 따로 없는 것으로 알려져 있다. 인터뷰 요청을 위한 이메일과 사서함 주소가 있을 뿐이다. 그들의 웹 사이트가 사실은 〈데일리 쇼〉 프로그램의 작가들이 몰래 꾸며 놓은 패러디 사이트일지도 모른다는 의심이 들 때마저 있다.

이런 식으로 나간다면 조만간 '이란 국왕을 복위시키기 위한 위원회', '말 잘 듣는 세상 만들기 프로젝트', '전 이슬람 국가를 기독교로 개종시키기 위한 협의회', '사회주의 잔재 청산을 위한 새 미국 재단' 등의 탄생을 기대해도 좋을 것 같다.

오랜 시간 공들인 긴밀한 정치 네트워크와 각종 뉴스 매체를 통해 영향력을 행사하지만 않는다면 이러한 현상을 한낱 웃음거리로 여길 수도 있다. 그들은 미국을 대표하는 민간 외교 사절로서 해외에까지 모습을 드러낸다. 세계 각국을 순방하면서 신문에 칼럼을 기고하고, 현지 유력 인사들과 식사하고 로비를 벌이면서 전쟁의 필요성과 미국의 가치를 역설하고, 유럽과 유엔 안전 보장 이사회의 나약함을 힐난한다.

이 오만한 위원회들은 사실상 하버드나 예일, 버클리 출신의 젠체하는 트릿한 인물들을 대신해 여론을 주도하기 위해 발 벗고 나선 것이나 다름없다. 그 가운데 일부 자금 사정이 넉넉한 위원회는 저널을 발간하는가 하면 완벽한 눈속임을 위해 구성원들에게 각종 직함을 부여하기도 한다. 그들이 군산(軍産) 복합체와 긴밀히 직결되어 있다는 사실은 공공연한 비밀이다.

그들의 최우선 목표는 아마도 여론 조작일 것이다. 일단 우익들 간에 당파적인 의견 일치를 본 후, 언론을 통해 여론을 확산하는 과정을 거친다. 참으로 영리한 전략이라고 감탄하지 않을 수 없다. 유감스러운 것은, 그들이 역사의 중요한 순간마다 그릇된 판단을 했다는 점이다. 소련의 힘을 과대평가했는가 하면, 부정한 독재자들을 후원하고 대량 학살을 외면했으며, 9·11테러가 임박했음에도 이러한 역사적 상황을 인식하지 못했고, 엄청난 인명을 희생시킨 전쟁을 도발했다. 단, 그들이 접대하는 갈비와 와인만은 정말이지 완벽하다.

054

"우리는 넘버원 국가!"

----------- 미국인들의 잘난 체하는 문화는 참으로 비위가 상한다. 그들은 늘 자기네들이 최고라고 떠든다. 그러나 그들은 최고라는 것이 무엇인지 그 의미조차 제대로 모르는 것 같다. 그것은 일견 미국에서 올림픽이 열려 "U.S.A.!"를 외치는 함성으로 가득할 때 솟아나는 감정인 듯도 싶지만, 사실 그보다는 좀 더 뿌리 깊은 역사를 가졌다. 역사상 제국주의 국가들은 모두 미국처럼 노골적이고 집요하게 스스로를 최고라고 외쳐 왔다. 마치 이런 경박한 외침이 이방인들을 설득해 자기네와 똑같은 시민 의식과 소속감을 가지게라도 한다는 듯이.

산업 생산과 정치적 영향력, 군비 지출 면에서 미국이 세계 최고라는 것은 의심할 여지가 없다. 하지만 미국의 현실을 정확히 이해하기 위해서는 그런 식으로 뭉뚱그려 이야기하는 것보다 각종 통계를 제시하는 것이 좀 더 효과적일 듯싶다. 그중 몇 가지를 살펴보자.

· 미국 국민의 문자 해독률은 세계 49위이며, 수학적 능력은 40개국 중 28위이다.

· 미국의 건강 보험 및 의료 서비스의 보급률과 품질은 선진국 중 거의 바닥 수준이다.

· 미국은 빈곤 아동의 비율이 선진국(멕시코 제외) 중 가장 높다.

· 미국에서 경영 상태가 가장 좋은 기업들과 실적이 가장 높은 은행들 중에는 유럽계가 압도적으로 많다.

· 미국인들이 발표하는 과학 논문의 비율이 현격히 감소하고 있다.

· 미국의 영아 사망률은 세계에서 41번째로 높다.

이와 관련해 다양한 통계 자료를 수집한 바 있는 미국의 작가이자 문화 비평가 마이클 벤투라는 『오스틴 크로니클』지에 다음과 같이 밝혔다.

"가장 중요한 분야들에서 미국은 10위 이내는커녕, 그 근처에도 못 가는 경우가 대부분이다. 미국은 오로지 무기 수출, 소비 지출, 국가 부채, 과대망상 분야에서만 부동의 1위이다."

그러나 벤투라처럼 미국이 넘버원이 아니라고 인정하는 것은 정치인에게 자살 행위와 다름없다. 이러한 현실은 어제오늘의 이야기가 아닐뿐더러 점점 악화되어 가는 실정이다. 사태를 직시하고 국가 차원의 자기반성이 요구되는 시점인데도 현실은 정반대인 것이다.

미국인들의 우월 의식은 9·11 이후 더욱 심각해졌다. 국가의 자존심과 특권 의식을 재확인할 필요성이 높아졌기 때문이다. 심지어 지금도 수많은 차량에 성조기와 노란 리본이 나란히 나부끼는 것을 볼 수 있다. 그중에는 미국의 우월성을 상징하는 표시가 새겨진 것도 많다. 이런 행동을 설명해 줄 값싼 심리학은 얼마든지 있다. 미국 국민들은 9·11이후 과거 어느 때보다 국제무대에서 힘의 정치를 구사하면서도, 엉뚱하게 스스로를 피해자라고 느끼는(무엇 때문인지는 정확하게 알 수 없지만 폭스 뉴스를 10분만 봐도 그런 자기 연민을 느낄 수 있다) 듯하다.

'퓨 글로벌 애티튜즈 프로젝트(Pew Global Attitudes Project)'는 세계가 미국을 어떻게 보는지를 가장 잘 나타내는 척도 중 하나이다. 이 프로젝트가 실시한 일련의 여론 조사 결과를 보면, 세계인들은 미국인의 정직성과 근면성은 인정하면서도 미국 정부의 정책에 대해서는 낮은 점수를 주고 있다. 또 대부분이 미국을 탐욕스럽고 폭력적이며 오만하고 부도덕한 국가로 보고 있음을 알 수 있다. 한마디로 미국의 모든 것을 싫어한다는 얘기다. 그중에서도 미국의 정책에 대해서는 특히 부정적이다. 가장 충격적인 것은 누구나 예외 없이 '미국은 자기밖에 모른다'고 생각한다는 것이다.

이렇게 반문하는 사람도 있을 것이다.

"자기 나라를 넘버원이라고 생각하는 것이 잘못된 것인가?"

"미국이 세계의 리더가 되려는 것과, 텍사스 주의 최우수 고교 풋볼 팀이 되어 '우리가 최고다'라고 외치고 싶은 것이 어떻게 다른가?"

분명히 다르다. 그 이유를 말해 보겠다.

자신이 최고라는 주문을 너무 외다 보면 사람은 결국 착란에 빠지게 된다.

미국이 정말 넘버원이라면, 신의 축복을 받은 땅으로서—그리고 하나님이 총애하는 나라로서—모든 것이 완벽해야 할 것이다.

'아동 빈곤 지수? 과학의 쇠퇴? 열악한 건강 보험? 무슨 소리를 하는 거야? 우리는 넘버원이라고!'

미국이 최고라는 주장은 다른 나라들에 대해 무례할 뿐 아니라 모욕적이기까지 하다. 미국의 지도자들은 미국이 모든 일을 가장 잘 안다는 신념에 입각하여—특히 경제 정책에 대해서—모든 것을 제 식대로 밀어붙이려 한다. 여기서 미국이 모든 일을 제일 잘 안다는 것이 사실인지 아닌지는 중요하지 않다. 문제는 미국의 그런 오만함이 지구 남반부의 저개발국들뿐 아니라 선진 민주 국가들에까지 반미 감정을 일으킨다는 점이다.

영국의 보수주의 철학자 에드먼드 버크는 이렇게 말했다.

"국민들에게 국가를 사랑하라고 말하기 전에 국가가 먼저 사랑을 받을 수 있도록 노력해야 한다."

미국인들이 상상하는 자국의 이미지는 실제의 미국과 차이가 있다.

버크의 관점에서 보자면 사랑스러움이 부족한 것이다. 충분히 사랑받는 국가가 될 수 있음에도 그렇게 되지 못한 것, 그것이 미국의 비극이라면 비극이다.

055

'전 세계 함구령'

---------- 이 정책은 별다른 주목을 받지도 못했을뿐더러 비교적 사소한 정책이라고 할 수 있다. 하지만 굳이 언급하고 넘어가려는 것은 미국의 속 좁은 극단주의자들이 대외 정책을 좌지우지하는 바람에 전 세계에 피해를 준 전형적 사례이기 때문이다. 이런 일이 이처럼 자주 일어나다니, 어처구니가 없다.

그것은 1984년 레이건 대통령의 이른바 '멕시코시티 정책'으로부터 시작되었다. 그는 멕시코시티에서 열린 세계 인구 회의에서 "앞으로 미국 정부는 낙태를 돕거나 권장하는 NGO에는 연방 기금 지원을 중단하겠다"고 선언했다. 그 후 이 정책은 클린턴에 의해 철회되었으나, 조지 W. 부시가 취임 이틀 만에 부활시키면서 연방 기금을 포함한 모든 기금을 제공할 수 없도록 만들었다.

가족계획 옹호론자들은 이것을 '전 세계 함구령(Global Gag Rule)'이라고 부른다. 이 정책은 개발도상국 여성의 낙태 문제에 대해 NGO들이 상담조차 해 줄 수 없도록 입을 막아 버림으로써 개도국 여성들의 선택의 폭을 좁혔을 뿐 아니라, 경우에 따라서는 개도국 여성들의 생명을 위협하기도 했다. 이와 관련해 세계적으로 권위 있는 기관인 '국제 인구 행동 연구소(Population Action International)'는 이렇게 설명한다.

"일련의 연구 결과에 따르면, 낙태 문제에 관한 미국의 일방적인 결정이 개발도상국의 가족계획과 산모 건강 관련 서비스를 악화시키고 있다. 이 정책이 세계적으로 낙태율을 감소시켰다는 증거는 아무 데도 없다. 오히려 원치 않는 임신을 한 여성들을 도와줄 수 있는 길을 원천 봉쇄함으로써 그들을 곤란에 빠뜨렸다."

NGO가 낙태에 관한 상담이나 서비스를 하지 못하도록 만드는 바람에 임신한 여성들이 전문적인 도움을 받을 수 있는 길을 차단했을 뿐 아니라, 가난한 나라에서는 임신한 여성들이 보호받을 수 있는 시설을 찾지 못하게 되었다.

『사이언스』지는 다음과 같이 보도했다.

"'멕시코시티 정책'의 낙태 상담 및 병원 이송 등에 관한 가이드라인은 애매할 뿐 아니라 낙태가 이미 광범위하게 허용된 나라에서는 의미가 없다. 따라서 이 조항은 여성들의 목숨만 위태롭게 할 뿐이다. 미국 산부인과 협회는 '이런 제한은 의료 서비스 제공자로 하여금 적절한 의료 서비스를 추천하지 못하도록 한다는 측면에서 기본적인 의료 윤리를 위반하는 행위라고 할 수 있다.'고 밝혔다."

문제는 그뿐이 아니다. 부시는 '유엔 인구 기금(UNFPA)'에 대한 미국의 지원을 중단했다. UNFPA는 전 세계의 가족계획을 지원하는 조직인데, 이들이 중국에서 '강제 불임'을 지원한 혐의 때문이었다. 뉴욕 주 하원 의원 캐롤린 맬러니는 『살롱』지 기자에게 이렇게 말했다.

"정말 화가 나는 것은, 부시가 극우 단체인 '인구 조사 연구소(PRI. Population Research Institute)'의 증언만 믿고 3천4백만 달러의 예산 집행을 거부했다는 사실이다. 중국의 강제 불임을 들먹인 것은 PRI뿐이다. 이런 소수의 극단론자들이 외교 정책을 좌지우지하는 바람에 부시 행정부는 미 의회나 국제 사회의 의지와는 정반대되는 쪽으로 가고 있다."

중국의 강제 불임에 관한 주장은 2002년 백악관이 파견한 진상 조사단에 의해 사실이 아닌 것으로 판명되었다. 그럼에도 예산 지원 중단은 취소되지 않았다. 이와 관련해 국제 인구 행동 연구소는 다음과 같이 말했다.

"UNFPA가 중국에서 활동하지 않으면 안 되는 중요한 이유가 있다. 세계 여성의 약 20퍼센트가 중국에서 살고 있으며, UNFPA는 중국인들이 정부의 가족계획 프로그램에 대해 자발적인 대안을 마련하도록 조언해 줄 만한 국제적인 전문가들이 있는 유일한 기관이기 때문이다. 1998년 초 UNFPA 이사회는 중국인들의 자발적인 가족계획을 촉진하고 부부가 자녀 수를 자유롭게 결정할 수 있도록 한 4개년 프로그램에 2천만 달러의 예산 집행을 승인한 바 있다. 이처럼 자발적 참여를 강조하는 것만이 가족계획 문제를 해결하는 돌파구가 될 수 있다."

여기서 보듯, '자발적인 가족계획 참여를 권장한다'는 UNFPA의 자체 기준만 놓고 봐도 부시는 이 기구를 지원해야 마땅하다. 권위 있는 비영리 기구인 '구트마허 연구소(Guttmacher Institute)'에 따르면, 중국에서는 '전통적 피임 방법'을 사용하거나 아예 피임을 하지 않는 여성들로 인해서 매년 5천2백만 건의 원하지 않는 임신이 발생하고 그 중 1백50만 건이 산모의 사망으로 이어지며, 어머니에게 버림받는 기아(棄兒)의 수도 50만 명에 달한다고 한다. 중국이 정말 도움을 필요로 한다고 생각하지 않는가?

다음 기사를 보자.

2005년 9월, 부시 행정부는 UNFPA에 대한 기부금 3천4백만 달러를 유보한다고 발표함으로써 이 기구에 대한 지원을 4년 연속 거부했다. 이로써 부시 행정부는 총 1억 2천7백만 달러에 이르는 의회 승인 예산을 유보하고

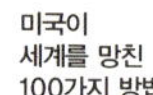

있는 셈이 되었다. 지원금 1년 치에 해당하는 3천4백만 달러는 개발도상국에서 2백만 건의 원하지 않는 임신을 방지하고 4천7백 건의 산모 사망을 예방할 수 있는 금액이다.

이러고도 부시 행정부는 자신들을 '온정적 보수주의자'라고 말할 수 있을까?

056
냉전이 지배하는 열대의 수도, 마이애미

─────────── 마이애미는 눈부신 태양과 아름다운 해변, 요트, 한가로운 분위기 등으로 명성이 자자하다. 다소 흥청거리는 이 미국 남부의 오아시스를 생각하면 게이와 슈퍼 모델들의 천국인 사우스 비치를 비롯해 '마이애미 바이스'풍의 세련됨, 하이얼리어(Hialeah)의 경마장, 냉소적인 칼 히어슨(Carl Hiaasen. 소설가이자『마이애미 해럴드』의 기자로 이 지역을 무대로 한 글을 많이 쓴다 · 옮긴이), 마이애미비치의 멋진 풍광, 우아한 도시 코럴 게이블스 등이 떠오른다. 이렇듯 마이애미는 돈과 태양, 즐거움의 대명사이다.

하지만 마이애미가 세계적으로 알려지기 시작한 것은 이와는 전혀 무관한 이유에서였다.

"피델 카스트로와 그 일당을 모두 없애라."

미국 정부의 이 특명이 마이애미를 세계에 알렸다.

마이애미 엽서에서 보는 아름다운 쪽빛 바다, 그러나 그 속은 아마도 온통 핏빛으로 물들어 있지 않을까 싶다. 마이애미는 라틴 아메리카의 비공식 수도이자 골수 반공 우익의 거점이다.

1959년 1월 1일, 카스트로가 부패한 독재자 풀헨시오 바티스타를 축출함에 따라 쿠바를 탈출한 난민들이 마이애미에 자리를 잡기 시작했다. 이후 마이애미는 공산주의를 피해 이주한 라틴 아메리카 사람들의 중심지가 되었다. 불행한 피그 만 침공 작전(CIA가 카스트로를 제거하려고 마이애미의 쿠바 난민들을 게릴라로 위장시켜 쿠바를 침공했으나 작전이 실패하여 난민이 전멸했다·옮긴이)이 시작된 곳도 바로 이곳 마이애미였다.

이후 카스트로를 증오하는 과격한 단체들이 우후죽순처럼 생겨나기 시작했다. '쿠바계 미국인 전국 재단(Cuban American National Foundation)', '알파 66', '쿠바 수복 반군 운동(Recovery Insurrection Movement)', '오메가 7' 등이 그것이다. 그중 호르헤 마스 카노사가 이끄는 '쿠바계 미국인 전국 재단'은 레이건 행정부의 작품으로, 마이애미에 사는 부유한 쿠바 인들이 거의 다 가입한, 마이애미 최대의 막강한 '시민' 단체이다. 이 조직은 쿠바와의 타협을 주장하는 온건파나 진보 성향의 쿠바계 미국인들을 지속적으로 위협해 온 것으로 알려졌다.

이러한 단체들은 미국 정부나 마이애미 시 당국의 강경파들이 지원하는 가운데 테러 행위를 자행하기도 했는데, 이것이 마이애미 시 당국의 대외 정책 기조를 형성해 왔다.

마이애미의 정치는 쿠바 난민과 그 2세들이 장악하고 있다. 공화당은 마이애미의 반공주의가 국내 정치에 어떤 의미를 갖는지 알아챘고, 그 결과 마이애미, 더 나아가 플로리다 주는 1950년대식 냉전이 지배하는 정치의 요새가 되었다.

마이애미의 현실이 미국 정치에 얼마나 큰 영향을 미치는지를 결정적으로 알려 준 계기가 지난 2000년 발생한 '엘리안 곤살레스 사건'이다. 여섯 살짜리 소년 곤살레스는 일행과 함께 쿠바에서 배를 타고 미국에 밀입국을 시도했으나 배가 좌초하는 바람에 혼자 구사일생으로

살아남았다. 그는 미국에 체재하던 6주 동안 엄청난 파장을 불러일으
켰는데, 결국 아바나에 있는 아버지에게 돌려보내자 마이애미의 친척
들이 개입해 큰 소란이 벌어졌다. 곤살레스 사건이 있은 지 몇 달 후,
쿠바계 미국인들은 데이드 카운티의 대통령 선거 재검표 사무실에 몰
려갔고, 결국 부시는 석연찮은 승리를 거두었다.

마이애미가 미국 국내 정치에서 갖는 의미와는 별도로, 쿠바 난민들
은 이곳을 매우 특별한 성격의 국제도시로 만들었다. 마이애미는 지구
반쪽의 반동주의자들에게 편안한 휴식처까지는 아닐지라도 합법적인
근거를 제공하는 역할을 하고 있다. 소설가 겸 수필가인 조앤 디디온
은 이렇게 말했다.

"마이애미는 열대의 수도이다. 그곳에서 벌어진 일에 대해 소문은
무성하지만 사람들은 오래 기억하지 않는다. 탈주자들의 돈으로 세워
진 과대망상의 도시이며, 뉴욕이나 보스턴, 애틀랜타는 이 도시에 관
심이 없지만 카라카스, 멕시코, 아바나, 보고타, 파리, 마드리드는 그
렇지 않다. 마이애미는 1959년 이래 미국 도시들 중 오직 워싱턴하고
만 관련을 맺어 왔다. 두 도시의 이런 특수한 관계가 사태를 점점 왜곡
한다."

마이애미가 라틴 아메리카 전체를 자신의 강력한 자기장 안에 가둬
두고 영향력을 행사할 수 있는 것은 바로 이처럼 독특한 정치 지형 때
문이다. 마이애미와 그 '친척들'은 공산주의에 대한 미국의 끝없는 강
박 관념과 정치적 악행의 상징이라고 볼 수 있다.

패권주의와 외교 정책

057

석유를 위해 피 흘리는 습관

 2003년에 이라크 전쟁이 발발했을 때 백악관과 펜타곤, 각종 언론들은 애써 이상한 항변을 늘어놓았다. 도널드 럼즈펠드는 다음과 같이 말했다.

"우리는 세계를 돌아다니며 무력으로 다른 국가의 석유를 빼앗는 짓은 결코 하지 않을 것입니다. 그것은 민주 국가의 방식이 아닙니다."

12년 전, 럼즈펠드의 전임 국방 장관이었던 딕 체니와 국무 장관 짐 베이커 등은 이라크 무력 침공의 주된 목적이 '석유'라는 것을 공개적으로 인정했으며, 부시는 당시의 솔직함이 좋지 않은 결과를 낳자 거기서 큰 교훈을 얻었다. 부시 대통령은 사담 후세인이 배치했을 것으로 '의심되는' 핵무기와 생화학 무기에 대항하는 것 외에 이라크 침공에 다른 목적은 결코 없다고 끊임없이 주장했다. 주요 뉴스 매체들, 그 중에서도 특히 『워싱턴 포스트』의 사설은 석유와 이라크 전쟁을 연관시키는 사람들을 가리켜 "비뚤어진 부시 혐오자"라고 표현했다.

그러다 마침내 솔직한 이야기가 흘러나오기 시작했다. 외신에 따르면, 폴 월포위츠 국방부 부장관이 2003년 여름 싱가포르에서 행한 연설에서 본의 아니게 비밀을 누설했다는 것이다. 한 언론은 이렇게 전했다.

"북한과 같은 핵 보유 국가도 있는데 대량 살상 무기가 발견되지도 않은 이라크는 왜 이런 식으로 취급합니까?"라는 질문에 월포위츠는 다음과 같이 대답했다. "간단하게 말하면 이렇습니다. 북한과 이라크의 가장 중요한 차이는 경제적인 측면에서 이라크에 대해서는 다른 선택의 여지가 없다는 것이죠. 이라크의 석유 매장량은 실로 엄청납니다."

이라크의 막대한 석유 매장량과 이라크에 대한 미국의 관심 사이에 아무런 관계가 없다고 말하는 것은 명백한 기만행위이다. 이라크에 대한 미국의 관심을 다른 방식으로는 도저히 설명할 수 없다. 더구나 '석유 확보'라는 사명은 미국의 대외 정책을 떠받치는 근간이다. 1980년대에 미국이 사담 후세인을 지원한 것도 바로 이러한 목적을 담고 있다(이란-이라크 전쟁 당시 레이건의 '이라크 편들기'는 악명이 높다). 사담 후세인이 자신의 후원자인 미국에 등을 돌린 후인 1991년 미국은 사우디아라비아의 유전을 보호하고 후세인 점령하에 있는 쿠웨이트 유전을 되찾는다는 명분으로 대 이라크 전쟁을 벌였다.

이러한 일들은 모두 공공연한 비밀이지만, 레이건이 후세인에게 50억 달러의 신용 차관을 제공해 주었다거나, 군사 장비와 기술을 이전하고 가치 있는 군사 정보를 제공함으로써 후세인 체제를 유지시켜 준 일 등에 대해서 당시에는 알려진 것이 별로 없었다.

물론, 자원 전쟁은 새삼스러운 일이 아니다. 영토와 보물을 얻기 위해 피를 흘리는 것은 오랫동안 전해 내려오는 고전적인 주제이다. 강대국 진영에서는 누구나 그렇게 해 왔고, 지금도 여전히 그렇게 하고 있다. 예를 들어 영국과 프랑스는 아시아와 아프리카의 몇몇 나라를 완전히 전복시켜 수탈한 후 물러난 바 있다. 에스파냐는 라틴 아메리카 지역 대부분을 침탈했다. 수탈의 대상이 된 자원도 광물, 토지, 목재, 지식 등 다양한 형태와 규모로 존재해 왔다. 하지만 오늘날의 미국만큼 대대적으로 자원 전쟁에 뛰어든 국가는 별로 없었고, 미국은 특히 '검은 황금(석유)'이라면 사족을 못 쓴다.

페르시아 만에서 벌어진 전쟁들은 특히 비열한 측면이 있었다. 이란-이라크 전쟁에서 레이건은 이라크를 편향되게 지원함으로써 사담 후세인이 패배하지 않도록 균형을 잡아 주었고, 그 결과 전쟁은 8년이나 계속되어 1백만 명의 목숨을 앗아 갔다. 그 후 미국은 알사바 왕가(쿠웨이트)와 알사우드 왕가(사우디아라비아)를 보호하고 그들의 석유를 지키기 위해서 후세인의 점령군을 쿠웨이트에서 몰아냈지만, 이 지역의 시아파와 쿠르드 족 문제는 모른 체했다. 그리고 2003년 이라크를 공격할 당시에는 갖은 핑계를 둘러대면서 석유와의 관련성을 부인했다. 이 일련의 사태를 거치면서 얼마나 많은 사람이 죽고 얼마나 많은 아랍 인과 페르시아 사람들이 미국을 증오했는지는 말로 다 형용하기 어려울 정도다.

2003년 5월 미군이 바그다드를 점령했을 당시에는 이 도시의 전 지역에서 약탈이 자행되었다(그중 일부는 미국을 난처하게 만들 증거물을 없애는 편리한 방법이었을 것이라고 생각하는 사람도 있다). 그런데 그 와중에도 이라크 석유성(Oil Ministry)은 보호되었다. 그리고 이라크 헌법 초안은 미국의 동맹국들이 석유를 더 많이 가질 특권을 지니도록 작성되었다. 이러한 이라크의 석유 처분 내역은 결국 미국이 이라크를 침공한 동기가 무엇이었는지를 이해하는 열쇠가 된다. 이 책을 쓰고 있는 2006년 초까지 석유의 분배가 구체적으로 이루어지지는 않았지만, 미국이 그 일에 깊숙이 개입되어 있는 것만큼은 분명하다.

뿐만 아니라 1900년대 초 멕시코 혁명에 개입한 일, 20세기 내내 중남미 국가들에 개입한 일, 1970년대에 비밀 작전을 통해 앙골라 내전과 칠레 혁명에 개입한 일, 1950년대의 이란과 이라크에 대한 위협, 1905년의 필리핀 침략, 1950년대에서 1970년대에 걸친 베트남과 동남아 사태 등이 모두 해당 지역의 풍부한 자원과 관련이 있다. 2000년대에 들어와 비밀공작의 목표물이 된 베네수엘라는 또 하나의 희생양이 될 것으로 보인다.

마이클 클레어(미국의 군사·안보 전문가·옮긴이)가 말했듯이, 오늘날 미국은 카스피 해의 석유를 확보하기 위해 군사적으로 개입할 준비가 되어 있다. 이 지역은 이란 북쪽의 카프카스 지방과 인접해 있으며 미국으로서는 통제가 잘 되지 않는 곳이다.

'석유를 위해 피 흘리는' 습관은 미국인들의 낭비적인 생활과 다른 나라의 자원을 멋대로 소유할 수 있다는 믿음, 필요에 따라 군사 행동을 통해 그 자원을 빼내 오겠다는 각오 등이 결합된 만성적인 미국병이다. 군사 개입, 불건전한 동맹국에 대한 지원, 비밀공작 등의 행위를 아무리 그럴싸한 용어―반공주의, 반테러리즘 등―로 포장한들 그것이 본심을 가리지는 못한다.

지난 20여 년 동안 미국에서 벌어진 가장 위선적인 논쟁들 중 하나는 에너지와 석유 의존도에 관한 것이다. 그 이면을 파헤쳐 보면 거기에는 두 가지의 근본적인 현실이 자리하고 있다. 즉, 터무니없이 에너지를 낭비하는 습관과 에너지를 다른 나라에서 마음대로 가져올 수 있다는 도덕관념이다. 이 두 가지가 바로 '석유 전쟁' 이라는 이념을 떠받치고 있는 양대 기둥이다.

미국 바깥에서는 아무도 이런 이념에 환상을 품지 않는다. 영국의 한 칼럼니스트가 2005년 후반 이에 대해 간단명료하게 언급한 적이 있다.

미국의 정책이 무책임하다는 것은 미국의 석유 수입 의존도가 상승 곡선을 그리고 소비자의 낭비가 급증하던 시점에서 명백하게 드러났다. 그리고 그 위험성은 석유 공급을 지탱하고 있는 국가들에 대한 부시의 간섭이 한층 심해지는 형태로 나타날 것이다.

2003년 이라크 침공 직전, 유명한 아랍 전문가가 한 말을 되새겨 보자.

2003년 3월, 이라크 남부 나시리야에서 미군 보병대가 부상당한 이라크 포로를 후송하고 있다. 미국의 '석유를 위해 피 흘리는' 습관 뒤에는 미국인의 에너지 낭비벽과, 다른 나라의 자원을 마음대로 가져올 수 있다는 도덕관념이 자리하고 있다.

가격 인상이나 생산 쿼터 조절에서 석유 국유화에 이르기까지, 석유 시장과 관련한 주요 쟁점에 대해 이라크는 언제나 OPEC의 강경론자에 속했다. 따라서 역사적 기록에도 이라크는 항상 미국의 석유 시장 전략에 장애물로 나타났다. 이것은 왜 미국 행정부가 이라크에 대해 무자비할 정도로 보복적인 태도를 취하는지, 왜 미국이 이라크를 점령하는 과정에서 미국에 반항하는 국가들 모두에 뼈저린 교훈을 심어 주고 싶어 했는지, 그리고 이라크의 몰락을 모든 개발도상국을 협박하는 사례로 사용하고 싶어 하는 이유는 무엇인지 설명해 준다.

239

이런 분석이 백 퍼센트 진실인지 아닌지는 중요하지 않다. 그보다는 이것이 미국이 행한 일련의 석유 전쟁에 대한 전 세계적인 여론을 반영하고 있다는 사실이 더 중요하다. 미국이 이라크와 베네수엘라, 카스피 해에 개입하는 문제에는 어떠한 환상이나 자기기만도 통하지 않는다. 한마디로 그것은 석유 때문이다. 늘 그래 왔듯이.

058

이슬람의 호전성 키우기

---------- 미국이 이슬람의 호전성을 키웠다고 주장한다면 대부분의 독자들은 과장이라고 말할 것이다. 하지만 가끔은 이런 과장된 주장이 유익한 통찰력을 가져다주기도 한다. 다음 이야기를 듣고 나면 내 주장에 고개를 끄덕이는 독자가 있을 것이다.

미국의 냉전 전략 중 하나는 소련을 억제하기 위해 우익 군사 독재자들을 가능한 한 많이 동원하는 것이었는데, 이 전략은 실제로 상당히 많은 독재자들을 끌어들이게 되었다. 원유 생산 지역에서는 특히 이런 전략이 중요했다. 영국이 해군의 동력을 석탄에서 석유로 바꾼 제1차 세계 대전 이래 석유와 안보의 연계는 열강들의 세력 확장 음모에 기초적인 항목이 되었다.

미국도 강대국으로 성장하면서 석유를 통제할 필요성을 절감하게 되었고, 그래서 전통적으로 억압적인 체제를 유지해 오던 걸프 해 연안의 전제국들을 최우선적으로 보호하게 되었다. 한편 소련은 자체적으로 석유 자원을 갖고 있으면서 동시에 중동의 몇몇 국가와 우방을 맺고 있었다. 이에 동서는 팽팽한 세력 균형을 이루었고, 열강들은 대체로 이러한 상황에 만족했다.

하지만 그 대가로 이란은 갈수록 풍파에 시달리게 되었다. 1953년,

민주적으로 선출된 모하마드 모사데크 정부를 전복시킨 CIA 음모는 그 하이라이트였다. 그 이전, 모사데크는 석유 산업을 국유화하겠다고 위협했고, 그것은 당시 중동 국가들의 공통적인 열망을 표출한 것이었다. 실제로 사우디아라비아 같은 나라들은 평화적으로 그 뜻을 달성하기도 했다. 사실, 석유 산업의 국유화가 곧 서방이 석유에 접근할 수 없음을 뜻하는 것은 아니었다. 기술력과 마케팅 능력이 부족한 이란으로서는 서구의 정유 회사를 끼지 않으면 석유 판매가 불가능했기 때문이다. 그러나 '냉전의 전사들' 눈에는 이란의 이러한 행동이 용납할 수 없는 것이었고, 모사데크는 결국 권좌에서 축출되었다. 미국의 하수인인 '샤'에 반대하던 실용적 자유주의자들과 좌파 역시 모사데크와 함께 사라졌다.

그 결과 이란은 정치적 다양성을 완전히 상실한 채, 황제 샤와 그를 추종하는 군 장교, 석유 재벌, 아첨하는 외국인, 피에 굶주린 '사바크(SAVAK. 이란의 비밀경찰)'의 나라가 되었다. 샤의 통치에 반대하는 이란 사람들은 종교 지도자인 이맘이 건재한 수크(야외 시장)로 시선을 돌리게 되었다. 샤가 이맘을 별로 건드리지 않은 이유는 그들이 크게 위험하다고 생각하지 않았기 때문이다(그러나 호메이니 같은 몇몇 이맘은 샤에게 저항하다가 해외로 도피하기도 했다). 미국은 샤의 재위 기간 내내 그를 아낌없이 지원했고, 그가 저지르는 인권 침해에는 눈을 감은 채 그를 철저히 무장시켰다. 닉슨과 키신저는 거의 아첨꾼에 가까웠다. 미국의 군사 원조는 샤의 독재에 버팀목 역할을 했고 이것은 종교에 기반을 둔 반대파들을 점점 분노하게 만들었다(그러나 당시 서구인들은 이런 사실을 잘 알지 못했다).

지나친 부정부패로 샤가 비틀거리던 1978년에 이르자 이슬람 정치 세력은 성년을 맞이했다. 샤가 마침내 국외로 망명하면서 들어선 임시 정부는 '거리'의 요구를 감당할 수 없었다. 거리는 코란의 열정에 물든 투사들로 가득했고, 망명지에서 돌아온 국민적 영웅 아야톨라 호메이니가 그들을 이슬람 혁명으로 이끌었다.

정치적인 명민함을 지닌 반동적 이데올로기가 이란에서 성공을 거두자, 자국 정부나 미국을 비롯한 외세의 지배에 반감을 느끼던 다른 국가의 무슬림들은 그 교훈을 눈여겨보았다. 이란이 미국을 굴복시켰다는 사실에 흥분한 이슬람 투사들은 이집트(사다트를 살해했다)와 알제리, 아프가니스탄, 수단, 레바논 등지에서 정부 전복을 시도했고, 그 과정에서 어느 정도 성공을 거두면서 자신감과 추진력을 갖게 되었다. 이스라엘 역시 같은 처지에 놓였다. 이슬람 저항 단체인 하마스는 이스라엘 정부뿐 아니라 팔레스타인의 세속적 정치 체제에 대해서도 도전했다. 미국은 아프가니스탄에서 소련을 몰아내기 위해 이슬람 무장 게릴라 조직인 무자헤딘을 지원했는데, 이것은 단기적으로는 이익이었을지 모르지만, 장기적으로는 큰 고통을 주었다는 것이 오늘날의 평가다.

시리아나 이라크처럼 구소련을 등에 업은 독재자가 통치하는 곳에서는 이슬람 과격주의가 크게 탄압받았다. 물론 이러한 상황은 오래가지 않았다. 미국이 이번에는 호메이니의 이란과 싸우던 사담 후세인을 지원했고, 무슬림들은 이에 의심스러운 눈길을 보냈다. 많은 이슬람 사회는 투표가 허용될 경우 이슬람 정당을 지지하는 경향을 보이는데, 이것은 대개가 미국의 이스라엘, 이라크, 사우디 정책에 대한 반작용에서 비롯된 것이다.

물론 미국의 정치 지도자들이 전 세계적인 반미 운동을 일으키려 하지는 않았을 것이다. 또한 미국의 개입 이전에도 이집트의 '무슬림 형제단'처럼 이슬람 세력의 정치화 조짐은 있었다. 하지만 미국의 대외 정책이 편의주의에 따라 움직이고, 미국의 경찰국가 행세로 인해 이슬람 국가들의 정치적 다양성이 억압받았기 때문에, 미국이라는 나라와 그들의 위선적 행위에 대한 혐오가 자라난 것은 어찌 보면 예정된 결과라고 하겠다. 그리고 그러한 혐오감이 구체화한 것이 바로 이슬람 무장 세력인 것이다. 그런데도 미국은 사태의 심각성을 깨닫지 못한 채 여전히 역사의 교훈을 외면하고 있다.

059
브레이크 없는 무한 경쟁, 핵무기 개발

1945년 두 발의 원자 폭탄이 사상 최초로 일본의 히로시마와 나가사키를 쑥대밭으로 만들었을 때만 해도 가공할 신무기에 대한 우려보다는 마침내 제2차 세계 대전이 끝났다는 안도감이 지배적이었다(물론 12만 명의 사망자가 발생한 두 도시의 주민들은 전혀 안도감을 느끼지 못했을 것이다). 미국의 과학자들은 물리학의 경이를 놀랍고도 무서운 힘으로 변화시킴으로써 세계 전쟁의 판도를 바꿔 놓았다.

거기서 그쳤어야 했다. 하지만 사정은 그렇지 못했고, 우리는 이후 비싼 대가를 치렀다.

이 최악의 무기를 개발한 것에 대해 비난하는 사람도 있겠지만, 이 것은 원래 나치즘을 물리치기 위해 추진된 일로 당시에는 누구도 반대하지 않았다. 항복의 문턱에 이른 일본에 원폭을 투하한 것은 아마도 일본뿐 아니라 소련까지 견제하기 위한 일이었을 것이다. 그것은 오늘날의 관점에서 보면 일종의 테러 행위라고 할 수도 있는 흥미로운 행동이었다. 역사상 유일했던 핵무기 사용의 의도가 무엇이었든 간에, 핵무기 개발을 그 단계에서 중단시킬 수도 있었지만, 당시에는 그러기 위한 별다른 외교적인 노력을 하지 않았다. 후세 역사가들은 스탈린 뿐 아니라 트루먼이나 당시 의회에도 그 책임이 있다고 보는데, 그 근거는 그들이 핵무기를 미국이 세계적 영향력을 확보하는 데 필요한 보장책으로 여겼기 때문이다. 루스벨트 대통령의 경제 보좌관이었던 버나드 바루크 등은 핵의 시대가 열리는 것을 막기 위해 여러 가지 노력을 기울였으나, 프랑스와 영국은 물론 스탈린까지도 핵무기를 간절히 원했던 당시 상황에서는 역부족일 수밖에 없었다.

공식적인 군비 축소 협정—이 약속은 소련이 붕괴한 이후에도 여전히 지켜지지 않고 있다—과 전 세계적인 반핵 무드에도 핵을 저지하지 못한 결과, 오늘날 핵은 미국을 비롯한 모든 국가에 '핵무기 테러'라는 새로운 잠재적 위협으로 자리 잡았다. 미국은 현재 약 3만 4천 기의 전술·전략적 핵무기를 비축하고 있다. 핵무기를 유지 관리하는 데 들어간 비용만 지금까지 5조 7천억 달러에 이른다. 5,700,000,000,000 달러(!), 0이 무려 11개나 된다. 소련이 비축한 핵무기 또한 비슷한 규모이다.

핵무기의 비용은 여기에 그치지 않는다. 우라늄 채굴 광산, 플루토늄과 농축 우라늄 등 핵 원료 공장, 기타 핵무기 생산 시설들은 방사능 오염과 사고의 위험성을 안고 있어 핵 관련 시설에서 일하는 근로자들의 안전을 위협한다. 핵 단지 근무자들과 인근 주민들은 미국의 전임 에너지부 차관보가 말했듯이 "서서히 진행되는 핵전쟁"을 치르고 있는 셈이다. 그 규모에서는 일본의 원폭 피해자와 비교가 안 되겠지만 핵연료로 인한 영향 또한 치명적이기는 마찬가지이다. 소련의 핵 발전 시설에서 발생한 사고 역시 그보다 더하지는 않았을지언정 매우 무서운 결과를 가져왔다.

군비 경쟁 초기의 대기 중 핵실험에서 발생한 낙진이 질병을 일으키

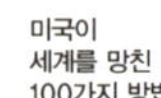

자, 케네디 대통령은 1963년 대기 중 핵실험 금지 조약을 성사시켰다 (이 조약은 당시 미국의 군사력을 약화시킬 것이라는 이유로 합동 참모 본부와 보수 진영의 반대에 부딪혔다).

항간에는 핵무기 덕분에 냉전 당시에 미국과 소련이 평화를 유지할 수 있었다는 주장도 있다. 하지만 핵무기가 발명되기 전에도 미국과 소련은 약 30년 동안 서로 평화롭게 지냈으며, 냉전은 핵무기 보유가 일으킨 공포의 산물이다. 스탈린을 저지하기 위해 수천 기의 핵무기가 배치되었다고는 하지만, 단 50여 기의 핵무기만으로도 같은 결과를 가져왔을 것이라는 주장이 있고 나 역시 거기에 동의한다(게다가 스탈린은 핵 개발 초창기인 1954년에 사망했고, 핵무기의 숫자가 미미했던 그 시절에도 스탈린은 그 이상의 도발을 하지 못했다).

다행스럽게도 전 세계에 걸쳐 핵무기에 대한 대중적인 관심이 일어난 결과, 정치 지도자들이 핵무기 제재 및 비핵화 조치를 추진하기 시작했다. 1963년의 협정은 이후 여러 중요한 조약의 초석이 되었고, 1968년의 '핵 확산 금지 조약'은 민간의 원자력 활동이 핵무기로 전환되는 것을 막는 데 제도적 장치를 마련했다. 이 조약은 상당한 구속력을 발휘했다. 이어 핵폭탄의 원료가 되는 핵분열 물질의 생산을 금지하는 등 핵폭발의 위협을 줄이기 위한 유용한 장치들이 모색되었다. 그러나 뭐니 뭐니 해도 미국과 소련의 위험스러운 핵 대결을 해소하는 데 돌파구가 된 것은 지속적인 평화 운동의 압력이었다.

오늘날, 핵무기는 여전히 다양한 형태의 위협으로 남아 있다. 이제 러시아, 영국, 프랑스, 미국뿐 아니라 중국, 인도, 파키스탄, 이스라엘까지 핵무기를 보유하게 되었다. 후세인의 이라크와 카다피의 리비아, 남아프리카 공화국의 아파르트헤이트 정권 등은 비록 그 가능성이 요원할지라도 핵무기 개발을 원했으며, 이제는 이란마저 핵무기 개발의

원폭 투하 직후의 히로시마 모습. 1945년 8월 6일 일본 히로시마에 투하된 원자 폭탄은 실전에서 사용된 세계 최초의 핵무기로, 이로 인해 당시에만 7만여 명이 사망하고 이 도시의 60퍼센트가 파괴되었다.

기회를 엿보고 있다. 핵무기가 독재자들의 손에 들어가는 것은 생각만 해도 끔찍한 일이지만, 그보다 더 걱정스러운 일은 알카에다 같은 폭력 혁명주의자들이 그것을 손에 넣어 텔아비브나 도쿄, 뉴욕 등에서 폭발을 일으키는 것이다. 물론 풍부한 자금과 기술력을 갖춘 데다가 암시장에 접근하기 쉬운 이라크도 아직 그렇게 하지 못하는 것을 보면 오사마 빈라덴이나 팀 맥베이(미국 오클라호마 시 청사 폭파범 · 옮긴이) 같은 인물이 핵무기를 가질 가능성은 극히 희박한 것 같다. 하지만 60년 전 뉴멕시코 주 로스앨러모스에서 시작되었고 히로시마와 나가사키에서 끔찍한 폭발을 함으로써 세상에 널리 알려진 핵 시대의 직접적인 유산은 지금도 여전히 남아 있다.

060

대량 학살

"한 개인의 죽음은 비극이고, 1백
만 명의 죽음은 통계이다."

이것은 스탈린이 남긴 말이다. '수백만 명의 죽음'에 관한 한, 그가
그 의미를 잘 알 만도 하다. 스탈린과 히틀러, 마오쩌둥, 엔베르 파샤
를 위시해 수많은 살인자들이 '불명예의 전당'에 들어가야 마땅하지
만, 미국 역시 대량 학살로부터 자유롭지 못하다. 이것은 그다지 유쾌
한 이야기도 아닐뿐더러 쉽게 이야기할 수 있는 사안도 아니다. 하지
만 미국이 대량 학살과 관련하여 역사적으로 해명해야 할 부분이 많은
것만은 분명하다.

대량 학살은 이런저런 전쟁 논리에 호소함으로써 정당화되는 경우
가 대부분이다. 가령 스탈린은 집산주의(集産主義. 토지·철도·광산 등 주
요 생산 수단을 국유화하여 정부가 통제하는 것을 이상으로 삼는 주의 · 옮긴이)
를 실천하고 반혁명 분자들을 제거한다는 명분을 내세웠다. 1차 세계
대전 때 60만 명의 아르메니아 인을 학살한 오스만 튀르크의 수상 엔
베르 파샤는 아르메니아를 '적국 러시아의 동맹국으로, 국가 안보를
위협하는 존재'라고 규정했다. 마오쩌둥도 문화 혁명 기간 중 수많은
사람들을 인민의 적이라는 구실로 죽였다. 히틀러는 정신병자임에 분
명했지만, 그런 가운데서도 아리아 인종에 대한 신화를 창조하는 한편
유대 인과 슬라브 족은 열등한 민족이라는 이론을 내세웠다.

미국인들이 인디언들을 학살하면서 '인간이 아니기 때문'이라는 개
념을 내세운 것은 미국 역사의 수치스러운 부분 중에서도 으뜸이다.

247

아메리카 대륙의 백인 정착민들은 원주민 종족의 85퍼센트, 줄잡아 8

백만 명에서 1천만 명에 이르는 인디언들을 절멸시켰다. 그것은 서서히 진행된, 그러나 철두철미한 학살이었다. 인디언은 완전한 인간이 아니며 방해물일 뿐이라는 것이 그들의 구실이었다. 유럽에서 온 이주민들이 서부를 개척할 당시에는 세미놀 족을 학살한 국민적 영웅 앤디 잭슨만이 아니라 거의 모두가 군사 작전을 통해 인디언 학살에 가담했다. 그 선봉에 선 것이 미 기병대로, 원주민들은 그들의 화력에 대항할 힘이 없었다.

1890년 사우스다코타의 '운디드 니(Wounded Knee)' 전투 이후 설 땅을 완전히 잃은 인디언들은 서서히 강제 수용소— '인디언 보호 구역'이라고 돌려 말한다—로 밀려났고, 빈곤과 알코올 중독에 찌들어 절망의 나락으로 떨어졌다(기병대의 후예인 육군 헬기 부대가 자신들의 헬리콥터에 코만치, 블랙호크, 카이오와 등 인디언 부족의 이름을 붙인 것은 흥미로운 일이다. 마치 그들 종족을 말살한 것을 대단한 명예로 여기는 것 같다). '운디드 니' 대학살은 터키 아나톨리아에서 아르메니아 인이 대학살을 당하기 불과 25년 전, 그리고 나치의 '크리스탈나흐트'(Kristallnacht. 1938년 11월, 무장한 나치 대원과 나치에 동조하는 사람들이 독일 전역에서 유대 인 소유의 상점과 교회를 약탈한 사건. 이틀간 100여 명의 유대 인이 죽고 상점 7천5백 곳이 약탈당했으며 교회 1천6백여 곳이 파괴되었다. 깨어진 유리가 온 거리를 뒤덮었다 하여 이와 같은 이름이 붙었다·옮긴이) 사건보다는 48년 전에 일어났지만, 보스니아나 르완다, 수단의 대학살은 그토록 신문에서 걱정스럽게 떠드는 반면 이에 대해서는 거의 언급되는 일이 없다. 역사적 사건에도 공소 시효가 적용되는 모양이다.

그 후 미군은 또 다른 학살지로 이동했다. 20세기 초에 일어난 필리핀 대학살은 몸서리쳐지는 역사적 사건이지만, 놀랍게도 학교에서는 그것에 관해 거의 가르치지 않는다. 1898년에서 1905년 사이에 미군은 50만 명 이상의 필리핀 인을 학살했다.

대부분의 전쟁에서는 야만적이고 인종주의적인 대규모 학살이 자행된다. 몇몇 중미 국가에 대한 미국의 비열한 개입은 대량 학살로 분류되지는 않지만, 작은 나라에서는 소규모 학살이라 해도 그 파장이 크다. 히로시마와 나가사키에 투하된 원자 폭탄은 단 두 발이었지만 10만 명이 넘는 민간인을 살해했다. 그것은 불필요했을 뿐 아니라 정당화될 수 없는 결정이었다.

유감스럽게도 미국의 대량 학살은 거기서 끝나지 않았다. 미국에는 '작위(作爲)죄'와 '부작위죄'가 있다. 이 중 후자는 뭔가가 잘못된 것을 알았을 때 알리지 않거나, 재앙을 막을 방법이 있었는데도 아무 조치를 취하지 않은 것 등을 말한다. 역사가들은 프랭클린 루스벨트가 나치의 '죽음의 수용소'의 존재를 알고 있었으면서도 늑장 대응을 했다고 믿는다. 미국이 과테말라의 민주 정부를 전복시키는 바람에 수만 명의 주민이 미국이 후원하는 군부 독재자들에게 살해당하기도 했다(그중 최악의 독재자 리오스 몬트는 공개적으로 레이건의 포옹과 환영을 받은 바 있다). 오래전부터 미국 대통령들은 자국에 유익한 동맹국이 저지른 학살극에 대해서는 눈감아 왔다. 그런 예는 수도 없이 많다. 터키의 쿠르드 족 학살, 이라크의 쿠르드 족 및 시아파 학살, 인도네시아의 동티모르 학살, 수단의 다푸르 사태, 캄보디아의 '킬링필드'……. 이들 중 일부는 터키군의 쿠르드 족 인종 청소의 경우처럼 미국산 무기들이 대거 동원되었으며, 또 다른 일부는 미국의 베트남전 패배와 그 여파로 발생한 캄보디아 대학살의 경우처럼 미국의 잘못된 정책이 낳은 결과였다.

최악의 사태였던 르완다 대학살을 미국이 외면한 것은 정치적 손익에 따른 것이 아니라 단지 비겁했기 때문으로 보인다. 클린턴 행정부는 르완다 대학살이 일어나기 직전에는 물론이고 학살이 자행되는 시점에도 침묵으로 일관했다. 이 학살에서는 단 몇 주 동안 50만 명에서 1백만 명에 이르는 사람들이 희생되었다. 미국은 이 사태에 대해 충분히 알고 있었지만 수수방관했을 뿐이다. 특히 당시 유엔 주재 미 대사였던 매들린 올브라이트(나중에 국무 장관이 된)는 그 수치스럽고 비겁한 행동의 주역이었다. 르완다 사태가 보스니아 학살이 진행되는 와중에 일어났다는 것은 더욱더 놀라운 일이다.

강대국도 실수는 할 수 있으며, 러시아나 중국, 심지어 미국의 우방인 영국이 저지른 행위에 비하면 아무것도 아니라고 말하는 사람이 있을지 모른다. 하지만 모든 작용에는 반작용이 따르는 법이며 내가 나쁜 행동을 하면 다른 사람들에게도 면죄부를 줄 수밖에 없는 것이다. 대량 살육을 저지른 정신병자 오사마 빈라덴은 자신의 테러에 대한 규탄에 맞서 미국의 히로시마 원폭 투하를 거론하고 있다. 그러한 정서는 곳곳에서 발견된다. 아랍이든 중남미든 인도차이나든, 그 '거리'의 정서는 쓰디쓴 기억의 렌즈를 통해 미국의 도덕적 태도를 응시하고 있다.

'대량 학살 금지 협정'은 모든 문명국이 서명·비준한 유엔 조약으로, 학살이라는 범죄에 관심을 집중시키고 처벌하기 위해 성립되었다. 하지만 미국은 아직까지도 이 협정의 모든 조항에 동의하지 않은 상태이다. 이것만 봐도 미국이 전 세계에 무슨 메시지를 전달하려는 것인지 금방 알 수 있지 않은가.

061

테러와의 전쟁(War on Terrorism)

---------- 조지 부시 대통령이 '테러와의 전쟁'을 선포했을 때, 잔학한 9·11 테러의 배후인 증오스러운 알카에다

를 떠올리지 않은 미국인은 거의 없을 것이다. '테러와의 전쟁'이 정확히 무슨 의미인지는 고사하고 그 규모와 방법조차 명확히 설명되지 않았지만, 어쨌든 그것은 반드시 해야 할 과업처럼 보였다.

이제 우리는 테러와의 전쟁이 그다지 성공적이지 못했으며, 그나마 거둔 성과도 '전쟁'과는 전혀 상관없는, 일상적인 경찰 업무나 기소에 의한 것이었다는 사실을 안다. 아프가니스탄이나 이라크처럼 실제로 전쟁을 벌인 곳에서마저 '테러 방지'라는 목적은 거의 달성하지 못했다고 해도 과언이 아니다.

아프가니스탄 전쟁의 경우, 애초에 정권 교체나 국가 재건을 목표로 시작한 것은 아니지만 혐오스러운 탈레반 정권을 갈아 치우는 결과를 낳았다. 그러나 장기적인 전망이나 국가 재건 문제는 여전히 불투명하며 게다가 마약 생산과 군벌의 횡포, 다양한 형태의 인권 침해가 되살아날 조짐마저 보이고 있다. 테러와의 전쟁이 알카에다 조직을 와해시키고 오사마 빈라덴을 생포하거나 죽이는 일에서 실패한 것은 이제 분명해졌다. 혼란만 가져왔을 뿐, 테러 조직을 뿌리 뽑지는 못한 것이다.

이라크 전쟁 또한 사담 후세인을 제거한 것 외에는 모든 면에서 비극적 결말을 맞았다. 이라크의 과거와 현재, 그리고 미래는 온통 피로 물들었다. 다만, 한 가지 분명해진 것이 있는데, 그것은 사담 후세인과 알카에다 사이에는 서로 증오한다는 것 외에 아무런 관련이 없다는 사실이다.

다른 곳에서도 테러와의 전쟁은 값비싼 희생만 치렀을 뿐, 얻은 것도 없이 인권 침해의 사례만 남기고 끝을 맺었다. 그나마 성과라면 유럽 등지에서 이슬람 무장 단체 요원을 일부 체포한 것인데, 이것은 신분이 불명확한 이슬람교도의 신원을 확인하고 체포해서 비교적 정상적인 법 집행을 한 것이지 전쟁과는 거리가 먼 일이다. 심지어 워싱턴의 열렬한 지원을 받는 비열한 독재자들은 테러와의 전쟁을 구실로 자금과 정보, 정치적 지원을 받아 이를 반대파를 탄압하는 데 사용하기도 했다.

미군은 생포한 수백 명의 아프가니스탄 군인들을 관타나모 수용소에 구금했는가 하면, 해외 곳곳에서 용의자들을 검거해 비밀 감옥으로 끌고 가기도 했다. 아부 그라이브 수용소를 비롯한 비밀 감옥에서 자행된 고문과 학대는 테러와의 전쟁이라는 미명하에 미국의 명예를 영원히 더럽혔다.

또한 미국 내에서도, 있지도 않은 이슬람의 위협을 뿌리 뽑겠다는 방침에 따라 수천 명의 이슬람 인을 구금하고 이슬람 인에 대한 '특별 등록제'를 도입했으며 수백 명을 근거 없는 혐의로 기소했다. 그 결과 이슬람 자선 단체를 비롯한 여러 사회단체가 거의 와해될 지경에 놓였고 이슬람 국가에서 온 유학생과 합법 이민자들까지 큰 어려움에 부딪혔다.

이런 반테러 캠페인으로 미국이 거둔 소득은 거의 없다고 해도 과언이 아니다. 오히려 미국 내에서 꾸준히 성장해 온 대규모 이슬람 공동체를 파괴 집단으로 낙인찍었는가 하면, 이슬람 사회를 향한 미국의 적대적 태도를 드러내는 추악한 메시지(미국이 그동안 중동에서 수행한 다른 전쟁들에서 보여 준 메시지와 완벽히 일치한다)를 전 세계에 공개하는 결과만 낳았을 뿐이다. '9·11 위원회'의 보고서는 미국 내에서 그 어떤 종류의 테러와 관계된 징후도 발견하지 못했다고 밝혔다. 미국은 수많은 구금과 기소에도 심각한 위협을 증명하지 못했다.

이 값비싼 전쟁―이제 그 비용은 수조 달러에 육박한다―의 결과, 미국은 자국뿐 아니라 이슬람이나 오랜 동맹국들, 그리고 세계를 지배하는 국제법의 원칙들과 전쟁을 벌이는 나라라는 이미지를 남겼다.

‘테러의 위협’이라는 말을 정치적으로 이용하는 것은 뻔뻔스러울뿐더러 의도가 빤히 들여다보이는 행위이다. 문명 세계를 위협하는 존재가 있다는 것은 분명한 사실이지만, 그것을 견제하는 방식이 극단적인 분열을 조징하거나 뚜렷한 목표 없이 적을 만들어 내기만 하는 값비싼 전쟁이 되어서는 안 된다.

로버트 볼트라는 작가가 토머스 모어를 주인공으로 해서 쓴 「사계절의 사나이」라는 희곡에는 테러와의 전쟁과 관련시켜 생각해 볼 수 있는 적절한 구절이 있다. 토머스 모어는 영국의 기독교인 정치가로, 헨리 8세가 다스리던 격동기에 정치적 양심을 대변한 인물이다. 볼트의 희곡에서 모어는 국가의 법과 관습을 함부로 바꾸려는 헨리 8세의 횡포에 도전한다. 그는 한때 자신의 부하였으나 이제는 왕의 편에 선 로퍼라는 인물과 다음과 같은 대화를 나눈다.

로퍼: 저자는 나쁜 사람이에요!

모어: 하지만 처벌할 법이 없어.

로퍼: 하나님의 법이 있잖습니까!

모어: 그럼 하나님이 체포하면 되겠군.

로퍼: 말씀하시는 동안 그가 가 버렸잖아요.

모어: 악마라면 그러고도 남겠지. 법을 어겼다면 몰라도.

로퍼: 악마에게 법의 은혜를 베푸시는 건가요?

모어: 그럼 어쩌겠는가? 법을 어기고서라도 악마를 뒤쫓겠다는 건가?

로퍼: 네. 영국의 모든 법을 없애고라도 그렇게 하겠습니다.

모어: 모든 법이 무너진 후에 악마가 자네에게 달려든다면…… 로퍼, 자네는 어디에 숨을 건가? 법이 아무 소용 없게 되었는데 말일세. 이 나라는 동서남북 할 것 없이 법으로 꽉 차 있네. ……하나님의 법

이 아니라 인간의 법이지. 만약 자네가 법을 모두 없앤다면……
자네는 그러고도 남을 사람이지만…… 자네는 그 후에 불어닥칠
거센 바람을 이겨 낼 수 있다고 생각하는가? ……나는 나 자신의
안위를 위해 악마에게 법의 은혜를 베푸는 걸세.

테러와의 전쟁이 얼마나 더 미국의 명예를 떨어뜨릴지, 얼마나 더
무고한 사람들을 잡아 가둘지, 혹은 국가 내부 사찰의 구실을 제공할
지 우리는 알지 못한다. 적어도 지금은 그것이 미국 국민을 보호하기
보다는 정치적 편의를 위해서 수행되는 측면이 더 많다. 부시는 이 전
쟁 덕분에 위상이 높아졌고 2004년 선거에서 재선되었다. 공화당이
다수 의석을 유지하는 데에도 전쟁이 기여한 바가 크다. 여기서 우리
는 이런 질문을 던져 볼 수 있다. 미국의 정치인과 연방 관료들은 앞으
로도 테러와의 전쟁을 전가의 보도로 활용할 것인가? 만약 그렇게 된
다면(그렇게 될 가능성이 높지만), 그로 인한 폐해는 참으로 엄청날 것이
다. 그리고 세상 어디에서도 법의 보호라는 것은 사라지고 말 것이다.

062

CIA와 비밀공작

---------- 수많은 시사평론가들이 쉴 새 없
이 우리에게 일깨워 주듯이, 세상은 참으로 위험한 곳이다. 몇몇 국가
나 독재자, 준국가 단체, 무장 집단들은 쓸데없이 사람을 해치곤 한다.
당연히 이런 만행을 막을 방어 조치가 있어야 하며, 그러자면 이들에
대한 내부 정보와 합리적 분석을 제공할 수 있는 유능한 정보기관이
필요하다.

제2차 세계 대전 중의 첩보 활동이 그 시초인 '미국 중앙 정보국(CIA)'은 미국 정부를 위해 정보를 수집하고 분석하는 핵심 역할을 수행한다. 국방 정보국(DIA)을 비롯한 군 관련 조직(정보 조직이 왜 이렇게 여럿이어야 하는지는 잘 모르겠다)과 전자 통신을 감청하는 국가 안전 보장국(NSA) 등과 더불어 CIA는 위험 세력을 감시하는 눈과 귀 역할을 하고 있다. 이들은 매년 수백억 달러의 예산을 사용하는 거대 기관으로 그 힘이 미치지 않는 곳이 없다.

'감시'란 끊임없이 사람을 유혹하는 관습이다. 예를 들어 당신이 후세인과 같은 악당을 감시하고 있다면, 그와 거래하는 기업들을 들여다보고 싶고, 또 그 기업들과 거래하는 기업들을 지켜보려 할 것이다. 그러다 보면 종국에는 감시할 가치도 없는 수많은 사람들을 감시하는 상황에 이르게 될지도 모를 일이다. 혹은, 한 고위 인사가 "세계화에 반대하는 집회에서 폭력 사태가 발생할지 모른다."고 한마디 했다면 당신은 정보기관이 그 집단 내부에 요원을 침투시키거나 심지어 그들의 신뢰를 떨어뜨릴 반대 공작을 해야 한다고 생각할지도 모른다. 세상의 모든 정보 작전의 역사는 바로 이런 활동의 기록들이다. 더구나 그것은 은밀하고 지속적인 방법으로 이루어지기 때문에 정보기관을 민간 차원에서 완벽하게 통제하는 것은 불가능하다.

그렇다고 정보기관이 첩보 활동을 늘 성공적으로 수행하느냐 하면 그렇지도 않다. 냉전의 종식과 소련의 붕괴는 각국의 정보기관이 예기치 못한 사건이었다. 정보기관 대부분은 미하일 고르바초프를 소련의 그렇고 그런 실력자 중 한 사람에 지나지 않는다고 여겼던 것이다. 또한 1970년대 중반부터 후반까지 이란 정권은 확실한 붕괴 조짐을 보였지만, 정작 미국의 스파이와 정보 분석가들은 정치적 대안으로 나선 이슬람 성직자들의 세력을 제대로 알아채지 못했다. 2003년 2월, 콜린 파월 국무 장관은 유엔 안전 보장 이사회에서 '사담 후세인이 WMD(대량 살상 무기)를 보유했다는 증거가 있다'고 말했다. 그것은 엄청난 거짓말이기도 하지만 한편으로는 정보 부족의 소치이기도 했다. 미국이 장장 12년 동안 후세인을 감시한 결과가 고작 이런 것이란 말인가.

CIA는 종종 정치 지도자들, 특히 대통령에게 봉사해 왔다. 소련의 군사력이 끊임없이 팽창하던 냉전 시기와 최근의 이라크 침공 때 그것은 명백하게 드러났다. 정치적으로 임명된 사람들은 자신이 어디에 붙어야 살 수 있을지를 잘 안다. 미국은 이와 같은 정보 조작과 정보기관의 무능력 때문에 천문학적인 액수의 예산을 불필요한 군비 확장과 군사 작전에 날려 보냈다. CIA의 실책과 맹목적인 충성심, 배신은 헤아릴 수 없이 많은 무고한 사람들을 죽음으로 내몰거나 삶을 피폐하게 만들었다.

CIA의 엄청난 예산과 자원을 감안해 볼 때 그들의 정보 분석 능력은 그다지 인상적이지 못하다. 그러나 CIA의 불명예는 그 수준에서 끝나는 것이 아니다. '비밀공작'이라는 용어는 쿠데타, 살인, 방화, 폭격, 선동, 무기 및 마약 밀매, 은밀한 전쟁, 고문 등을 완곡하게 이르는 말이다. 아주 가끔, 그것들이 노출되는 순간이 있는데, 참으로 역겨운 광경이다. 비밀공작은 비도덕적인 행위일 뿐 아니라, 대개 무익하고 비생산적인 결과를 낳는다. 과테말라, 이란, 인도네시아, 칠레, 콩고, 앙골라, 파키스탄, 아프가니스탄, 브라질, 피그 만, 니카라과, 베트남, 파나마, 이라크……, 이들은 미국 외교 정책의 희생양으로 그 뒤에는 언제나 CIA가 있었다. 고문 전문가 양성, 쿠데타 사주, 암살 명령, 마약 밀매망 구축, 폭격 목표 설정 등, CIA는 마음만 먹으면 무엇이든 가능하다.

왜 이런 실패와 악행의 역사에도 CIA에 대한 근본적인 개혁이 이루어지지 않는 것일까? 한마디로 가공할 만한 소통 능력을 갖춘 미국의 국가 안보 문화가 그것을 허락하지 않기 때문이다.

CIA를 철저히 개혁하려는 의지가 없다는 사실은 CIA가 저지른 악행 못지않게 미국의 효율성과 세계적 지위에 잠재적인 걸림돌로 작용하고 있다. '수많은 악행과 불운한 사건 뒤에는 CIA라는 악당이 도사리고 있다'는 것이 전 세계인의 인식이다. 그리고 CIA가 연루된 것으로 짐작되는 재난이 발생했을 때 백악관과 미 국무부, 국방부, 의회가 보여 준 뻔뻔스러운 태도는 이런 인식을 더욱더 부추겼다.

"고문? 천만에요, 미국은 모든 문명국의 국민들을 보호하고 있습니다. 도청? 마찬가지입니다. 비밀 전쟁? 자유를 위하여!"

보통 사람이라면 누구나 이 같은 변명이 거짓말이라는 사실을 금방 눈치 챌 것이다. 이제 아무도 미국이 훌륭한 나라라거나 안전한 나라라고 생각하지 않는다.

063
"우리는 적의 시체를 헤아리지 않는다"

---------- 이것은 이라크 전쟁을 지휘했던 미국의 토미 프랭크스 장군이 2003년에 한 말이다. 이 말의 뜻은 '적의 민간인 희생자 수를 세는 것이 불필요할 뿐 아니라 무익하다'는 것으로, 미 군부와 민간인 정치 지도자들의 새로운 정서를 드러내 주는 발언이다. 물론, 미국 역사상 전쟁에서 두 번이나 패배한 유일한 장군으로 기억될 프랭크스는 다른 현역 장군들과 마찬가지로 정치 지도자들이 그에게 요구한 대로 말했을 뿐이다. 프랭크스의 발언은 그의 세

대가 베트남 전쟁에서 얻은 교훈에도 미국이 선택한 전쟁이 낳은 도덕적 결과를 무시하려는 시도이다. 이러한 태도는 아랍을 비롯한 이슬람 세계를 자극했고, 그 결과는 고스란히 미국의 피해로 돌아왔다.

이것은 두 가지 점에서 미 국민에 대한 모욕이자 실수였다.

첫째, 민간인이 희생되건 말건 미국은 전혀 상관하지 않는다는 인상(사실이 아닐까?)을 남겼다. 2005년 가을, 미군은 언제나 그래 왔듯이 "이라크 안바르 지역을 소탕한 결과, 1백20명의 '테러리스트'가 사망했다"고 발표했다. 미국 정부도, 언론도, 민간인 사망자에 대한 언급은 전혀 하지 않았다. 그러나 아랍의 알자지라 방송은 민간인 수십 명이 희생된 현장을 비춰 주었다. 상식적으로 생각해도 그 정도의 대규모 군사 작전에서 민간인 희생자가 전혀 발생하지 않았을 것이라고 생각하기는 어려운 일이다. 이 전쟁이 남긴 비참한 유산에는 많은 사람이 전쟁으로 인해 죽었다는 사실뿐 아니라 그러한 일이 발생할 수 있다는 사실을 인정하지 않는 것은 물론 조사할 필요조차 없다는 미국의 태도도 포함된다.

둘째, 전쟁에 대한 국민들의 지지를 가로막았다. 미국인들은 자신들에게 도대체 무슨 일이 벌어지고 있는지 알 권리가 있음에도 아부 그라이브 감옥의 존재나 전사자 숫자를 외신이나 NGO(비정부 단체)를 통해 알게 되자 매우 고통스러워했다. 자신들이 정부에 속아 왔다는 생각이 들었기 때문이다(물론 그것은 사실이다).

군 지휘부는 군사 작전이 민간인들에게 미칠 영향을 고려했어야 했다. 이라크는 그물처럼 촘촘히 짜인 강력한 가족 유대 관계를 형성하고 있다. 따라서 가족 구성원의 무고한 희생은 더욱 거센 저항을 불러일으키거나 더 많은 테러리스트를 만들어 낼 가능성이 크다. 미국은 이라크 인들을 해방시키기 위해 진주했다고 말했다. 아랍 수니파가 무

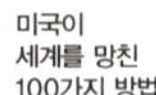

기를 버리기만 하면 사정은 지금보다 훨씬 나아질 것이라고도 했다. 하지만 말과는 달리 이라크에서는 지금도 혼란이 계속되고 있다. 그 이유가 무엇일까? 그것은 그들이 단순히 사담 후세인 추종 세력이거나 이슬람 성전주의자라는 사실을 넘어선다. 그보다 더 진실에 가까운 이유는 폭도들의 행동이 자신들을 방어하거나 복수하려는 데서 비롯되었기 때문이다.

어느 미군 장교는 내게 말했다. 미군의 '교전 규칙'은 너무 포괄적으로 규정되어 있어 아주 조금이라도 폭도로 의심되는 사람이 있으면 망설임 없이 사살해 버려야 한다고. 이를테면, 미군 호송 대열이 지나가는 동안 휴대폰으로 통화하는 이라크 인은 사살 대상이라는 것이다. 이런 종류의 소문이 무수히 회자되었지만 언론의 주목을 받지는 못했다.

사람들 대부분은 '이라크 보디 카운트(Iraq Body Count)'라는 프로젝트가 발표하는 사망자 추정치를 액면 그대로 받아들인다. 이들은 언론 보도에 의존해 전쟁 중 사망한 이라크 민간인의 숫자를 파악한다. 이들이 내놓은 2005년 말 현재 사망자 수는 약 3만 명이지만, 그 숫자는 두서너 군데의 뉴스 매체에서 보도된 내용을 근거로 한 것이기 때문에 스스로도 인정했듯이 불완전한 정보이다. 이것은 뉴스에 보도된 사람들 숫자를 세어 미국 인구 조사를 하는 것이나 마찬가지다.

이보다 더 진실에 가까운 추정치는 미국과 이라크의 의료 전문가들이 이끄는 방역(防疫) 팀이 영국 의학 잡지 『랜시트(The Lancet)』에 제공한 수치이다. '무작위 군집 조사'라는 검증된 방법으로 7천여 명 이상을 인터뷰한 결과, 사망자는 전쟁 발발 18개월 만에 9만 8천 명에 달한 것으로 집계되었으며, 그 80퍼센트는 미군과 영국군에 의한 것으로 나타났다.

미국은 이 집계에 정치적 의도와 결함이 있다는 이유로 인정하지 않았지만, 국무 장관을 비롯해 많은 이들이 콩고 전쟁 등의 희생자를 추정할 때 이와 똑같은 방법을 적용한 바 있다(이 방법은 오해도 많이 사고 있지만 사실상 매우 합리적이다). 그다음 18개월 동안에는 미군의 공격이 더욱더 심해졌기 때문에 이라크 인 실제 사망자 수는 십수만 명에 이를 것이 거의 확실하다.

이렇게 『랜시트』의 발표뿐 아니라 민간인 사망자 문제 자체를 폄하하는 진짜 이유는 무엇일까. 그것은 이라크 파괴의 규모가 너무 엄청나기 때문에 이라크 침공을 지지했던 언론 매체들로서는 받아들이기 힘들고, 정치인들은 간접적으로나마 살인자인 미군을 비난할 경우 다음 선거에서 그 대가를 치를 수밖에 없기 때문이다.

전쟁이 빚어내는 도덕적 결과들은 늘 사람들의 마음을 불편하게 만든다. 전쟁이 정당성이라는 허울을 뒤집어쓰고 있는 경우는 더욱더 그러하다. 정치인들이나 언론사 엘리트들이나 괴롭기는 마찬가지다.

"우리는 적의 시체를 헤아리지 않는다"는 말은 미군 사령관뿐 아니라 『워싱턴 포스트』 편집자 역시 충분히 내뱉을 수 있는 말이었다. 이 문제에 관한 한, 이들이 도덕적으로 타락했다는 것은 삼척동자도 알 수 있는 사실이었다.

064 반인륜적 파괴 행위, 고문

---------- 사실 여기에 대해서는 길게 이야기할 필요조차 없다. 이성과 도덕을 갖춘 사람이라면 누구나 내 말에 동의하지 않을 수 없을 정도로 명백한 사안이기 때문이다. 이 문제에 관한 한 전 세계 지식인들이 충분히 의견 일치를 보았기 때문에 여기

서는 이 문제를 다루지 않으려고 했다. 그런데 콘돌리자 라이스가 유럽을 방문해서는, 미국이 테러 용의자들을 비밀 감옥에 이송해 가혹하게 심문한 행위를 옹호하면서 "그것이 수많은 유럽 인들의 생명을 구했다"는 어처구니없는 주장을 하는 것을 보고 이 문제에 대해 몇 마디 할 필요가 있다고 생각했다.

미국은 국가 정책으로나 관습적으로나 그동안 고문이 거의 없었다. 따라서 최근 아프가니스탄과 이라크 전사들을 대규모로 감옥에 가두어 고문한 것을 두고 '세상을 망쳤다'고까지 말하는 것은 다소 성급한 일일 수도 있다. 그렇지만 그런 일이 일어난 것만은 분명한 사실이다. 미군의 고문 행위와, 그것이 폭로되었음에도 부시 행정부가 그것을 옹호한 사실은 "중동에서 새로운 십자군 전쟁을 벌이고 있다"고 주장해 온 미군의 도덕적 투명성에 먹칠을 했으며, 동시에 미국에 엄청난 국가적 수치를 안겨 주었다.

고문이 도덕적으로 잘못된 일이며 한 국가가 지향하는 이상을 모독하고 국제법을 어기는 행위라는 사실은 차치하고라도, 아무런 실익도 없는 그와 같은 행위를 계속하는 까닭이 무엇인지 묻지 않을 수가 없다. 정말로 가치 있는 정보를 지닌 사람들은 좀처럼 그것을 누설하지 않는다(관타나모 등에 수감된 수천 명의 죄수들은 고급 정보를 알 만한 인물들이 아니다). 구타와 전기 고문, 독극물 주입 등 다양한 방법의 고문을 견디지 못해 거짓 자백을 하는 경우도 많다. 9·11 사태 이후 여러 차례 있었던 적색경보가 모두 근거 없는 것이었던 이유도 바로 그것이다(물론 이것을 정치적으로 이용한 자들도 있었다).

심문 전문가인 데이비드 어바인 장군은 이렇게 지적한다.

"고문으로 믿을 만한 정보를 얻을 수 있다는 주장을 뒷받침할 증거가 아직은 없다. 고문을 옹호하는 사람들은 고문을 통해 얻어 낸 정보가 무고한 사람들의 목숨을 구한다고 하지만, 이런 주장은 실제로 알 카에다 포로들을 심문했던 군과 FBI, CIA 전문가들의 경험과 정면으로 배치된다."

미니애폴리스 소재의 NGO인 '고문 희생자 센터(The Center for the Victims of Torture)'의 웹 사이트에는 '고문의 여덟 가지 교훈'이라는 것이 소개되어 있는데, 그 첫 번째 교훈이 '고문은 믿을 만한 정보를 제공하지 않는다'는 것이다. 즉 고문 희생자 센터를 방문한 고문 경험자 대부분이, 자신이 저지른 적도 없는 범죄를 자백하거나 거짓 정보를 발설하고 무고한 동료의 이름을 댄 경험이 있다는 것이다. 또한 고문 가해자를 포함한 많은 이들이 증언하듯이 고문이라는 행위는 가해자의 삶마저 망쳐 놓는다.

고문에 관련된 논쟁에서 가장 많이 언급되는 것이 다음과 같은 질문이다.

"만약 우리가 체포한 테러리스트가 맨해튼 핵폭탄 테러 계획을 알고 있다면, 그것을 막기 위해 고문을 포함한 온갖 수단을 동원해야 하는가?"

사실 이런 가정 자체가 여러 가지 불가능한 시나리오로 이루어져 있다. 누구나 아는 사실이지만, 자살 폭탄 테러는 정치적 극단주의자들이 자신의 대의를 위해 죽음을 선택하는 길이다. 그런 사람들이 핵무기를 손에 넣을 가능성도 극히 희박하지만, 설사 그런 계획을 가졌다 해도, 그래서 우리가 그들의 손톱을 뽑는다 해도, 그들이 그것을 발설하리라고 기대하기는 힘들다. 왜냐하면 이미 그들은 죽기로 결심한 사람들이기 때문이다. 그러므로 이 문제에 대해 고문을 해야 한다고 주장하는 사람은 도덕적으로 문제가 있을 뿐만 아니라 매우 어리석은 사람이다.

이번에는 좀 더 그럴듯한 가정을 해 보자. 만약 테러리스트를 꿈꾸

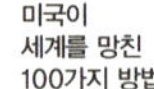

바그다드의 아부 그라이브 교도소에서 미군 린디 잉글랜드가 벌거벗은 이라크 재소자의 목에 줄을 매어 잡고 있는 모습. 그녀는 재판 과정에서 "당시 상관으로부터 수감자들이 취조에 잘 응하도록 물렁하게 만들어 놓으라는 말을 들었다."고 밝혔다.

던 사람이 미국이 자신의 동료를 고문했다는 소식을 듣고 죽음도 불사하는 반미(反美) 투사가 된다면? 이것은 단순한 가정이 아니라 실제로 진행 중인 일이다.

결론은 자명하다. 지금까지 고문, 불법 구금, 쓸데없는 살인, 소름 끼치는 감옥 등 비열하고 도덕적으로 타락한 행위로 얻어진 것은 아무 것도 없었다. 고문의 명분이 모두 잊힌 후에도 그 후유증은 오래도록 남으며, 고문 가해자에게는 영원한 낙인이 찍힌다.

'민주화'라는 이름의 정치 간섭

---------- 부시 대통령이 지난 2004년 호기

있게 발표한 '대중동 구상(The Initiative for the Greater Middle East)'은

오랫동안 식민 지배와 독재 권력하에서 신음해 온 아랍 땅에 민주주의

를 정착시키고 그 혜택을 누리도록 하겠다는 내용이 핵심이었다. 그것

은 미국의 십자군 정신을 완벽하게 재현하는 고귀한 이념으로 부시에

게 특히 잘 어울렸다.

"우리는 무엇이 당신에게 최선인지를 잘 안다"는 식의 미국적 태도

가운데 그나마 가장 폭넓게 지지를 받아 온 것이 바로 '민주주의'라는

대의이다. 누가 민주주의를 반대할 수 있겠는가.

민주주의는 제2차 세계 대전 이후 모든 대통령과 모든 의회, 유럽과

유엔, 그 밖에 사회 변화를 추구하는 여러 기관의 지지를 받으며 꾸준

히 발전해 왔다. 이것은 물론 좋은 일이다. 인간은 자치적인 동물이다.

민주주의 자체가 옳으냐 그르냐를 따지는 것은 이제 의미가 없다. 다

만 문제는, 민주주의가 구체적으로 무엇이며 언제 도입해야 하는지,

그것이 제대로 작동하는지를 어떻게 알 것인지, 그리고 민주주의가 과

연 정치 발전의 최종 목적지인지를 규정하는 일이다. 말하자면 문제는

민주주의 자체가 아니라 '민주화(democratization)', 즉 '정치적 개입'

이라는 이데올로기인 것이다.

민주화를 추진하는 과정에서 두 가지 문제가 있을 수 있다. 첫째는

그것을 광신적으로 추구하는 태도이며, 둘째는 편협함이다. 이 두 가

지는 민주주의가 깊이 뿌리내리고 번성하는 데 걸림돌이 된다.

미국인들이 민주화라는 이념에 쏟아 붓는 복음주의적 열정은 이해

할 만하다. 미국인은 민주주의 정신과 그 제도, 절차에 열광하며, 민주주의의 행운을 누리지 못하는 세계 여러 곳에 이 사상을 전파하고 싶어 한다. 하지만 최근 몇 년 사이에 민주화의 이데올로기는 다른 나라를 침공하거나 대중의 지지를 받지 못하는 추악한 전쟁에 참여하는 등 엉뚱한 방향으로 나가고 있다. 민주화에 대한 광신적 태도는 대상 국가를 일시적으로 침공하는 데 그치지 않고, 확고하고 지속적인 충성을 요구하는 극단적 상황으로 치닫게 할 수도 있다. 또, 민주주의를 위해서는 폭력 행사도 필요악이라고 주장하며 게릴라 활동을 지원할 수도 있다. 그러한 폭력과 폭력을 행사한 사람, 그 도구나 문화 등이 종국에 가서는 애초의 정치적 의도마저 파괴할 수 있다는 사실은 안중에도 없다.

또한 '민주화'의 열망은 미국의 방식이 모든 면에서 다른 나라보다 우월하다는 맹목적인 편견을 불러일으킬 수도 있다. 유럽 인들은 "미국에 공공 의료 보험이 없다는 것은 미국 정부가 국민의 민주적 권리를 소홀히 하고 있다는 의미이다."라고 지적한다. 국민의 권리를 어떤 식으로 실현하느냐는 나라마다 다를 수 있고, 공공 의료 보험이나 완전 고용이 민주주의의 합리적인 기준이라고 생각하는 나라도 있을 수 있다. 또한 선거 못지않게 평등이나 공정성, 사회 복지 등의 가치가 민주주의의 기준으로서 더 소중하게 대접받을 수도 있다. 유럽이나 일본, 오스트레일리아 등은 이런 기준으로 볼 때 미국보다 훨씬 큰 성공을 거두었다.

이것은 또한 편협함이라는 문제와도 연결된다. 미국인들은 민주주의란 곧 '선거를 통해 정치 지도자를 뽑을 권리'라고 생각하는 경향이 있다. 여기에 민주주의의 핵심 요소로서 법치와 정당 정치를 추가하기도 한다. 또한 시장 경제와 자유로운 해외 투자, 재산권 존중을 포함시켜야 한다고 생각하는 정책 입안자도 있다.

하지만 이런 메뉴는 다분히 미국식이다. 미국은 구소련이나 아랍권의 낡은 사회주의 정권을 뿌리 뽑고 그 자리에 자기네 식의 민주 국가를 수립하고 싶어 하는 것이다. 미국인들은 법치가 모든 사회 질서의 근간이 되는, 그래서 계약이 존중되고 부패가 없는 사회를 원한다. 그리고 자신들의 메뉴에 있는 가치가 모두 보장되는 정당을 원한다.

미국인들이 무엇보다도 원하는 것은 시장 경제이다. 시장 경제 없이는 진정한 민주주의가 성립될 수 없다고 생각한다. 하지만 시장에 기반을 둔 경제 자체는 그다지 민주적이라고 보기 힘들다. 시장 경제는 풍부한 자원을 가진 자에 의해 지배되고 그들에게 봉사하기 때문이다. 그 자원은 석유가 될 수도 있고 자본금이 될 수도 있을 것이다. 그리고 그런 자원을 가진 자들은 흔히 외부에서, 예를 들어 미국 같은 곳에서 온다.

민주주의를 실시하지 않는 나라에서도 시장 경제는 가능하다. 중국이 그것을 여실히 증명하고 있다. 또한 북유럽 국가들이 성공적으로 보여 주듯이 사회주의적 의제를 가진 민주 정치 시스템도 얼마든지 가능하다.

민주 제도의 도입을 포함한 급격한 정치 개혁은 사회 불안을 야기할 수 있다. 특히 시장 경제로의 강제 이행이 정치 개혁과 동시에 진행될 경우, 두 가지 개혁 요구를 소화할 능력이 없는 사회는 내전으로 치달을 수도 있다. 특히 종족 분쟁에서 막 벗어난 국가들은 종족 간의 미묘한 감정을 그대로 안고 있는 경우가 많고 그러한 감정이 선거에 이용되기도 한다('증오'의 감정을 부추기는 것은 매우 효과적인 선거 전략이다). 안정을 추구하는 나라들이라면, 부존자원을 관리하면서 공공 지출을 통해 대규모 고용 기회를 창출하는 길을 택하는 편이 낫다. 엄청난 변화를 감당해야 하는 정치·경제적 개혁은 상황이 무르익은 다음에 해도

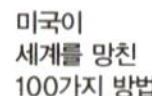

늦지 않다. 일에는 타이밍이 중요한데, 미국의 민주화 신봉자들은 그 모든 것을 단숨에 이루려고 한다.

'선거—시장 경제—법치'라는 단순한 공식 외에도 민주적 가치를 실현하는 길은 얼마든지 있다. 가령 철도에서 광산, 의료 보험에 이르는 국가 자산을 공적으로 통제하는 민주적 국정 운영 방식도 있을 수 있다. 또한 전국 규모의 정치 경연이 아니라 지역 단위로 합의를 도출하는 민주 정치도 있을 수 있다. 활기찬 시민 사회라는 바탕 위에서 사람들의 다양한 사회적 요구를 중시하는 민주주의도 있다. 이처럼 여러 가지 가능성이 있고, 대안도 많다.

이렇게 볼 때 미국이 추구하는 민주화는 너무 편협하다. 미국은 매우 공격적으로 민주화를 밀어붙이지만, 그 결과가 신통치 않을 때도 많다. 미국은 단지 어떤 나라의 민주주의가 마음에 들지 않는다는 이유로 무시하고 심지어 공격하기도 한다. 그 나라 정부가 내세우는 이데올로기를 부정하며 경제 제재를 가하거나 쿠데타를 유도하기도 한다.

민주화 이념은 미국이 다른 나라에 간섭할 구실을 찾기 위한 위장 전술에 불과하다는 우려도 있다. 지금까지 민주화는 '시장 경제 이식'이라는 목표에 매우 충실히 봉사해 왔다. 또한 미국의 지배와 미국적 이데올로기 전파의 발판이 되기도 했다. 중동은 이러한 미국의 세계화 전략에 그 누구보다도 거세게 반발해 왔다. 중동에서 유독 군사적 충돌이 많이 일어나는 이유가 바로 거기에 있다.

민주주의는 좋은 것이다. '민주화' 역시 그럴 수도 있지만, 유감스럽게도 그렇지 못할 때가 많다. 사람들이 그 차이를 구분하지 못하는 것이 아쉬울 뿐이다.

066

'불량 국가 길들이기'

---------- 미국의 어리석은 외교 정책 가운데 하나는, 자기네 마음에 들지 않는 이른바 '불량 국가'가 미국적 세계관에 어긋나는 말이나 행동을 할 때마다 위협을 가하려 드는 것이다. 그런 일이 일어날 만한 경우는 수도 없이 많지만, 어떤 종류의 국가들이 타깃이 될 것인지는 예측할 수 있다.

사실 미국 같은 강대국은 굳이 그런 행동을 할 필요가 없다. 눈을 한 번 치켜뜨기만 해도 못마땅한 심기를 전할 수 있기 때문이다. 아니면 학교 선생님이 아이들에게 하듯이 훈계를 늘어놓을 수도 있다. 실제로 미국 대통령들은 그렇게 하기도 한다.

미국의 위협적인 행동이 문제가 되는 이유는, 그것이 상대방에게 적개심을 불러일으켜 미국과 미국이 숭상하는 문명적 가치와 심지어는 미국의 보통 사람들에게까지 반작용의 피해를 입히기 때문이다. 특히 그 위협이 공허하고 위선적일 때는 더욱 그렇다. 인도와 쿠바, 이란의 사례는 그것을 잘 보여 준다.

인도의 사례는 1971년으로 거슬러 올라간다. 1947년, 인도가 영국으로부터 독립하자 인도에서 떨어져 나온 파키스탄은 곧 내분에 직면했고, 동파키스탄(현재의 방글라데시)에서는 반란이 일어났다. 소요를 진압하려는 파키스탄의 무자비한 탄압을 피해 수십만 명의 방글라데시 인이 그곳을 떠났고, 그중 약 50만 명이 사망했다. 인도는 방글라데시를 지원한다고 공식적으로 선언했으며, 나중에 가서는 파키스탄에 선전 포고를 했다. 닉슨 대통령과 헨리 키신저는 파키스탄이 방글라데시 인들에게 저지른 만행을 잘 알면서도 파키스탄의 군사 정권을 지지했다. 그리고 그 증거로 핵 항공모함 엔터프라이즈호를 벵골 만에 파견해 인도를 압박하려 했다. 인도 지도자들은 이것을 부당하고 위험한 핵 위협으로 받아들였다. 인디라 간디와 그가 이끄는 인도 정부가 핵무기를 개발하게 된 것도 바로 이 때문이라는 설이 유력하다. 몇 년 후, 한 인도 정당의 대변인은 이렇게 말했다.

"우리는 협박당하고 싶지도 않고, 동양의 흑인 취급을 받고 싶지도 않다."

이 '협박'이 어느 정도로 영향을 미쳤는지는 측정하기 어렵다. 어쩌면 그런 협박이 없었더라도 인도는 핵 개발을 시작했을지 모른다. 그러나 그렇지 않았을 수도 있다. 닉슨이 제공한 전략적 근거가 없었더라면, 인도 내부의 핵무기 개발 반대가 더 힘을 얻었을 것이기 때문이다.

쿠바의 경우는 아주 노골적이었다. 1959년, 형편없는 독재자 풀헨시오 바티스타 정권을 전복시킨 카스트로는 그로부터 모두 여덟 명의 미국 대통령을 상대했다. 그들은 갖가지 방식으로 쿠바 정부를 위협했다. 주로 테러 집단을 후원하는 방식이었다. 케네디는 쿠바 침공 작전을 지시하기까지 했다. 이처럼 미국은 때로는 암시적이거나 간접적인 방식으로, 때로는 대리인을 통해 쿠바를 끊임없이 위협했는데, 이것은 결국 카스트로의 입지만 강화해 주는 꼴이 되었다. 카스트로는 자신의 정치적 입지가 흔들릴 때마다 미국의 위협을 구실 삼아 난국을 타개했다. 미국의 위협이 없었더라면 카스트로 정권의 합법성은 그 입지가 상당히 좁아졌을 것이다.

이란에 대한 미국의 위협은 이제 하나의 일상이 되었다. 특히 지난 30년간은 더욱 그러했다. 그러나 그 위협의 수위는 계속해서 높아지고 있다. 레이건은 1980년에서 1988년까지 벌어진 이란-이라크 전쟁 당시 사담 후세인을 지지하면서, 이라크가 화학 무기를 사용하는 것을 눈감아 주었다. 또 페르시아 만에 정박 중이던 미 함정의 발포로 이란 민간 항공기가 격추되어 승객 2백90명이 사망한 사건도 있었다. 이란에 대한 봉쇄 조치는 시종일관 흔들림이 없었다. 1997년 취임한 하타미 대통령이 개혁 노선을 걸었음에도 미국 측의 태도는 변하지 않았다. 마침내 2002년 1월 미국의 위협은 최고조에 달했고, 조지 부시가 이란을 '악의 축'으로 규정하기에 이르렀다. 당시 하타미 대통령의 임기는 3년이나 남아 있는 상태였다.

이란의 보수 엘리트들 중 개혁 세력이 볼 때, 악의 세력이라는 말보다 경악스러운 것은 없었다. 당시 아프가니스탄에 진출해 있던 미국은 (이란은 이에 협조적이었다) 막 이라크로 진격하려던 참이었는데, 악의 축 발언이 나오는 바람에 이란의 감정을 악화시켰고, 이란 강경파는 한층 격렬하게 저항하게 되었다. 특히 화학 가스를 마시며 바그다드 수마일 근처까지 진군했던 혁명 수비대는 그런 위협에 꿈쩍도 하지 않았다. 이후 몇 년 동안, 이란이 핵 기술 개발권을 주장하자 부시 행정부는 위협의 수위를 더욱 높여 나갔다. 이란 핵 시설에 대한 공습이 임박했다는 소문이 퍼졌고, 급기야 이란 내에서 미국의 비밀 작전이 진행되고 있다는 말까지 흘러나왔다. 이런 상황은 보수적이고 도발적인 아흐마디네자드 대통령의 집권을 돕는 결과를 낳았다. 미국이 우려했던 바가 그대로 실현된 셈이다.

가진 연장이 망치뿐인 사람은 세상 모든 것이 못으로 보인다. 미국 대통령과 집권 엘리트들은 미국을 최고의 군사 대국으로 보고 있으며, 군사력 또는 군사 위협으로 해결되지 않는 문제는 없다고 생각한다 (2005년 후반 부시 대통령이 조류 독감 경고에 "전염 지역에 군대를 파견해 방역에 나서겠다."고 발언한 것이 좋은 예다).

이렇게 유치하고 공허하며 때때로 무능하기까지 한 위협의 다음 상대는 누구일까? 장담컨대, 아마도 베네수엘라의 차베스일 것이다. 그리고 타이완 문제와 관련하여 중국에 공허한 위협을 몇 번 할지도 모르겠다. 어쩌면 다음번에 미국의 위협을 받는 국가는 유엔 안전 보장 이사회에 출석해 진실과 해명을 요구할 수도 있을 것이다. 하지만 한 가지 확실한 것은, 그럼에도 미국 정부의 위협은 계속될 것이라는 사실이다.

067

피해망상이 부추긴 군국주의

---------- 지난 세기 내내 미국의 일부 우익은, 미국의 발전을 저해하는 일들이 모두 내부의 적에 의해 저질러졌다고 주장해 왔다. 물론 외부에서의 위협도 있었지만, '제5열'들이야말로 우익의 심기를 불편하게 했던 것이다. 매카시즘과 다수의 아류가 등장한 것도 그런 이유 때문이다. 이러한 망상증은 매우 쉽게 퍼지는 속성을 가졌다. 이해할 수 없는 것은, 이런 피해망상이 미국이 냉전에서 승리하고 경제적으로 세계를 지배하는 등 점차 힘이 강해질수록 더욱 심해진다는 점이다.

이 특이한 질병은 끈질기게도 이어 내려왔다. 매카시 광풍이 한 차례 휩쓸고 지나간 직후인 1958년에는 그 계보를 잇는 '존 버치 협회(John Birch Society)'라는 극우 단체가 생겨났다. 이어 1964년에는 존 스토머가 자신의 베스트셀러 『아무도 감히 그것을 반역이라 부르지 않는다(None Dare Call It Treason)』에서 아이젠하워를 '악한'이라고 표현했다. 존 웨인은 영화 속(가령 〈그린베레〉), 또는 영화 밖에서 극우 보수의 대변인이었다. 1960년에는 'YAF(Young Americans for Freedom)'라는 보수 청년 조직이 탄생했다. 피해망상은 또한 공화당 상원 의원인 배리 골드워터와 레이건 전 대통령 같은 인물을 낳았다. 이들 모두를 포함해 미국의 극우주의자들 다수가 철저한 군국주의자들이 다. 우파의 약점은 부의 숭배나 남녀 차별적 가치관, 동성애 혐오, 인 종 차별 같은 것들이 아니라 바로 군국주의이다. 국내의 배신 때문에 베트남 전쟁에서 졌다는 생각과 '9·11 테러는 미국에 대한 전 세계의 배신'이라는 생각은 그 무엇보다도 미국의 피해 의식에 불을 붙였다.

베트남전에서 패배한 원인을 일부 미국인의 배신 탓으로 돌리는— "한 손을 등 뒤에 묶고 싸운 전쟁"—것은 한마디로 웃기는 일이다. 베 트남 전쟁에는 2백만 명 이상의 미군 병사가 투입되었으며, 제2차 세 계 대전 때보다 더 많은 폭탄이 투하되었다. 또 1백만 명 이상의 베트 남 인이 희생되었고, 미국의 개입으로 동남아 전체가 폐허가 되어 버 렸다. 하지만 베트남전이 왜 일어나게 되었는지에 대한 기억은 희미해 지고, 미국 내의 반전 운동 때문에 패배했다는 배신감만이 미국인들의 뇌리에 남아 있다. 이 전쟁은 정치적 성격이 강했기 때문에, 다른 전쟁 에서 볼 수 없는 쓸쓸함과 수치심이 강하게 남아 있다.

미국이 배신의 피해자라는 생각은 종전 후에도 여러 해 동안 미국의 국내 정치를 지배했다. 레이건은 이런 피해 의식에 편승해 1980년 대 선에서 승리했고, "다시 우뚝 서자"라는 슬로건을 내세워 재선에도 성 공했다(1970년대 미국이 지나친 석유 의존과 높은 인플레이션, 워터게이트 사 건 등으로 곤경에 빠졌으며 이란 왕정을 후원하기도 했다는 사실은 중요하지 않 은 듯했다).

부시 대통령은 '사막의 폭풍' 작전으로 쿠웨이트에서 사담 후세인 을 몰아낸 뒤 이렇게 말했다.

"이제 베트남 전쟁의 망령은 아라비아의 모래밭에 영원히 파묻혔다."

존 케리는 베트남 참전 영웅이라는 경력을 가졌음에도 1970년대에 종전 운동을 펼친 사실을 공화당이 끈질기게 물고 늘어지는 바람에 2004년 선거에서 패배하고 말았다.

국내 테러에 대한 경각심을 불러일으킨 오클라호마 시 청사 폭파 사건이 발생했을 때, 한 우익 인사는 이렇게 지적했다.

"범인 팀 맥베이는 군인을 많이 배출한 집안 출신이다. 우익 민병대에는 군 경력을 자랑으로 여기는 중하층의 가난한 스코틀랜드 및 아일랜드 인들이 많다. 이들은 자신들의 군 경력이 베트남 반전 운동으로 훼손되었다고 믿었고, 이들이 느낀 깊은 모욕감이 반사회적 행동으로 이어져 결과적으로 팀 맥베이 같은 인물이 나왔다."

1980년대에는 미국의 정책에 의문을 던진 사회 운동은 모두 '반역'이라는 낙인이 찍혔다. 소모적이고 위험한 냉전을 끝내는 데 도움이 된 반핵 운동과, 불법적인 니카라과 콘트라 지원에 반대했던 '연대(Solidarity) 캠페인', 남아프리카를 인종 차별에서 해방시킨 반아파르트헤이트 운동 등이 모두 반미 행위라고 매도당했다.

이러한 자기 연민의 수사법은 오늘날까지 계속되고 있고, 9·11 테러 이후에는 한층 더 강해지기까지 했다. 과거 미국인들은 자신들을 향한 반미 감정에 대해, "우리는 선의와 관용으로 대하는데 왜 저들은 우리를 미워할까?"라며 불안해하는 데 그쳤다. 하지만 9·11 테러는 그들의 이런 의문에 종지부를 찍고 사태를 새로운 국면으로 접어들게 했다. 우익은 아프가니스탄 폭격이나 이라크 점령에 반대하는 사람들을 무차별적으로 비난하고 매도했다. 부시의 공보 담당관은 반대자들에게 "말조심하라"고 경고했으며, 이를 신호로 칼럼니스트들 역시 일제히 반대자들을 비난하는 기사를 쓰기 시작했다. 2003년 2월, 『워싱턴 포스트』 기자 마이클 켈리는 이런 기사를 썼다.

“반전 데모는 평화를 가져오는 것이 아니라 독재를 부른다. 이라크에는 핵무기 개발의 기회를 줄 것이고 미래의 테러리스트에게는 대량 살상 무기를 확보할 기회를 줄 것이다. 즉, 반전 데모는 악을 쳐부수기는커녕 오히려 조장한다.”

이라크전이 뜻대로 진행되지 않자 미국인들의 피해 의식은 더욱 가속화되었다. 강경파들은 늘 그래 왔듯이 이번에도 “이라크전에 대한 비판의 소리가 현지 미군들의 사기를 떨어뜨린다”고 말했다. 2003년 7월, 『워싱턴 타임스』는 이렇게 보도했다.

“애리조나의 한 공화당 의원은 ‘사담 후세인의 라디오 방송 메시지가 마치 미국 대통령을 공격하는 야당의 주장처럼 들렸다’고 이야기했다. 그는 ‘후세인의 메시지는 민주당 전국 위원회에서 나온 발언과 요지가 똑같다는 느낌을 떨칠 수 없었다. 그것은 마치 후세인이 미국 내에서 이루어지고 있는 대통령에 대한 비판의 수위를 이미 알고 있는 듯한 인상을 주었다.’고 말했다.”

미국이 이라크를 침공한 지 30개월이 지난 시점에도 그들은 여전히 다음과 같은 비난을 늘어놓았다.

“합참 의장 피터 페이스 대장은 목요일 뉴스 회견에서 ‘(미군이 이라크에서 철수해야 한다고 지적한 하원 의원 존) 머서의 발언은 군의 사기를 저하시켰으며 신병을 모집하려는 시도에 찬물을 끼얹었다’고 말했다.”

이들은 방탄복의 부족이나 가혹한 교대 근무, 무의미한 살인 등이 이라크에 진주한 미군의 사기를 떨어뜨린다는 말은 단 한 마디도 하지 않았다.

우익은 점차 피해 의식을 뼛속까지 느끼게 되었다. 멜 깁슨이 만든 영화 〈그리스도의 수난〉은 당시 미국인들이 가졌던 미성숙한 배신의 감정을 건드린 덕분에 인기를 끌었다. 또한 피해 의식은 미국 내 이슬

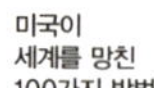

람 공동체가 알카에다 조직의 은신처라는 믿음의 근거로 작용했고 따라서 그들에 대한 미군의 감시와 연행, 구금, 고문 등을 정당화했다. 한편 피해 의식은 미국 국민을 애국심이라는 불분명한 선에 따라 편을 가르기도 했다. 예를 들어, 차창에 노란 리본 스티커를 붙인 사람은 파병을 지지하는 애국자, 스티커를 붙이지 않은 사람은 파병에 반대하는 매국노라는 식이다. 이런 논리는 미국이 애당초 이라크에 군대를 파견한 목적이 무엇이었는지, 혹은 그 지역에서 미군을 완전히 철수시키려면 어떻게 해야 하는지 등의 문제와는 무관한 것들이었다.

미국인들의 과도한 자기 연민은 복수의 충동으로 탈바꿈해 다른 나라들에 씻지 못할 상처를 안겼다. 이라크 전쟁은 미국이 과거에 입은 상흔을 치료하기 위한 일종의 심리극으로, 9·11 테러뿐 아니라 베트남 전쟁과도 관련이 있다(그리고 대량 살상 무기와는 아무런 관련도 없다). 미국은 오사마 빈라덴이나 호찌민을 어떻게 할 수 없기 때문에 오랜 친구인 사담 후세인을 공격한 것이다. 미국의 횡포에 불평하는 나라가 있다면? 경제 지원을 끊고 유엔을 무력화한 뒤, 그들이 안고 있는 문제를 더욱 악화시키면 된다. 멕시코 사람들이 미국인의 일자리를 빼앗는다면? (가정부, 세차원, 식당 웨이터 보조들이?) 국경에 철조망을 두르고, 수비대를 강화하고, 월경자는 눈에 띄는 대로 발포하면 된다.

미국의 이런 정서를 제국주의적인 힘의 과시 정도로 치부할 수도 있다. 하지만 이런 감정이 때로는 집권당의 슬로건이 되어, 과거 제국주의 국가들처럼 다른 나라를 적대시하는 태도로 발전하기도 한다.

미국의 피해 의식은 상당 부분 허구에 기인한다. 다시 말해 상상 속에서 모욕을 당하고 상상 속에서 상처를 입는 것이다.

힘자랑을 하며 툭하면 싸우려는 태도는 좋지 않다. 하지만 엉뚱한 원한을 품고 약자를 괴롭히는 것은 더욱 나쁘다.

아파르트헤이트 지지

---------- 남아프리카 공화국의 아파르트헤이트만큼 악랄한 인권 모독의 사례는 지구 상에서 다시 찾기 어려울 것이다. 오랜 세월 동안 흑인들을 노예 상태로 두었던 이 제도는 남부 아프리카 일대를 혼란에 빠뜨렸으며, 개인과 공동체에 수많은 폭력을 행사하고, 이 지역을 피폐하게 만들었다. 미국 정부가 이런 나쁜 제도를 그토록 오랫동안 묵과했다는 것은 유감이 아닐 수 없다.

영국과 네덜란드에서 건너온 식민지 개척자들의 후손인 소수 백인들은 나치와 흡사한 정치·사회 시스템을 고안해 내어 아프리카 원주민들을 빈민가로 몰아넣었고, 육체노동 이외의 직업을 가질 수 없게 만들었다. 아파르트헤이트는 남아시아 인들에게도 똑같이 적용되었다. 마하트마 간디도 그중 한 사람이었는데, 이곳에서 체험한 극도의 인종 차별은 훗날 그를 사회 운동가로 만들었다.

남아공 정부는 대중의 저항과 국제적 압력에 굴복해 1989년 마침내 정권을 내놓았다. 하지만 그 전까지 남아공은 주변 국가들을 공격하고 핵무기를 개발하는가 하면 수천만 명의 흑인을 상대로 끔찍한 범죄를 저지르는 패륜적인 국가였다. 그리고 이 모든 만행에 미국은 침묵으로 일관했다.

좀 더 정확히 말하자면, 침묵으로 일관한 것은 미국 정부와 우익 세력이었다. 좌익은 남아공 정부에 대해 불매 운동과 권리 박탈, 사회적 제재, 캠퍼스 시위 등으로 압박을 가했고, 넬슨 만델라와 그 추종자들을 지지하도록 세계 여론에 호소했다.

하지만 미국 정부는 아파르트헤이트를 종식시키려는 그 어떤 노력

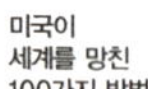

에도 관심을 보이지 않았다. 1960년대 초, 국제 사회에서 남아공에 대한 무기 금수 조치가 내려졌을 때에도 미국은 그 조치의 허점을 찾아내어 무기를 계속 수출했다. 소련이 남아공의 핵무기 개발 계획을 폭로했을 때에는 남아공 정부를 돕기 위해 발 벗고 나섰다. 국제 사회가 남아공에 대해 강력한 경제 제재를 제안하고 아프리카 인들의 주권을 지지한다고 선언했을 때에도 미국은 '건설적 개입(Constructive Engagement. 남아공 정부에 대한 직접적인 제재보다는 아파르트헤이트를 점차 포기하는 쪽으로 유도할 것을 골자로 한 정책으로 레이건 대통령이 제안했다 · 옮긴이)'을 내세워 그들을 지원했다.

남아공의 핵 개발 계획이 모스크바에 의해 포착되고 미국 정보 당국에 의해 확인된 지 몇 년 후인 1981년 5월, 미 국무 장관 알렉산더 헤이그와 남아공 외무 장관 피크 보타가 회동했다. 미 국가 안보 기록 보관소는 당시 회담을 이렇게 기록하고 있다.

"회담 결과, 레이건 행정부는 핵 관련 물질과 컴퓨터, 첨단 기술 제품 등을 남아공에 수출할 수 있도록 승인함으로써 이들의 핵 개발을 오히려 지원했다. 레이건 행정부는 또한 우라늄 수입을 재개하기 위해 남아공 정부와 재협상했는데, 우라늄 수입은 미 의회가 1978년 통과시킨 핵 확산 방지법에 위배되는 것이다."

미국이 아파르트헤이트를 묵과한 것은 남아공 정부의 강력한 반공 노선도 이유 중 하나이지만, 남아공이 보유한 엄청난 광물 자원 때문이기도 했다. 경제적 이득과 관련해서 미국 정부는 늘 도덕적으로 눈을 감는 태도를 견지해 온 게 사실이다. 인종 차별적 태도 또한 아주 없었다고 보기 어렵다.

다시 국가 안보 기록 보관소의 문헌을 보자.

"레이건 대통령은 임기 내내 남아공 정부에 대한 비판을 적극 회피

했다. 남아공 주민의 다수를 차지하는 흑인들에 대한 착취와 탄압이 계속되는데도 레이건은 보타 행정부가 실질적인 개혁을 성취했다고 거듭 치켜세웠다. 또한 보타 행정부를 '우방이자 친구'라며 직접적이고 노골적으로 감싸 안았다. 이는 흑인의 인권과 기본적 자유에 대한 전 세계의 요구를 완전히 묵살한 태도였다."

레이건의 '건설적 개입' 정책은 남아공이 남부 아프리카 국가를 상대로 벌인 침략 전쟁 때문에 그 의미를 상실했다. 때때로 레이건이 지원하기도 한 이 일련의 전쟁에서 특히 앙골라와 모잠비크는 수많은 인명이 희생되었다. 남아공 정부는 과거 포르투갈의 식민지였다가 마르크스주의 투쟁으로 해방된 이 두 나라가 좌파로 기우는 것을 막기 위해 격렬한 전쟁을 벌였다. 나미비아도 한때 남아공에 점령당했지만 나미비아 국민들의 저항 운동에 부딪쳐 철수했다.

미국 정부의 남아공 지지는 '미국도 공범'이라는 국제 사회의 비난을 무마하기 위해 일시적으로 중단된 적이 있었지만, 근본적으로는 꾸준히 이어졌다. 이로 인해 남아프리카 지역 국가들의 주권 회복은 늦어졌고, 질서 회복과 경제적 번영을 위한 노력은 결실을 보지 못했다. 그들은 지금도 여전히 아파르트헤이트 정책의 후유증에 시달리며, 경제·보건 정책을 펼치는 데 무력감을 느끼고 있다.

아파르트헤이트 시절 투옥된 경험이 있는 뉴질랜드 출신의 성공회 사제 마이클 랩슬리의 증언을 들어 보자.

수많은 사람이 투옥되었습니다. 그 시절……고문은 일상적인 일이었지요. 고문은 아파르트헤이트 정권이 국민들, 특히 흑인 어린이들을 대상으로 동원한 주요 무기 중 하나였습니다. 당시 남아공에서는 수많은 사람이 사형대의 이슬로 사라졌습니다. 매주 목요일마다 많게는 일곱 명까지 동시에 처

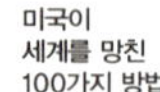

형되었습니다. 당시 아파르트헤이트 정권은 보츠와나, 레소토, 모잠비크, 짐바브웨 등 '남부 아프리카 전선 제국'을 마구 짓밟았습니다. 피난민을 닥치는 대로 학살하는 만행을 저지르기도 했지요. 앙골라에서는 내전이 벌어졌는데, 앙골라 내 우니타 반군을 지원하며 전쟁을 부추긴 것이 바로 레이건 행정부였습니다. 당시 남아공의 보통 사람들은 이렇게 생각했습니다. '미국의 일반 시민들, 특히 아프리카계 미국인들은 우리 편이다. 아파르트헤이트 정권을 지지하는 것은 레이건 행정부뿐이다.' 레이건뿐 아니라 영국의 대처도 아파르트헤이트 정권에 동조했어요. 어떻게 보면 이들 때문에 우리의 투쟁이 그만큼 더 길어진 셈이지요. 당시 워싱턴과 런던을 비롯한 서구 국가들이 보타 정부를 지지하는 바람에 남아공에서는 수많은 사람이 죽어 갔습니다.

레이건은 남아공 정권이 학살을 저지르고, 핵무기를 개발하고, 사람들을 마구 투옥하고, 인접국들과 전쟁을 벌이고 있다는 것을 분명히 알면서도 미국 내 우파의 지지를 등에 업고 인종 차별적이며 억압적인 아파르트헤이트 정권을 밀어주었다. 악당을 모든 면에서 철저히 밀어준 셈이다. 그리고 몇 년이 흐른 지금, 미국은 그때 일은 다 잊어버린 채 이렇게 말하곤 한다.

"아프리카는 늘 혼란스럽군. 왜들 정신을 차리지 못할까?"

069 미-이스라엘 야합의 상징, AIPAC

AIPAC(American-Israel Public Affairs Committee. 미국-이스라엘 공공 문제 위원회)은 로비 단체들의 우

상이다. 과거 어느 조직도 AIPAC만큼 막강한 로비 조직은 없었다. 또 이들만큼 일편단심으로 한 가지 주제에 집착하며 미국 외교 정책에 접근한 조직도 없고, 이들만큼 큰 피해를 입힌 로비 단체도 없다.

AIPAC은 대체로 이스라엘 우파인 리쿠드당과 견해를 같이한다. 이들은 정치 헌금을 비롯해 미국 민주주의가 허용하는 다양한 자금 조달 창구를 통해 미국의 외교 정책이 이스라엘에 유리한 쪽으로 결정되도록 영향력을 행사해 왔다(사람들은 AIPAC이 이스라엘의 여당을 무조건 지지한다고 말한다. 이 말이 맞을지도 모른다. 하지만 그 전반적 방향은 보수주의에 가깝다). 미국 내 유대 인 중에는 이스라엘 노동당을 지지하며 중동의 평화와 화해를 추진하는 NGO에 상당한 헌금을 하는 사람들도 많다. 따라서 AIPAC을 간단히 '유대 인 로비 단체'라고 치부해 버릴 수는 없다. 이들은 때로 신중함을 보이기도 하지만, 디아스포라(팔레스타인 이외 지역에 사는 유대 인·옮긴이)들이 보여 주는 호전성을 나타내기도 한다. 물론 이들이 이스라엘이라는 국가의 생존을 염려하는 것은 이해할 만하지만, 미국 내 유대 인들 중 많은 수는 팔레스타인의 평화 정착과 정의 실현을 지지한다.

하지만 AIPAC과 산하 싱크탱크인 워싱턴 근동 정책 연구소(Washington Institute for Near East Policy)는 신중함과 호전성 중 후자 쪽에 좀 더 기울어져 있다. 워싱턴 근동 정책 연구소는 다수의 스터디 그룹과 위원회 활동을 통해 미국 정책에 상당한 영향력을 행사하고 있으며, 때로는 정계 진출 가능성이 있는 인재들을 미리 스카우트함으로써 세력을 확보하기도 한다. 이들은 특히 이라크와 이란을 맹렬히 비난함으로써 미국 정부가 두 정권에 대한 적대 정책을 유지하는 데 크게 기여했으며, 그 결과는 엄청난 재앙으로 이어졌다(대다수의 미국 내 유대 인은 이라크 전쟁에 반대했지만 AIPAC은 그것을 강력히 지지했다).

AIPAC이 이스라엘-팔레스타인 문제에 영향력을 행사하는 것은 큰 골칫거리가 아닐 수 없다. 이들은 연간 3천만 달러 이상의 로비 자금을 주무르며 이스라엘에 대한 비판과 이스라엘에 부정적인 의회 활동을 뿌리 뽑는다. '책임 정치 센터(The Center for Responsive Politics. 정치 자금을 추적하고 그것이 선거와 공공 정책에 미치는 영향을 연구하는 NGO·옮긴이)'는 AIPAC이 1990년에서 2004년까지 공화·민주 양당 의원 후보들에게 총 2천만 달러 이상을 헌금했다고 추정한다. 이 단체가 이스라엘에 위협이 된다고 믿는 나라에 대한 제재 조치를 성사시키고, 이스라엘 정부 정책에 대한 견제를 무력화하며, 이스라엘에 대한 각종 군사 지원이 이루어지도록 로비할 수 있었던 것도 모두 헌금의 힘이다.

그 결과, 미국의 정책은 유연성을 잃어버리게 되었으며, 아랍 국가들은 이것을 자국의 이익에 반하는 공격으로 받아들였다. 하타미 대통령의 집권 이후 한동안 개혁이 진행되던 이란에서는 미국의 제재로 강경 우익 세력인 종교 지도자들이 득세하게 되었고, 결국은 이들에게 정권을 넘겨주고 말았다. 또한 이스라엘(필요에 따라서는 이집트)에 대한 미국의 엄청난 재정 지원은 좀 더 현명한 대안을 생각할 수조차 없게 만들었다.

이 모든 이야기가 친이스라엘 인사의 발언에서 나온 것이다.

이스라엘 정부의 로비 단체가 미국의 정책 결정에 영향을 미치고, 그 산하의 싱크탱크를 미국이 국제 문제에 관한 독립적인 분석 기관으로 인정하게 된 것은 이 문제에 관한 미국 정책이 실패했다는 것을 의미한다. 더구나 미국 내 진보 성향의 유대 인들은 아직까지 AIPAC에 대항할 로비 단체를 결성조차 하지 못했다.

미국의 이스라엘에 대한 입장 때문에 세계 도처에서 이슬람 테러가 일어난다고 말할 수는 없다. 하지만 미국의 태도가 테러를 막는 데 도움이 되지 않는 것만은 분명하다. 그리고 팔레스타인에 국가로서의 지위를 부여해야 한다는 것은 이제 이론의 여지가 없지만, 동시에 나는 미국이 팔레스타인 문제를 해결해야 할 도덕적 의무가 있다는 생각에도 반대한다. 팔레스타인의 활동가들이 좌절을 느끼는 이유는 자신들이 미국의 언론 보도와 정치 담론, 워싱턴의 의사 결정 과정에서 불평등한 취급을 받기 때문이다. 이는 부분적으로는 AIPAC의 로비 활동 때문이기도 하다. 중동에 진정한 평화와 민주주의를 정착시키려면 무엇보다 먼저 AIPAC과의 편협한 이해관계에서 벗어나야 할 것이다.

070

'선택의 전쟁'

---------- 전쟁의 역사는 선택의 역사이다. 정치 지도자와 군 지도자들은 나라를 지키고 원칙을 사수하기 위해서가 아니라 자신들의 안위를 위해 전쟁을 일으키는 경우가 더 많았다. 전쟁에는 반드시 먼저 공격한 사람이 있게 마련이고, 그것이 언제나 히틀러처럼 미친 사람만은 아니었다.

이런 관점에서 볼 때, 부시 대통령이 주창한 예방을 위한 선제공격, 즉 '선택의 전쟁(War of Choice)'이라는 개념은 약간의 오해를 일으킨다. 전쟁의 의도성이 느껴질 뿐 아니라, 전쟁 이외의 대안도 있다는 뜻으로 받아들여지기 때문이다.

돌이켜 보면, 지극히 정당한 전쟁이라고 알려진 것들 중에도 피할 수 있었던 전쟁이 있었다. 미국 역사에서는 세 번의 유명한 전쟁이 그랬다.

'독립 전쟁'은 전체 주민의 3분의 1만이 지지한 전쟁이었고, 부분적으로는 부유층의 이익을 위한 전쟁이었다는 측면이 있다. 더구나 캐나다와 오스트레일리아 등 과거 영국 식민지였던 나라들의 발전 과정을 볼 때, 이것이 노예 상태에서 벗어나기 위한 전쟁이었다고 보기는 힘들다.

남북 전쟁은 노예 제도가 좀 더 일찍 철폐되었거나(다른 '문명' 국가들은 모두 미국보다 훨씬 일찍 노예 제도를 철폐했다. 가령 대영 제국에서는 1833년에 노예 제도가 폐지되었다) 차라리 정치 제도의 일부로 흡수되었더라면(결국 미국 헌법이 만인 평등을 선언하게 되었으므로 자연히 해결되었을 것이다) 피할 수 있는 전쟁이었다. 만약 미국 남부가 1861년 연방에서 탈퇴했을 때 링컨이 그것을 내버려 두고 전쟁을 일으키지 않았더라면 어떻게 되었을까? 노예 제도는 그 후로도 몇 년 더 존속했겠지만, 남부 연합은 고립된 소국이 되었을 것이고, 결국은 연방에 재통합되었을 것이다.

제2차 세계 대전도 피할 수 있었다고 주장하기는 좀 어려우나, 아무튼 제1차 세계 대전 이후 패전국 독일에 강요된 가혹한 전후 처리 방식이 히틀러를 부상(浮上)시킨 직접적인 원인이라는 점만은 널리 인정되고 있다. 미국이 제2차 세계 대전 이후 자국의 국제적 역할을 인식하고 유엔과 그 밖의 여러 국제기구를 창설해 세계 평화를 위해 노력한 것도 바로 이 때문이다.

최근에 일어난 몇몇 전쟁 또한 얼마든지 피할 수 있는 것이었다. 결코 결과론적인 이야기가 아니다. 1980년대 말 미국은 레이건 독트린에 따라 아프가니스탄의 무자헤딘을 지원하여 점령군 소련에 대항해 싸우도록 했으나, 이것은 그 후 '오사마 빈라덴과 탈레반'이라는 후유증으로 되돌아왔다. 1989년 이후로는 미국이 아프가니스탄을 방치했는데, 그 결과 아프가니스탄에서는 치열한 내전이 벌어지고 알카에다 같은 테러 조직이 활약하기 시작했다.

사담 후세인을 오랫동안 지원한 것도 하지 않았어야 할 일이다. 미국의 실수로 이란에서는 종교 지도자들이 정권을 잡게 되었고, 미국은 그들을 견제하기 위한 전략으로 후세인을 지원했다. 적어도 1980년부터 1988년까지의 이란-이라크 전쟁 때 후세인을 지원했다가 낭패를 보았을 때 부시(아버지)와 측근들은 후세인의 정체를 꿰뚫어 봤어야 했다(부시 행정부는 후세인이 이스라엘에 위협을 가하고 쿠르드 족과 이란 인에게 화학 무기를 사용한다는 사실을 이미 알고 있었다). 그리고 1990년 후세인이 쿠웨이트를 점령하기 전에 모래 위에 경계선을 그었어야 했다. 일찌감치 후세인을 압박했더라면(그리고 미국의 석유 의존도를 줄이는 현명한 에너지 정책을 병행했더라면) 미국은 1991년에 이라크와 전쟁까지 가지 않았을 것이고, 2003년의 이라크 전쟁은 당연히 일어나지 않았을 것이다.

전쟁은 최후의 수단이라고들 이야기한다. 하지만 한 나라의 대통령은 헌법상 군의 통수권을 가진 권력자라는 점에서 종종 전쟁이라는 수단을 동원해 정치 게임을 벌이기도 한다. 전쟁은 대통령의 권력을 살찌우고 강하게 만들기 때문이다. 이것은 어제오늘의 일이 아니다. 전쟁은 대통령에게 피하기 힘든 유혹이며, 특히 정책의 실패로 곤란을 겪고 있는 대통령에게는 더욱더 그러하다.

한 나라의 대통령이 헌법상의 권력을 잘못 휘두른 결과가 나머지 세계에 미치는 영향은 자명하다.

071

아이티 파괴 공작

---------- 자메이카를 비롯한 카리브 해의 다른 국가들과 마찬가지로 아이티는 어떤 때는 미국으로부터 과도한 관심을 받다가 또 어떤 때는 찬밥 신세가 되기도 했다. 하지만 어느 쪽

이든 아이티에 좋은 결과를 가져다주지는 못했다.

1994년, 클린턴 대통령이 아이티 사태에 개입하여 장 베르트랑 아리스티드를 대통령직에 복귀시키려 했을 때, 애리조나 주 상원 의원 존 매케인은 "미국은 아이티에 빚진 것이 없으며, 따라서 그 나라에 개입할 의무가 없다"고 말했다. 대다수 미국인이 그렇게 생각했지만 그것은 완전히 잘못된 생각이었다. 사실상 미국은 아이티의 정치적 행로에 계속 영향을 미쳐 왔고, 그 결과 아이티는 미국판 '민주화'의 또 다른 희생국이 되었다.

미국은 1915년 사회 질서를 회복해 달라는 아이티의 '요청'에 따라 군대를 파견한 이후 19년 동안 이 나라를 점령했다. 이런 종류의 사건들이 흔히 그렇듯이, 이때의 '질서'란 곧 특정 계층을 위한 것이었다. 미국은 이 지역의 상업적, 전략적 안정을 원했고, 점령과 국가 건설은 미국의 권리라고 생각했다. 이것은 상당히 거센 저항에 부딪쳤고, 몇 차례의 사건으로 20여 명의 아이티 인이 희생되었다. 미 의회 조사 보고서는 당시 상황을 이렇게 기록했다.

질서 회복을 위해 파견된 백인들은 뿌리 깊은 인종적 편견 때문에 저개발국 주민들의 자치력을 믿지 않았다. 백인들은 피부 색깔, 교육 정도, 교양 수준에 관계없이 아이티 인 모두를 똑같이 취급했다. 이런 굴욕적인 태도는 아이티 인의 분노와 원한을 샀으며, 인종적 자부심을 자극했다. 이런 감정은 훗날, 새로운 세대의 아이티 역사학자와 민족학자, 작가, 예술가 들의 글이나 작품을 통해 표현되었다. 아이티 군부는 전문화되었고, 미군이 철수하자 바로 권력을 장악했다. 20세기 초 미국이 점령했던 다른 나라들에서도 그랬지만 현지의 군부 세력은 미군 철수 후 아이티 내에서 유일하게 응집력과 효율성을 갖춘 조직이었다.

군부 출신의 독재자들을 거쳐 1946년 전직 교사인 포퓰리스트(대중 영합주의자), 뒤마르세 에스티메가 권력을 잡았다. 하지만 그의 정책이 극좌로 선회하자 물라토(백인과 원주민의 혼혈) 엘리트들이 그를 축출했다. 에스티메의 축출로 아이티는 잠시 혼란에 빠졌다가 1957년 프랑수아 뒤발리에의 집권으로 이어졌다. 그는 집권 초기에 개혁적인 모습을 보이는 듯했으나 곧 본색을 드러내고 철저한 독재자로 변신했다. 친위 세력을 구축하기 위해 전문 관료 집단인 군부를 무력화하고, 악명 높은 민병대 '통통 마쿠트'를 설립했다. 그는 1971년 사망할 때까지 끝없이 권력을 휘둘렀다. 그가 죽자 아들 장 클로드 뒤발리에가 권력을 승계했다. 아들 또한 부패하고 잔인한 공포의 독재자였는데, 그의 집권 기간에 수만 명이 국외로 추방되었으며, 수만 명이 목숨을 잃었다.

미국은 뒤발리에 부자의 유혈 참극을 수수방관하며 침묵으로 일관했다. 아이젠하워와 케네디가 아이티에 제공한 재정 지원은 현지 국민들을 위해 사용되지 않고 독재 기구를 강화하는 데 이용되었다. 미국은 뒤발리에 부자의 독재를 용인한 데 대해 '아이티가 쿠바를 견제하는 전략적 거점이기 때문'이라고 변명했다. 미국 정부는 대중의 지지를 받는 지도자가 정권을 잡기보다는 말 잘 듣는 부패한 독재자가 카리브 해 국가의 권좌에 있기를 바랐던 것이다. 그것은 1990년 '빈자의 신부'로 불리는 장 베르트랑 아리스티드가 아이티 최초의 민주 선거에서 압도적 지지를 받아 대통령에 선출되었을 때도 마찬가지였다. 결국 아리스티드는 다음 해에 군사 쿠데타에 의해 축출되었다. 그는 나중에 '복귀'했으나 역시 극심한 견제를 당했다. 미국은 여전히 아이티의 민중 정권 대두와 국제 사회의 원조를 봉쇄하는 데 주력했으며, 특히 아리스티드를 몰아내는 데 골몰했다. 아리스티드는 결국 지난 2004년 축출되었는데, 그를 몰아낸 것은 비정규군으로, 일종의 테러 집단이라고 할 수 있는 세력이었다. 미국 정부는 국제 공화주의 연구소를 통해 이들을 훈련시키고 재정적으로도 지원해 왔다. 미국과 아이티의 악연은 쉽게 끝날 것 같지 않다.

아이티는 미국이 추구하는 '이익'과 가난한 나라들이 원하는 평화 및 경제 정의가 충돌할 때 미국이 어떻게 행동하는가를 보여 준 전형적인 사례이다. 미국은 강제 점령과 엉뚱한 세력에 대한 경제 지원, 적대적 무시, 노골적인 파괴 공작 등 다양한 카드를 사용하면서 '아이티 같은 나라는 언제든지 포기할 수 있는 인질'이라는 식의 태도를 보여 왔다.

매케인 상원 의원의 경우는 미국이 끊임없이 다른 나라의 내정에 간섭하며 부당하고 악랄한 정책을 펼쳐온 역사에 대해 미국 국민들이 얼마나 무지한지를 보여 주는 좋은 사례이다. 그들로서는 워싱턴의 권부에서 비롯되는 개입과 파괴 공작을 못 본 척하면 그만일 것이다. 하지만 미국이 아이티에 대해 책임이 없다고 말하는 것은 '미국은 책임이란 것을 아예 모르는 나라'라고 인정하는 것이나 다름없다. 이보다 더 노골적인 도덕적 파산은 찾아보기 힘들 것이다.

072

유엔 따돌리기

---------- '하나의 세계'라는 빛바랜 목표, 분주하기만 한 관료들, 끝없는 선의와 관심의 천명 등이 특징인 유엔은 미국 내에서는 조롱의 대상이다. 유엔은 종종 미국 성토의 장이 되었으며, 이 때문에 미국 우익은 과거 스탈린주의자들에게 품었던 것에

버금가는 적개심을 유엔에 품게 되었다. 뉴욕의 이스트리버 강변에 자리 잡은 이 '다자간 상호주의'의 보루를 비난하는 것은 이제 일상적인 일이 되어 버렸으며, 미국의 일반적인 정치 토론에서 유엔을 옹호하는 사람은 찾아보기 힘들다. 안타까운 점은 유엔이 사실상 미국의 작품이며, 미국이 자국의 이익 증진을 위해 지난 60년 동안 이 기구를 즐겨 이용해 왔다는 것이다. 그러니 유엔을 폄하하는 것은 미국은 물론 그 누구에게도 좋을 리 없다.

돌이켜 보건대, 유엔과 그 산하 기관들―세계은행, IMF(국제 통화 기금), WHO(국제 보건 기구), WFP(세계 식량 프로그램), UNICEF(국제 연합 아동 기금) 등―은 제2차 세계 대전 직후 미국의 주도하에 설립되었다. 거기에는 미국의 이상주의도 작용했지만, '세계 평화를 위해서는 강대국 간에 조약, 조직, 원칙 등을 위한 다자간의 협의체가 필요하다'는 인식 또한 밑바탕에 깔려 있었다. 만약 국제기구가 없다면 평화 정착의 역할을 강대국들이 해야 하는데, 두 번의 세계 대전을 겪은 강대국들은 그런 역할을 하기에는 너무 지쳐 있었던 것이다. 미국의 이상주의는 '국민 주권'과 '식민주의 종식'이라는 새로운 합의를 골자로 하는 것이었다. 신생 약소국들에 국제 문제에 관한 발언권을 준다는 것은 그 나라들을 미국의 이념과 이해 안에 포용한다는 점에서 합리적일 뿐 아니라 공정해 보이기까지 했다. 실제로 유엔은 합리적이면서 공정하게 일처리를 했다.

이러한 비전은 미국의 국익에도 도움이 되었고, 다소 미흡하기는 하지만 유엔의 목표에도 부합되었다. 유엔은 여러 국제기구의 도움이 없었다면 불가능했을 다양한 서비스를 개발도상국들에 제공했다. 또한 가난하고 힘없는 나라에도 똑같은 발언권을 부여했는데, 이것은 한마디로 대단한 일이었다. 상황이 이러한데도 유엔 총회에서 미국을 비난하는 목소리가 자주 들린다는 것은, 그만큼 국제 사회에서 미국에 대한 불만이 팽배해 있다는 것을 반증하는 일이다.

하지만 미국의 우익은 상황이 이런 식으로 전개되는 것에 큰 불만을 가지고 있다. 그들은 줄곧 '세계 정부'라는 개념에 반대해 왔고, 애초에 그런 기구가 만들어지지 못하도록 방해해 왔다. 미국의 동기나 행동에 반기를 드는 것은 허용할 수 없다는 것이 그들의 입장이다. 더구나 미국이 창립을 주도한 기구 내에서 그런 일이 벌어지는 것은 말도 안 된다는 것이다. 유엔의 부패 또한 비판의 도마 위에 올라 있다. 물론, 유엔이 조직 운영이라는 측면에서 문제가 있는 것은 사실이다. 하지만 다른 거대 조직들에 비하면 그리 대단한 것이라고 할 수 없다.

우익의 비난은 유엔의 외형과 본질을 혼동하는 무지에서 비롯된 것이다. 유엔의 본질은 무역 협상, 경제 문제에 대한 국제법의 적용, 개발 원조(이로 인해 가장 많은 특혜를 받는 것은 미국 기업이다) 등 미국의 역대 대통령들과 의회가 적극 추진해 온 것들이다. 질병의 통제와 식량 안보, 아동 교육 등은 가히 신의 선물이라고 할 수 있는 것으로, 유엔이라는 기관이 없었으면 불가능할 일이었다. 이런 활동이 없는 세계가 처하게 될 불안한 현실을 생각해 보면 소름이 끼칠 정도이다.

그러나 이 모든 사실을 떠나, 특히 9·11 사태를 겪은 입장에서 유엔을 가만히 바라보면, 이곳이 개발도상국들이 지난 수년간 쌓아 온 불만을 분출하는 장소라는 것을 알 수 있다. 바꾸어 말하면 다른 나라를 이해하고 서로 묻고 답하는 건설적인 대화의 장인 것이다. 우리가 다른 어떤 방법으로 그럴 수 있을까? 유엔은 세계 각국이 관계를 구축하고 문제를 해결하며 협력을 다질 수 있는 최적의 장소이다.

약소국들의 목소리와 그들의 반대 의견, 그리고 이따금 들리는 반미의 소리를 무시함으로써 미국은 결국 자신들이 만든, 문명화되고 대체로 민주적이며 개방적인 토론의 장을 반목과 분노의 도구로 전락시켰다. 이러한 태도는 "우리는 당신들의 말을 듣지도, 우리의 의무를 다하지도 않겠어. 세계 어디에도 유엔이 설 자리는 없어. 그러니 꺼져 버려!"라고 말하는 것이나 다름없다.

자, 이제 유엔은 어디로 가야 하는가?

073

공공 외교(Public Diplomacy)

---------- 9·11 사태 이후, 미국의 정치계 인사들은 "왜 그들이 우리를 미워할까"에 대한 답을 앞 다퉈 내놓기 시작했다. "미국이 얼마나 훌륭한 나라인지 알려야 한다. 그들은 미국의 진정한 모습을 모른다. 우리가 그들에게 그런 메시지를 전해 본 적이 없기 때문이다. 그들이 우리에 대해 제대로 알게 되면 미국을 좋아할 것이고, 고층 건물에 비행기를 날리는 일도 없을 것이다"라는 게 그들의 입장이다.

민주당의 차기 국무 장관 후보 리처드 홀브룩에서 부시 대통령의 측근인 아랍 특사 캐런 휴스에 이르기까지 끝도 없이 반복된 메시지의 내용은 다음과 같다.

"오사마 빈라덴과 그 일당이 그들(이슬람교도)의 마음을 얻게 된 것은 그들이 미국의 멋지고 지속적인 가치를 인식할 수 없기 때문이다. 우리는 종교적인 사람들이다! 미국은 자유의 등대이자 민주주의의 요새이다! 우리는 부유하며, 그럴 자격이 있다. 착하고 진실한 사람들이기 때문이다."

홀브룩은 2001년 10월 21일자 『워싱턴 포스트』에 기고한 글에서 이렇게 말했다.

"그것을 공공 외교(Public Diplomacy), 혹은 공보 업무, 아니면 심리전이라고 불러도 좋다. 좀 더 노골적으로 말해 프로파간다라 해도 좋다. 그 명칭이 무엇이든, 세계의 10억 이슬람 인들에게 이 전쟁의 목표가 무엇인지 정확히 알려 주는 것이 역사적으로 아주 중요하다."

(이봐요, 리처드. 그 전쟁은 석유에 관심이 있는 미국이 마을에 폭탄을 퍼붓고 사람들을 가두고 상당수를 고문한 것으로 해석되기도 한다니까! 주제에서 좀 벗어난 얘기이긴 하지만…….)

이라크 전쟁이 실패작이었다는 사실이 점차 분명해지자 부시 행정부는 캐런 휴스를 공공 외교 담당 국무부 차관으로 임명했는데, 그 자체가 하나의 실패작이었다(휴스는 그 보직에 임명된 지 두 달 후에 이렇게 말했다. "나는 이 새로운 일이 정말로 마음에 듭니다. 임명되기 전 넉 달 동안은 아랍 세계를 연구하며 보냈습니다." 겨우 넉 달이라고?).

그녀는 첫 해외 방문지로 이집트와 사우디아라비아, 터키를 택했다. 그러나 방문 외교는 잘 풀려 나가지 않았다. 그녀에게 호의적이었던 『위클리 스탠더드』지조차 그녀를 "아라비아의 캐런"이라고 조롱하면서 다음과 같이 전했다.

"중동 측의 사정을 경청하기 위한 5일간의 순방 일정 중 겨우 이틀이 지났지만, 그녀의 메시지는 집요했다. 하루에도 몇 차례씩 이어지는 행사를 지켜보다 보면, 어찌나 원칙적인 이야기만 되풀이하는지 정신이 멍해질 지경이다. ……그녀는 '미국 헌법에도 하나님 아래 한 나라라고 되어 있다'며 미국의 종교적 신념을 거듭 강조했다. 휴스는 선별된 청중만 상대했는데, 그것은 그녀의 상사인 부시가 군부대와 공화당 후원회 행사에만 모습을 드러내는 것과 흡사했다."

테러 문제 전문가인 로버트 페이프는 "그 누구도 캐런 휴스만큼 오사마 빈라덴을 도울 수는 없었을 것”이라고 말했다. 또한 외교 칼럼니스트인 프레드 카플란은『슬레이트』지에 다음과 같은 글을 남겼다.

“입장을 한번 바꿔 생각해 보자. 가령 어떤 이슬람 지도자가 미국인들의 이슬람에 대한 인식을 개선하고 싶어 할 때, 미국에는 가 본 적도 없고 미국 역사나 영화, 팝 뮤직에 대해 전혀 모르는 데다가 ‘굿모닝’ 외에는 영어 한마디 못 하는 여자에게 검은 차도르를 입혀 특사랍시고 보낸다면 효과가 있을까? 캐런 휴스가 이와 다를 게 무엇인가?”

하지만 휴스를 너무 몰아세우지는 말자. 사실 휴스는 지시를 따랐을 뿐이고, 그녀가 손에 쥔 패는 턱없이 부족했다. 말하자면, 미국은 이슬람 국가를 상대로 두 번이나 전쟁을 일으키고, 오랫동안 이스라엘을 지지해 왔으며, 할리우드에서는 이슬람 인들을 늘 편견을 갖고 묘사하고(TV 시리즈 〈24〉나 〈이슬람 세계에서 코미디 찾기〉 같은 영화가 그 전형이다), 이슬람 인을 겨냥해 무모하고 불필요한 반(反)테러 캠페인을 공공연히 벌이면서 “우린 문제없어.”라고 설득하려는 꼴이다.

진짜 심각한 문제는 그들이 미국을 잘 모르는 게 아니라 너무 잘 안다는 것이다. 미국 텔레비전과 영화, 책, 잡지, 기업, 제품, 광고, 관광객, 신문, 선교사 들은 세계 어디에나 진출해 있다. 그것도 아주 오래전부터. 즉, 전 세계의 뉴스와 오락 매체를 독점하고 있는 것이다. 미국은 정부 후원으로 각종 정보를 이슬람 세계에 퍼부어 왔다. 또한 수많은 이민자와 임시 노동자, 학생 들이 수시로 미국을 들락거리고 있다.

테러리스트들은 대개 서구에서 생활해 온 비교적 세련된 자들이거나(9·11 테러범 대부분이 그랬다), 아니면 미국이 이슬람 지역에서 저지른 소행에 분노를 품고 있는 자들이다. 캐런 휴스가 그들을 상대로 “나는 아이들을 사랑하는 엄마”라고 아무리 외쳐 본들 무슨 소용이 있을까.

그러나 ‘공공 외교’라는 개념에는 그보다 더 근본적인 결함이 있다.

그것은 미국이 일방적으로 자기 말만 할 뿐 상대방에게 귀 기울이려 하지 않는다는 것이다. 미국은 특히 개발도상국에 대해 잘 모르기 때문에, 그들의 증오가 9·11 테러를 부를 정도로 심각했을 뿐 아니라 남반구 국가 대다수가 "올 것이 왔다"며 고개를 끄덕이거나 심지어 노골적으로 기뻐할 지경에 이르렀다는 사실을 이해하지 못한다. 또한 미국에 대한 증오나 혐오, 실망이 결코 오해에서 나온 것이 아니며, 오히려 미국에 대한 정확한 인식, 그러니까 자기밖에 모르는 나라이고, 세계의 빈곤을 대가로 자기 배만 불리며, 가난한 나라의 열망과 문화적 성향, 종교, 정치를 깔보는 나라라는 것을 간파한 데서 나온 것임도 알지 못한다.

"우리는 알고, 그들은 모른다."

"우리가 가르칠 것은 있어도 배울 것은 없다."

"우리의 가치를 전파해야 할 뿐 받아들일 것은 없다."

그들에게는 이런 식의 끝없는 일방통행만 있을 뿐이다.

공공 외교는 간단히 말해 대응 정책, 혹은 주의를 다른 데로 돌리려는 술수에 지나지 않는다. 그리고 다분히 자기만족적인—마틴 루서 킹 얘기를 들려주면서 그것이 미국이 추구하는 가치인 양하는—미봉책이며, 정책 결정자들에게는 세계 평등이라든가 미국의 횡포, 미국 기업의 착취 등 당면한 문제들을 피해 갈 수 있도록 해 주는 도구일 뿐이다.

이제 공공 외교 따위는 집어치우고 똑바로 행동하라. 그래야만 저들의 마음을 움직일 수 있지 않겠는가.

074

'역사 잊어버리기'

---------- 레이건 대통령은 1985년 독일의 비트베르크를 방문하여 홀로코스트를 자행한 나치 장교들이 묻힌 공동묘지에서 연설을 했다. 당시 수많은 미국인과 유럽 인들은 레이건이 그 잔인했던 정권에 경의를 표하는 장면을 보고 경악을 금치 못했다. 우익 성향의 TV 해설자 조지 윌은 ABC 뉴스에 출연해, 자신이 존경하는 영웅의 실수를 다음과 같이 변명했다.

"독일 청년들과 애기를 나눠 보니 그들은 이렇게 말하더군요, '과거사는 잊어버리자. 앞으로 나아가자'고 말이죠."

자칭 보수파라는 사람이 역사, 그것도 아주 최근의, 아주 중요한 역사를 잊어버리자고 주장하는 것은 그 속셈이 뻔하다. '지퍼(Gipper. 레이건의 별명으로 그가 연기했던 영화 속 인물의 이름 George Gipp에서 유래되었다·옮긴이)'를 편들기 위한 행동인 것이다.

그러나 미국인들의 삶에서는 실제로 이와 비슷한 경향이 나타난다. '신세계'인 미국은 정말 여러 가지 면에서 '새로운' 나라인데, 그 의미 속에는 과거의 일을 깨끗이 잊어버리는 능력도 포함된다. 물론, 지중해 동부와 보스니아 등의 지역에서는 반대파가 저지른 잘못에 대한 기억이 세대를 이어 가며 사람들을 붙잡고, 심지어 나라를 무력하게 만들기도 한다. 또한 한 개인과 가족, 계급, 인종, 국가의 역사가 너무나 심하게 망가져, 그것을 잊어버리고 완전히 새로운 삶을 시작하기 위해 미국으로 건너오는 사람도 적지 않다.

그러나 과거를 잊어버리려는 경향은 이제 이민의 문제를 넘어서 미국의 정치 담론에도 침투해 있다. '역사 잊어버리기'는 이제 미국의 오피니언 리더와 정치 엘리트 전반에 걸친 국가적 취미가 되어 버렸다.

이라크의 경우를 보자.

2003년 이라크 전쟁이 발발하기 직전까지, 미국의 언론들은 사담 후세인의 악행을 폭로하는 데만 열을 올렸을 뿐, 레이건이 그를 돌봐주었고 아버지 부시가 후세인 중심의 중동 외교를 펼쳤으며 CIA 역시 그를 지원했다는 사실에 대해서는 거의 언급한 적이 없었다. 그러니까 마치 아테나 여신이 어느 날 제우스의 머리에서 튀어나왔듯이 후세인도 1990년의 어느 날 갑자기 튀어나와 쿠웨이트를 점령한 셈이다. 역사가 거기에서 비로소 시작되었다는 것이다.

"미국은 아이티에 빚진 것이 없다"고 한 존 매케인 상원 의원의 발언 역시 역사에 대한 무지 또는 무시의 소산이다. 1990년대 초, 피터 제닝스(미국 ABC 뉴스의 앵커)는 라프산자니 이란 대통령과 인터뷰하면서 이런 질문을 던졌다.

"이제는 지난 1979년의 인질 사건에 대해 미국인들에게 사과할 때가 되었다고 생각하지 않으십니까?"

그러자 라프산자니는 착잡한 표정을 지으며, CIA가 쿠데타를 일으켜 모사데크를 축출했고 그 후 25년이라는 긴 세월 동안 미국이 이란 국왕의 철권통치를 지지했던 점을 지적했다.

이런 사례는 너무나 많아서, 이제는 이들이 고의적으로 역사를 잊어버린 체하는 것은 아닌지 의심이 든다.

— 1900년대 초 필리핀에서 미국인들이 자행한 대량 학살을 아십니까?

"아니요. 들어 본 적 없습니다."

— 초기 정착 시대에 토착민들을 인종 청소한 사실에 대해서는 어떻게 생각합니까?

"그것은 우리에게 주어진 '사명'이었습니다."

— 니카라과, 멕시코, 쿠바, 도니미카 공화국 등을 군사 점령한 것은요?

"학교에서 배운 적이 없는데요."

— 미국은 이민자의 나라 아닌가요?

"곧 국경을 폐쇄할 예정입니다."

정치 지도자들은 자신의 정책이나 세계관과 일치하지 않는 역사적 사실들을 잘 인정하려 들지 않는다. 일부 정책 관련자나 언론인들은 간혹 그것을 인정하기도 하는데, 거기에는 반드시 무슨 속셈이 있다.

복잡한 역사(따지고 보면 그리 복잡할 것도 없는)를 제대로 파악하기는 커녕 오히려 잊어버리려고 하는 주된 이유는, 그렇게 하지 않으면 책임을 회피할 수 있는 구실을 억지로 만들어 내야 하기 때문이다. 그 이전 것은 모두 잊어버리고 사담 후세인의 쿠웨이트 점령과 쿠르드 족 학살에서 새로이 출발할 경우 모든 책임을 그에게 덮어씌울 수 있기 때문이다. 마찬가지로 미국이 카스트로 이전 수십 년 동안 쿠바의 부패한 지도자들을 지원해 왔다는 사실만 잊어버리면 카스트로를 아주 비열한 독재자로 포장할 수도 있다.

정말로 기억이 희미한 것과 고의적으로 모른 체하는 것을 구별하려면 어떻게 해야 할까? 알려진 현대사의 뒤에는 역사적 상황과 이유가 따로 존재한다는 사실을 사람들에게 상기시키며 역사에 대해 논의하는 것이 그 출발점이 될 수 있을 것이다. 그렇게 되면 진실을 왜곡하는 리얼리티 쇼나, 역사적 맥락을 무시하고 가장 나중의 사건만 강조하는 행위는 설 자리를 잃을 것이다. 또한 역사란 교훈적일 뿐 아니라 매우 재미있다는 사실도 알 수 있을 것이다.

075

두 얼굴의 외교 정책

---------- 보통의 미국인들은 어떤 나라가 위기에 처했는지, 또는 어떤 나라가 지리적, 인종적으로 미국에 가까운지 관심이 없다. 키르기스스탄이나 코트디부아르가 국제 정치 무대에서 어떤 위상을 차지하는지는 고사하고, 그들이 어디에 있으며 어떤 나라인지조차 잘 모른다. 그런 나라들은 대량 학살과 전쟁, 독재로 이어지는 불행한 사건들로 국제적인 이목을 끌었던 르완다나 이라크, 베트남과는 달리 별로 눈에 띄지 않는다. 바로 그런 이유 때문에 미국의 엘리트들은 이 국가들과의 관계를 정치적으로나 경제적으로 자기들에게 유리한 방향으로 끌고 가기 위해 호시탐탐 기회를 엿본다. 그것이 해당 국가의 국민들에게 이익이 되든 그렇지 않든 간에.

그런 범주에 포함되는 나라들에는 여러 종류가 있다.

볼리비아 같은 약소국이 미국 정부의 관심을 끄는 이유는 코카인 생산 때문이다. 볼리비아는 한마디로 약한 나라다. 입법, 행정, 사법, 경찰, 군부 등 모든 국가 기관이 오랜 국정 불안과 부정부패, 독재 정치로 말미암아 이미 제 기능을 상실했다. 최근에는 경제를 민영화하고 국부를 해외 자본에 팔아넘기려는(1985년 시작된 이른바 '구조 조정' 정책에 의해) 엘리트 세력과 전체 국민의 3분의 2를 차지하는 가난한 농민들 사이에 내전을 벌이고 있다. 전통적으로 코카나무를 경작해 온 농민들은 자신들의 터전을 뿌리 뽑으려는 세력에 저항하고 있다.

미국인들은 볼리비아가 천연가스를 계속 퍼내고 코칼레로스(Cocaleros. 코카나무 경작 농민을 일컫는 말·옮긴이)를 몰아내는 한 미국의 우방이라고 생각했지만, 2005년 후반의 선거에서 좌파인 에보 모랄레스가 대통령으로 선출되어 포퓰리스트 정권이 들어서는 바람에 볼리비아는 미국에 다소 위협적인 국가가 되었다. 『워싱턴 포스트』의 한 칼럼니스트는 이렇게 말했다.

"미국 관리들은 모랄레스가 집권하게 될 경우 베네수엘라의 차베스보다 더 급진적이 될 것이고, 그러잖아도 정치적, 지역적, 인종적 분열을 겪고 있는 나라를 더욱더 내전의 벼랑으로 내몰 것이라고 우려한다."

그들은 국가를 내전으로 내모는 세력은 좌파이지, 국가 재산을 모두 팔아넘겨 나라를 양극화해 버린 백인 엘리트들이 아니라고 말한다.

볼리비아는 '약한 나라'의 전형이다. 전쟁으로 인한 국정 불안(냉전의 흔적이기도 하다)과 구조 조정에 따른 경제 불안, 미국이 전개하는 '테러와의 전쟁'으로 인한 위협, 혹은 단순한 불운 때문이다. 그렇다고 이 나라가 미국의 어느 안보 보좌관이 말한 대로 '아무 이유 없이 희생당한(Roadkill)' 것은 아니다. 즉, 착취할 천연자원이 있고 미군의 공군 기지로 활용할 만한 평지가 있는 등 나름대로 이용할 가치가 있는 나라이기 때문이다. 라틴 아메리카의 많은 나라, 아프리카의 몇몇 나라, 구소련 연방의 상당수 국가, 아시아의 소수 국가가 이 범주에 속한다.

이들과 반대의 경우가 '강한 나라'이다. 미국 언론의 관심은 끌지 못하지만 미국 정치 지도자들의 관심의 대상이 되는 현상은 이들에게도 뚜렷이 나타난다. 9·11 이전의 파키스탄이 그런 나라였으며, 세계에서 이슬람 인구가 가장 많은 인도네시아 또한 거기에 속한다. 파키스탄과 인도네시아는 오랫동안 미국 정부와 편리한 관계를 맺어 왔다. 미국 정부는 이 두 나라가 그 지역의 공산주의 세력과 열심히 싸워 주는 조건으로 그들의 인권 침해를 모른 척했다.

터키는 '강한 나라'의 전형이다. 터키는 제1차 세계 대전의 폐허 속에서 탄생했다. 비틀거리던 오스만 제국이 1차 대전 당시 독일과 손잡

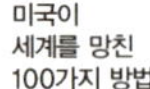

는 바람에 와해된 이후, 건국 영웅 케말 파샤가 그 자리에 민족주의적이고 중앙 집권적인 국가를 건설했다. 그는 여러 면에서 터키를 근대화했으나, 파시즘적인 성향으로 터키 민족이 아닌 사람들을 배척했다. 이로 인해 국내 소요가 빈번히 일어났는데, 특히 쿠르드 족의 반발이 심했으며, 크고 작은 내전이 발생하여 4만여 명이 희생되었다. 그 과정에서 터키 군부가 정치·사회 분야의 실권을 장악하기에 이르렀다. 미국은 소련에 대한 방파제로서 터키의 나토 가입을 승인해야 한다고 주장했으며, 터키 군부는 지금까지 단 한 번도 정치적 영향력을 상실한 적이 없었다. 1960년 이래 군은 공식적으로만 세 번이나 권력을 장악했으며, 민간 정부가 들어설 때마다 그들을 위협했다.

미국 정부, 특히 펜타곤은 터키를 귀중한 동맹국으로 여겨 군사 장비와 정치적 지원을 아끼지 않았다(터키는 미국 이외의 국가 중 가장 큰 규모의 F-16 전투 비행단을 거느리고 있다). 그들의 내전에 동원되었던 F-16이나 블랙호크 헬리콥터, 에이브람스 탱크, 브래들리 장갑차 등은 모두 미국산이다. 키프로스 분단을 둘러싼 정치적 분쟁이나 EU와의 밀고 당기는 신경전에서 미국은 늘 터키의 든든한 지원군이 되어 주었다.

이런 과정에서 터키의 인권 침해 사례는 사실상 외면되었다. 1990년대에 매우 격렬했던 터키 족과 쿠르드 족 간의 내전에서 터키군은 무려 1백만 명에 이르는 쿠르드 족 주민들을 아무런 대책도 없이 주거지에서 쫓아냈다. 난민들은 빈민가와 난민 캠프로 흘러들었고, 그 대부분은 지금도 여전히 그곳에 머물고 있다.

1990년대 이래 터키가 민주화의 길을 걷고 있다고는 하지만, 정부를 비판했다는 이유로 체포된 수십 명의 작가와 출판인들에게는 아직도 혜택이 미치지 않았다. 쿠르드 족에 대한 인권 침해도 여전히 계속되고 있다. 제1차 세계 대전 당시 자행된 아르메니아 인 학살 사건에 대해서는 정부가 공식적으로 부인하고 있다. 민주적 절차와 이상을 짓밟은 이 모든 행위는 터키가 서명하고 비준한 각종 조약들을 위반하는 것이다.

이처럼 국민과 법에 대해 다양하고 반복적인 방법으로 파렴치하고 무자비한 행위를 일삼아 온 터키 정권을 미국 정부는 언제나 모른 체해 왔다. 돈은 계속 터키로 흘러들어 가고, 양국 간 무역은 늘어나며, 유럽 동맹국들에 대한 정치적 압력은 계속되고 있다. 터키는 미국의 친구이므로.

하나의 아이러니는 '강한 나라' 들이 종종 자국을 후원해 준 미국을 배신하며, 그 결과 돌연 '약한 나라', 또는 무력한 나라로 전락한다는 것이다(콩고, 나이지리아, 아르헨티나가 그런 경우이다). 미국은 과거에 정책적으로 인도보다는 파키스탄의 편에 선 적이 더 많았다(인도가 핵무기를 개발한 이유 중 하나도 바로 그것이다). 그러나 정작 파키스탄은 알카에다와 성전주의자들에게 은신처를 제공하고 카슈미르의 무장 단체를 지원했으며, 중국 등 미국의 '적대 국가'를 견제하는 데 비협조적인 경우가 많았다. 터키는 미국의 이라크 전쟁을 지지하지 않았고, 이란과 우호적인 관계를 유지했으며, 체첸 이슬람 반군들을 지원했다. 또한 카프카스 지역의 안정을 파괴하고 키프로스 문제에 대해 협상을 거부했다. 이것이 수십억 달러의 자금을 지원한 데 대한 투자 수익이며, 무수한 인권 유린과 군사 쿠데타 등 민주주의 탄압을 묵인해 준 것에 대한 '보답'이다.

미국은 이처럼 전 세계의 약한 나라와 강한 나라를 구분 지어 상대하면서 아무 생각 없이 눈앞의 이익만 추구하다가 역풍을 맞은 경우가 한두 번이 아니다. 이것이 미국 외교 정책의 어설픈 측면이다. '해외 원조는 부자 나라의 중하층 계급에서 나온 돈이 가난한 나라의 상류층

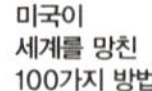

으로 흘러들어 가는 것'이라는 소문도 다 그 때문이다.

076
제국(帝國)의 수도, 워싱턴 D.C.

─────────── 제국의 수도치고 워싱턴 D.C.만큼 지방색이 강한 도시가 있을까? 로마에서 이스탄불, 파리, 런던, 심지어 모스크바에 이르기까지, 제국의 수도들은 모두 국제적이며 외부 지향적이었다. 그 도시들은 예술가와 장인들이 흘러넘치고, 창조적 에너지와 근면성으로 가득했으며, 발명가와 시인들이 함께 어울리고, 제국 바깥의 사람들이 끊임없이 드나들었다. 풍부한 경험을 제공하고, 생명의 에너지와 고귀한 열망이 만나는 교차점이었다.

워싱턴은 어떤가. 그곳은 애초부터 최선의 장소가 아닌 절충의(헌법 제정 회의에 참석한 북부 대표단과 남부 대표단이 타협 끝에 정한) 장소였다. 아름답지도 쓸모 있지도 않은 두 강 사이에 끼어 지형적으로도 매력이 없는 곳이며, 주위에 산도 바다도 없이 거의 고립된 우중충한 도시이다. 이렇다 할 특징이 없는 따분한 교외 지대로 둘러싸여 있으며, 어처구니 없는 일이지만, 연방 투표권조차 없다. 또한 훌륭한 대학이나 극단, 잡지 같은 것도 없고, 예술적 풍경이나 보헤미안풍의 거리도 해학도 없다. 오직 몇 개의 훌륭한 박물관이 이 도시가 내세우는 자랑거리이다.

이 기능적인 도시의 주민들은 오직 한 가지에만 관심이 집중되어 있다. 그것은 바로 '정치적 입지 확보하기'이다. 저널리스트에서 NGO, 로비스트, 변호사, 그리고 이들의 동경의 대상인 관료와 정치인에 이르기까지, 이 도시 사람들의 머릿속에는 '영향력', '접근', '권력' 같은 단어들이 떠다니며, 이들을 움직이는 코드는 '정치'와 '정책'이다. 물론 이런 특징들은 다른 강대국의 수도에서도 찾아볼 수 있는 것들이지만 이 도시 사람들은 권력이나 특권과 관계없는 사람들과도 어울린다. 수도는 대개 한 나라의 가장 큰 도시이고, 온갖 종류의 사람을 끌어들이기 때문이다. 하지만 워싱턴은 권력을 추종하는 무리들만 끌어들인다.

그래서 뭐가 어쨌다는 말인가. 이 도시와 그 주변의 일상이 따분하다는 것이 무엇이 문제인가?

문제는, 워싱턴의 정치 지도자들이 바깥세상과 단절된 채 산다는 것이다. 그들은 '벨트웨이(Beltway. 워싱턴 D.C.를 둘러싼 Interstate 495 도로를 지칭하는 것으로, 모든 것이 워싱턴 D.C. 안에서 이루어지는 미국의 정치 시스템을 뜻한다 · 옮긴이)' 내부의 시각을 곧잘 놀림거리 삼지만, 자신들도 거기서 벗어날 수 없다는 사실을 잘 모른다. 그들은 인근 지역에 고립된 채 살면서 국회나 행정부로 출근하고, 자신의 참모나 동료, 로비스트 이외의 사람은 거의 만나지 않는다. 아마 미국의 수도가 뉴욕이나 시카고 또는 필라델피아나 덴버에 있기만 했어도 이러지는 않았을 것이다. 그랬다면 의회의 결의나 텍사스 출신 의원의 금융 스캔들, 대통령의 지지율 하락 같은 것에 신경 쓰지 않는 사람들과도 때때로 어울릴 수 있었을 테니까. 그런 사람들과 가끔씩 대화를 나누면 놀랄 만한 일이 일어날지도 모를 일이다.

하지만 그들의 지적 관심사는 오로지 정책 결정 과정뿐이다. 그것은 마치 스프링이 망가진 매트리스 위에서 자는 것과 다름없다. 모든 것이 한곳으로 굴러든다. 이곳의 싱크탱크들은 겉모양이나 자질 면에서 차별성이 없다. 그들의 모든 초점은 정책 결정권자나 그 밖의 실세 정치인들에게 맞추어져 있다. 자신이 주재한 회의에 상원 의원이나 하원 의원이 참석했는지, 아니면 차관이나 대사, 백악관 참모, 육군 소장, NPR(미국 국영 라디오 방송)의 외신 담당자라도 참석했는지에 따라 성패가 좌우된다. 회의 도중 "우리의 생존에 필수적인 국방 문제"라든가 "테러와의 전쟁에서 승리" 등의 용어가 몇 번이나 나왔느냐로도 회의의 성공 여부를 판가름할 수 있다. 그들은 여론을 생산하는 실질적인 공장으로서, 'K 스트리트'에 취직하지 못한 전직 차관보 같은 사람들인 '펠로(fellow)'가 근무하는 '핵심' 연구소들을 휘하에 두고 있다. 펠로들은 이제 자신의 오랜 정치적 지혜를 파워포인트에 담아 제 역할을 해낸다. 이것이 워싱턴 지식층의 현주소이다.

9·11 사태 이후, 워싱턴의 분위기는 더욱더 숨이 막힌다. 도로 곳곳이 차단되고, 모든 빌딩에는 방어망이 설치되었으며, 경찰이 도처에 깔려 있고, 어디를 가나 경고 표지판이 널려 있다. 보안 조치는 우스울 정도로 엄격하다. 국토 안보부(9·11 사태 이후 테러 방지 기능을 한곳에 모아 신설한 미국의 정부 부처 · 옮긴이)가 가상 경계령이라도 발령하면, 국립 미술관에 들어가려고 줄 서 있던 당신은 경비원들이 당신의 어린 딸의 호주머니를 뒤집어 볼 때까지 한 시간 이상 기다려야 한다. 이런 편집증은 멈출 줄을 모른다. 나는 한때 워싱턴 D.C.의 코네티컷 애비뉴에 있는 자그마한 건물에서 일한 적이 있는데, 당시에 딕 체니 부통령의 자동차 행렬이 요란하게 지나가는 것을 매일같이 보아야만 했다. 오토바이를 탄 경찰들이 함께 움직이며 그 번지르르한 행렬을 쳐다보는 행인들에게 고함을 지르곤 했다. 이렇게 끊임없이 '테러의 위협'을 상기시키는 행위는 보통 시민들은 물론 정치가들의 심리에도 적지 않은 영향을 끼친다.

그 결과, 워싱턴은 의도적으로 고립되었고 정치만이 그들의 유일한 게임이 되어 버렸다. 이슬람 테러리스트들에 대한 공포에 사로잡힌 도시. 전혀 다를 것 없는 두 정당의 주장만이 합법적인 정치 담론으로 인정되는 도시. 고작 노스웨스트 지구의 비싼 갈비 레스토랑이 문화적 다양성으로 통하는 도시. 이처럼 볼썽사나운 풍경에 각종 로비스트와 민원인, 언론인, 그리고 고색창연한 기념탑들이 가세하여 "이곳은 이 세상 모든 권력이 집중된 도시이다. 그리고 이 도시의 주인은 다름 아닌 정치인 여러분들이다."라고 외치는 도시가 바로 미국의 수도이다.

따라서 미국 정부가 행동은 카이사르처럼 하면서 생각은 배빗(미국 작가 싱클레어 루이스의 소설에 등장하는 인물로 저속한 사업가의 표상·옮긴이)처럼 하는 것이 이상한 일은 아니다. 자기 나라의 수도 한복판이 전 세계 로비스트들의 천국이 되는 것을 허용한 그들은 스스로의 위대함에 도취되어 세계의 불평등 문제라든지 대량 학살, 전염병 따위에는 관심도 없다. 그런 문제는 저기 저 19번가에 자리 잡은 세계은행이 알아서 할 일이라는 식이다.

환경이 인간을 결정한다고 할 때, 워싱턴이 벌이는 '제국의 도시'라는 자아도취적 그림자놀이에 미국인들은 경각심을 느껴야 할 것이다.

미국이 사랑한 독재자들

1978년, 이란의 팔레비 국왕이 테헤란을 떠나고 아야톨라 호메이니가 망명지 파리에서 귀국해 권력을 잡았을 때, 마침 시사 잡지에서 일하는 한 지인과 대화를 나눌 기회가 있었다. 나는 그가 보수적 성향의 인물이기 때문에 이 뉴스에 충격을 받았을 거라고 생각했다. 그는 미소를 지으며 이렇게 말했다.

"음, 그는 우리의 친구였고, 우리는 그가 25년 동안 권좌를 지키도록 도와주었지. 나쁘지 않았어."

그가 말한 '우리의 친구'는 냉전적 사고를 대표하는 용어이다. 많은 '우리의 친구들'이 세계 곳곳에서 억압적이고 비민주적이며 부패한 정권, 때로는 학살을 서슴지 않는 살인 정권의 독재자로 군림했다. 이들은 하나같이 미국의 비위를 맞추는 일에 열심이었다. 이들은 과두 체제의 독재자나 군부 실력자, 재계 엘리트 등 다양한 모습을 띠고 있지만, 자신의 본성과 출신에 관계없이 워싱턴이 각색한 '냉전' 드라마에서 정해진 역할을 맡았다. 드라마 각본의 골자는 다음과 같다.

'반정부 세력이 일으킨 소요 사태 이후 국가 질서를 회복한다는 명목으로 군 실력자가 전면에 등장한다. 이들은 정부를 사기업처럼 운영하면서 부패와의 전쟁을 선포하고 공산주의와의 투쟁을 강화한다. 이어 선거를 통해 민주주의를 재건한다. 미국은 적당한 시기에 국무부 차관을 보내 이들과 솔직한 대화를 나누며 새로운 지도자의 선의를 확인한다. 미국은 대외 원조와 무역 거래(해외 투자 포함)를 패키지로 약속한다.'

물론 모스크바도 이와 비슷한 드라마를 추진했다. 하지만 이런 일에는 워싱턴이 훨씬 유능했다. 그들은 모스크바보다 훨씬 많은 사람들을 '자리'에 앉히고, 자체 드라마를 상영할 '전용 극장'까지 건설했다.

이런 패턴은 너무나 비슷하기 때문에, 내 방식대로 몇 명을 골라 프로필을 간단히 요약함으로써 독재자의 8가지 유형을 설명할 수 있으리라 생각한다(이란의 샤나 아이티의 뒤발리에 같은 독재자는 앞에서 자세히 설명했다). 이들은 모두 미국의 '냉전' 정책의 전형적 사례들이다.

077

칠레의 철권통치자, 피노체트

---------- 리처드 닉슨과 헨리 키신저는 '미국의 뒷마당'인 라틴 아메리카에서 좌익 지도자들이 활보하는 것을 결코 좌시할 수 없었다. 이들 가운데 칠레의 살바도르 아옌데만큼 미국에 위협적인 인물도 없었다. 민주 선거를 통해 선출된 사회주의자 아옌데는 1970년에 산업 국유화 정책을 실시했는데, 그중에는 미국인 소유의 기업들도 포함되어 있었다. 서반구의 대국(大國) 칠레를 마르크스주의자가 좌지우지하는 것을 미국은 용납하기가 힘들었다. 결국 닉슨과 키신저는 CIA를 등에 업고 쿠데타를 일으켜 아옌데를 몰아낸 후, 1973년 피노체트 장군을 권좌에 앉혔다.

피노체트의 17년 지배는 주지하다시피 악명 높은 철권통치였다. 3천 명이 넘는 칠레 사람들이 자유주의자 혹은 좌익이라는 명목으로 처형 또는 '실종'되었다. 약 3만 명이 투옥되었으며 25만여 명이 억류되었다. 피노체트는 1978년 워싱턴에서 아옌데 정부 당시 외무 장관을 지낸 올란도 르텔리어를 '조용히' 암살했다.

그는 칠레 경제를 개혁하기 위해 '시카고학파'의 자유 시장주의 경

제학자들을 기용했으나, 그 실험은 라틴 국가들의 고질적 문제인 불평
등을 해소하는 데 실패했다. 피노체트의 독재 기간 중 빈곤은 배가되
었으며, 그의 공포 정치가 끝날 무렵에는 전체 국민의 약 절반이 빈곤
에 허덕였다.

아옌데의 축출과 죽음, 피노체트의 철권통치는 미국이 라틴 아메리
카의 좌익 세력에게 던지는 교훈이었다. '사회주의 평등 정책을 추구
하는 지도자는 누구든 아옌데의 운명을 피할 수 없을 것'이라는 일종
의 경고였던 셈이다. 이것은 말하자면 칠레의 '9·11 사태'였고, 그 여
파는 지금도 여전히 남아 있다.

078
아르헨티나 군사 정권과 '추악한 전쟁'

---------- 남아메리카 대륙의 남쪽 국가들
중에는 파라과이의 '스트로스너'나 우루과이와 브라질의 군벌 등 여러
독재 정권이 있었지만 이들 가운데 가장 잔인했던 것이 1976년부터
1982년까지 군림한 아르헨티나 군사 정권이었다. 페론 정부의 억압적
이고 보수적인 통치를 그대로 답습한 군 실력자들—발데라, 비올라,
갈티에리—은 숨 막힐 정도로 잔인한 공포 정치를 펼쳤다. 이 기간 중
무려 3만 명의 아르헨티나 국민이 실종되었고, 수천 명이 투옥되어 고
문당했다.

군부는 도덕적으로 부패하고 경제적으로도 피폐했지만, 레이건 정
부는 있는 힘을 다해 그들을 지원했다. 레이건 정부의 유엔 대사 진 커
크패트릭은 1981년 부에노스아이레스를 방문함으로써 군사 정권을
사실상 승인했는데, 이는 레이건 일파가 인권과 민주주의를 얼마나 무

시하는지를 분명히 보여 주는 것이었다. 군사 정권에 희생된 자식들의 행방을 찾는 어머니들이 결성한 인권 단체가 면담을 요청했으나 커크패트릭은 이를 계속 묵살했다.

1년 뒤, 군사 정권은 국내 저항 세력의 힘이 거세지자 무모하게도 영국령 포클랜드 제도의 재탈환을 외치며 영국을 상대로 전쟁을 선포했다. 이때에도 커크패트릭은 세계를 놀라게 했다. 미국의 오랜 동맹국 영국을 제치고 유혈 독재를 자행하는 아르헨티나의 편을 든 것이다. 하지만 레이건 일파조차도 아르헨티나 장군들을 구하지는 못했다. 전쟁에서 패배한 군사 정권은 민간에게 정권을 이양할 수밖에 없었다.

079
아랍 정책의 대표적 수혜자, 무바라크

아랍 국가들 중에서 가장 인구가 많은 이집트는 미국의 독재 정권 개입 역사에서 한 페이지를 장식했다. 과거 몇백 년간 외국의 음모로 들끓던 이집트의 역사는 문자 그대로 복잡다단했다. 미국은 냉전 초기에 이집트의 의중을 오랜 기간 탐색했다. 당시 이집트는 카리스마 넘치는 민족주의자 가말 압델 나세르 장군이 이끌고 있었는데, 그는 소련의 원조와 군사 고문을 단계적으로 받아들였다. 1970년 나세르가 사망하자 대통령에 취임한 안와르 사다트는 정책을 바꿔 소련을 축출했다. 이스라엘과는 적대 관계를 유지해 오다 1973년 전쟁에 돌입했다. 사다트는 결국 이스라엘과 평화 협정을 체결하는 큰 업적을 이루게 된다. 당시 미국의 대통령은 지미 카터였다.

레이건이 선출된 직후인 1981년, 사다트는 국내 반대 세력을 탄압하다가 결국에는 암살당했다. 그 후 장군 출신의 부통령 호스니 무바라크가 대통령 자리에 올라 지금까지 권력을 유지해 왔다. 미국은 대규모 원조로 무바라크 정권을 지지했고, 무바라크가 자유선거를 금지하고 야당을 탄압할 때는 모르는 체했다. 소련이 붕괴하고 냉전이 끝나면서 세계 질서 개편의 큰 그림을 그렸던 미국은 무바라크를 쓸모 있는 지도자로 판단했다. 이슬람 극단주의를 막아 주고, 중동 평화 과정에서 이스라엘과 협력할 수 있는 지도자로 본 것이다.

그리하여 이집트의 무바라크와 사우디아라비아의 왕족들을 비롯한 아랍 현지의 억압적 통치자들은 아랍의 독재 정권을 묵인하고 지원하는 미국 정책의 대표적인 수혜자가 되었다. 이슬람 무장 세력들이 가장 강력하게 내세우는(그리고 부정할 수 없는) 반미(反美)의 근거가 바로 여기에 있다.

080 폴포트와 '킬링필드'

---------- 미국이 베트남에서 패전한 이후 인도차이나 전역은 극도의 혼란에 빠졌다. 그중에서도 가장 혼란스러운 곳은 캄보디아였다. 이곳은 베트남전이 진행되는 동안 미군의 침투와 폭격, 비밀공작과 정치 음모가 횡행하여 정정(政情)이 매우 불안했다. 1975년, 흉포한 폴포트가 지휘하는 좌익 게릴라 부대인 '크메르 루주'가 이 같은 국민들의 불안 심리를 이용해 폭력으로 권력을 장악했다. 폴포트가 집권 기간 중 저지른 학살의 규모는 엄청나다. 약 1백만 명이 죽고 수백만의 난민이 발생했다. 미국의 개입—그 자체가 크메르 루주가 일시적으로 승리한 원인이 되었다—으로 이미 한차례 유

린된 캄보디아 사회는 완전히 황폐해졌다.

이웃 국가의 재난으로 고통받던 베트남은 1979년 캄보디아를 군사적으로 침략하여 베트남에 예속적인 캄보디아 인민 공화국을 수립했다. 미국은 폴포트의 편에 섰다. 카터 정부에서 시작해 레이건 시대까지 계속된 폴포트 지원 정책은 정치적 지지와 함께 직접적인 경제 원조(8천5백만 달러 이상)를 단행했고, 중국으로 하여금 좀 더 적극적으로 폴포트를 지원하도록 설득했다. 베트남군이 철수할 때까지 캄보디아는 전쟁과 불안의 세월을 보내야 했다. 캄보디아를 부분적으로나마 살 만한 곳으로 되돌려 놓은 것은 오직 UN의 필사적인 노력 덕분이다.

이에 대해 가장 잘 요약한 것이 아마도 언론인 윌리엄 쇼크로스(William Shawcross)의 다음 글이 아닌가 싶다.

닉슨과 키신저가 베트남에서 그랬던 것처럼 미국의 지도자들이 현명하게 대처하지 못하는 바람에 미국과 미국의 우방들, 그리고 어쩔 수 없이 캄보디아 사태에 개입하게 된 당사국들 중 어느 누구도 목적을 달성하지 못했다. 캄보디아는 실수가 아니었다. 그것은 범죄였다.

여기에 폴포트를 지원한 카터와 레이건의 실정까지 더한다면, 수백만 캄보디아 인들을 고통 속에 몰아넣은 미국의 범죄 사실은 한층 분명해질 것이다.

081

20세기의 가장 부패한 정치인, 수하르토

---------- 미국 정부는 수십 년 동안 아시아의 공산화를 지나치게 우려하다가 불미스러운 일화를 많이 남겼다. 베트남과 캄보디아는 그 수많은 일화 중 일부일 뿐이다. 미국은 한국과 필리핀에서도 독재자를 일방적으로 지원했으나 두 나라의 민중 운동은 결국 독재 정권을 몰아냈다. 가장 몸서리쳐지는 사례는 세계에서 네 번째로 인구가 많은 나라 인도네시아의 경우이다.

제2차 세계 대전이 끝난 후 20년 동안 인도네시아는 포퓰리스트이자 민족주의자인 수카르노가 통치했다. 그가 1965년 쿠데타로 쫓겨나자 수하르토 장군이 뒤를 이었는데, 그는 철저한 반공주의자였다. 수하르토 집권 당시의 상황은 아직도 비밀에 싸여 있다. 인도네시아 역사에서 '가장 위험한 해(The year of living dangerously. 수카르노 정권 말기 인도네시아를 배경으로 한 오스트레일리아 영화의 제목 · 옮긴이)'로 기록된 이 시기에 수하르토 계엄 정부는 공산주의 척결에 앞장섰던 군부 핵심들을 정부 전복을 기도했다는 이유로 암살하고, 이어 50만 명의 민간인을 공산주의자라는 이유로 처형했다. 이때 미 정보 요원들이 학살에 개입해 수하르토를 부추기고 처형 대상 명단을 제공했다는 소문이 널리 퍼져 있다.

워싱턴 당국과의 공모로 수립된 수하르토의 독재는 30년 이상 지속되었다. 그는 재임 중에 동티모르와 아체를 비롯한 인도네시아 점령 지역에서 탄압을 자행했고, 때로는 세계 여론을 떠들썩하게 할 만큼 잔악한 행위를 한 경우도 있었다. 그중에서도 좌익에 대한 파괴 행위와 인권 탄압은 인도네시아 회교도들의 투쟁 의지를 불러일으켰다. 참

수하르토는 부패와 인권 탄압의 상징으로 손꼽히지만 워싱턴 당국의 협조로 30년 이상 권력을 누렸다. 위로부터 각각 닉슨, 부시, 클린턴 미국 대통령과 회담 중인 수하르토 대통령.

고로 인도네시아는 이슬람 국가 중 인구가 가장 많은 나라이다.

아시아 금융 위기가 터지면서 수하르토는 대통령직에서 물러났는데, 당시 개인 재산만 1백50억 달러에 달했다고 한다.

082 지아 울 하크와 파키스탄

---------- 영국의 제국주의가 남긴 유산 중 높이 살 만한 것이 있다면 아마도 민주주의 제도를 식민지에 정착시킨 일일 것이다. 인도 반도의 몇몇 국가는 한동안 그 유산의 증거물 제1호였다. 하지만 파키스탄에서 군부가 집권하는 바람에 그러한 유산은 빛이 바랬다. 그 일에 책임이 가장 큰 인물은 지아 울 하크 장군이다. 그는 1977년 민주 선거로 선출된 줄피카르 알리 부토를 쿠데타로 몰아내고 정권을 잡았다. 지아는 미국에서 훈련받았고, 파키스탄의 모든 실력자들이 그랬듯이 워싱턴 당국과 밀접한 관계를 유지했다. 미국은 파키스탄을 적극 지원하면서 인도의 독립 노선을 '견제'했다.

지아는 파키스탄의 민주적 전통을 대부분 파괴하고 정부의 역할을 확대했으며, 정부 고위층까지 '이슬람화'했다. 그는 또한 군부가 국정 운영에서 특별한 위치를 차지해야 한다고 생각했고, 그것을 실행에 옮겼다. 파키스탄 정보기관은 인도와 카슈미르의 테러 및 폭동에 개입했으며, 아프가니스탄의 내부 상황을 정탐했다.

아프가니스탄은 지아의 집권 시나리오에서 특별한 위치를 차지한다. 왜냐하면 그는 소련이 아프가니스탄을 침공했을 때 미국이 무자헤딘 지원 작전을 펼 수 있도록 파키스탄 내 활동 거점을 제공했고, 그것이 그의 지위를 한층 공고히 해 주었기 때문이다. 국내에서의 압제와 핵무기 개발, 이슬람 무장 단체의 활동 지원 등 여러 가지 문제점이 있음에도 레이건 정부는 무자헤딘을 지원해야 한다는 중차대한 목표 앞에서 그의 행동에 눈을 감았고, 그 결과 지아는 미국의 아낌없는 지원의 최대 수혜자가 되었다. 그는 1988년 의문의 비행기 추락 사고로 목숨을 잃었지만, 그럼에도 파키스탄 군부에 대한 미국의 지원은 변함없이 이어져 오늘에 이르렀다.

083

냉혹한 콩고 전사, 모부투

---------- '세세 세코 모부투'는 '이기려는 불굴의 의지와 인내로 가는 곳마다 전화(戰火)를 남기며 승리에 승리를 거듭하는 전능한 전사'라는 뜻이다. 모부투는 미국의 묵인 아래 좌파 지도자 파트리스 루뭄바를 제거하고 콩고의 최고 권력자가 되었다. 중앙아프리카에 위치한 콩고는 인구가 많고 자원이 풍부하며 다양한 인종이 어울려 사는 나라이다. 세세 세코 모부투 장군은 1965년부터 30년 동안 자이르(1971년 국명을 콩고 민주 공화국에서 자이르로 바꿨다가 1997년 다시 콩고 민주 공화국으로 바꿈 · 옮긴이)를 통치하다가 1990년대 중반 르완다 학살에 자극을 받은 자이르 군부의 반발로 권좌에서 물러났다. 미국이 모부투를 후원한 30년 동안 자이르는 처참한 살육장이 되었다. 끊임없는 내전으로 3백만 명이 목숨을 잃었고 나라는 아수라장이 되었다.

모부투는 부정 축재를 일삼은 무자비한 독재자의 전형이었다. 마음대로 반대자들을 처형하는가 하면, 50억 달러를 스위스 은행 비밀 계좌로 빼돌리기도 했다. 그럼에도 미국은 냉전 논리를 내세워 그를 계

속 지원했다.

레이건 대통령은 백악관에서 모부투와 회담한 뒤 이렇게 연설했다.

"모부투 대통령과 나는 아프리카에서 가장 역사가 깊고 굳건한 자이르와 미국의 우호 관계를 돌아보고 재확인하는 기회를 가졌습니다. 모부투 대통령의 지도력 아래, 미국과 자이르 양국의 협력 관계는 20년 동안 지속되어 왔으며, 그사이 미 행정부는 다섯 번이나 바뀌었습니다. 이 과정에서 미국의 지도자들은 모부투 대통령의 통찰과 조언을 높이 평가하게 되었습니다."

084

미국의 오랜 친구, 사담 후세인

━━━━━━━━━━ 사담 후세인이 미국의 친구이며 호메이니를 견제하는 보루라고 여겼던 그 옛날, 레이건 정부의 중동 특사인 도널드 럼즈펠드와 상원 의원 밥 돌, 앨런 심프슨을 비롯한 미국의 고위 관리들이 기쁜 표정으로 후세인과 악수를 나누는 한 장의 사진은 미국의 중동 정책이 얼마나 엉망인지를 잘 보여 준다. 후세인은 처음에는 CIA를 위해 일했으나, 1960~70년대 아랍권 사회주의자들이 그랬듯이 곧 소련 쪽에 기울었다. 그랬다가 다시 기회가 찾아오자 미국 편으로 서서히 돌아섰다. 그 기회란, 미국이 이란 정권을 아낌없이 지원했음에도 부패한 왕정이 붕괴하여 이슬람 혁명이 발생한 것이었다. 후세인은 워싱턴의 이상적인 파트너로 부상했다.

레이건은 무기를 제외한(우리가 아는 한) 모든 방법으로 후세인을 지원했다. 이란 – 이라크 전쟁은 그가 정권을 유지하는 데 결정적인 역할을 했는데, 이 전쟁 동안 미국은 그에게 50억 달러의 차관과 정치적 신임, 믿을 만한 실시간 위성 첩보를 제공했다. 또한 1988년에는 전쟁의 중요 고비에서 이란의 레이더망을 봉쇄함으로써 이라크를 도왔다. 후세인은 전쟁을 통해 트럭과 컴퓨터 등 유용한 군용 물자들을 획득했는데, 이 중 일부는, 결국 실패는 했지만, 그의 핵무기 개발 초기 단계에서 사용할 수 있는 것들이었다. 미국은 후세인이 이란과 쿠르드 족을 상대로 화학 무기를 사용할 때도 못 본 체했다. 그것은 엄청난 지원이었다. 따라서 후세인이 쿠웨이트를 침공했을 때 미국이 자신을 지원해 줄 거라고 오판한 것도 그리 놀라운 일은 아니다. 후세인의 잘못에 처음으로 제동을 걸고 나선 것은 미 공화당 전국 위원회가 아니라 국제 엠네스티였다.

사실 미국과 후세인의 스토리는 사람들이 일반적으로 아는 것보다 더 일찍 시작되었다. 1950년대 후반과 1960년대 초반 후세인은 CIA에 고용되어 이라크의 실력자 아브드 알 카림 카심 암살 음모에 가담했던 전력이 있다. CIA와 후세인의 관계는 이후 수년간 이어졌고, 후세인의 유혈 쿠데타가 성공함으로써 이후 오랫동안 계속되었다.

후세인은 미국의 '괜찮은' 친구들 중 하나로, 이후 30년간 권좌를 지켰다.

미국이 일으킨
여섯 번의 추악한 전쟁

미국이 어떻게 세계를 망쳐 놓았는가에 관심이 있는 전문가라면 그 누구라도 미국이 감행한 여러 건의 군사 개입에 대해 집중적으로 연구하지 않을 수 없을 것이다. 미국의 군사 개입은 언제나 유혈 사태를 부르거나 비극적인 결말을 가져왔고, 둘 다인 경우도 있었다. 그것들이 일련의 불길한 각본에 따라 진행되었다는 것은 이미 잘 알려진 사실이다. 때로는 공산당(있지도 않은)을 쳐부순다는, 또 때로는 잘못된 것(대개는 미국에 그 책임이 있는 것들이었다)을 바로 세운다는 명분에서 출발했고, 실책으로 추락한 대통령의 지지도를 끌어올리기 위해 수행된 경우도 있었다. 대통령은 신속하고 단호한 군사적 해결에 찬성하는 국민들의 급조된 지지에 언제든지 의지할 수 있었다.

어떤 경우는 좀 더 직접적이었으며, 때로는 매우 치명적이었고, 오랜 진통 끝에 단행된 경우도 있었다. 그리고 그 모두가 불쾌한 여운과 오랜 상처로 남았다. 베트남 전쟁과 최근에 있었던 이라크 침공처럼 중대한 실책은 좀 더 자세히 언급할 필요가 있기 때문에 앞에서 따로 다루었다.

085

1954년, 과테말라

---------- 1954년, CIA는 과테말라 군부를 배후에서 조종해 하코보 아르벤스 대통령을 축출했다. 물론 이것이 미국이 라틴 아메리카에 무력으로 개입한 최초의 사건은 아니다. 미국은

오랫동안 멕시코, 니카라과, 파나마, 쿠바, 아이티 등에서 군사 개입과 점령, 비밀공작을 획책해 왔다. 하지만 과테말라 개입은 정말로 사악한 측면이 있다.

과테말라는 풍부한 문화를 자랑하는, 세계에서 가장 아름다운 나라 중 하나이지만, 주변 국가들과 마찬가지로 빈부 격차가 크고 정세가 불안했다. 유럽 기업과 군부 엘리트들이 나라를 지배했고, 전설적인 마야 인의 후손임을 자랑스러워하는 원주민들은 이들에게 천덕꾸러기 취급을 당하며 기본권마저 무시되는 노예나 다름없는 상태였다. 하지만 과테말라는 인접국들보다 먼저 민주 정부를 수립했으며, 자유주의적 개혁으로 앞서 갔다. 자유선거로 당선되어 연임에 성공한 아르벤스 대통령은 1952년에 토지개혁을 단행했다. 하지만 이것이 결국은 그의 발목을 잡았다.

토지 개혁은 라틴 아메리카와 카리브 해 연안국들에 민감한 과제였다. 이들에게 땅은 가장 중요한 천연자원으로서 그 가치가 매우 높았고, 소수에게 집중되어 있었다. 토지 개혁은 곧 토지의 재분배를 의미했고, 그것은 혁명적이며 더 나아가 공산주의적인 것으로 간주되었다. 토지 개혁으로 미국 기업들이 직접적인 피해를 입게 되자 미국은 "개혁을 중단하라"는 강한 압력을 행사하게 되었고, 마침내 CIA는 쿠데타 음모에 착수했다. 우선 지역 전체의 정치 환경을 유리하게 조성한 뒤, 타락한 군부를 충동질하고 자금을 쏟아 붓는 한편 선전 공세를 강화했다. 이어 결정적인 순간에 공군을 지원함으로써 군부가 권력을 장악하는 데 결정적인 도움을 주었다. 미 지상군이 과테말라에 발을 들여놓은 것은 아니지만, 가장 직접적인 종류의 개입을 했다고 해도 과언이 아니다.

이 행위가 얼마나 추악한 것이었는지는 그 후 몇십 년에 걸쳐 전개된 일들이 증명해 주었다. 미국은 과테말라 국민들의 기대 속에 시도된 민주주의와 사회 정의의 실험을 좌절시켰을 뿐 아니라, 잔인한 독재자들을 지원함으로써 이후 수만 명의 농민과 정치 활동가들을 희생시키는 결과를 초래했다.

레이건 대통령은 과테말라의 독재자들 중에서도 최악으로 꼽히는 리오스 몬트를 가리켜, "인권을 탄압했다는 억울한 누명을 쓴 매우 고결한 성품의 지도자"라고 치켜세웠다. 자칭 거듭난 기독교 신자라고 주장하는 몬트는 재임 기간 중 7만 명을 죽음으로 내몬 혐의가 있음에도 처벌을 면했다. 미군 개입(1954년) 이후 과테말라는 정세 불안으로 크고 작은 폭동과 범죄, 부패 등에 시달렸으며, 원주민들의 삶은 더욱 피폐해졌다. 만약 워싱턴 당국이 아르벤스 대통령을 축출하지 않았다면, 유혈 사태는 물론 이후 벌어진 참상도 피할 수 있었을 것이다.

086

1965년, 도미니카 공화국

---------- 미국이 그토록 빈번하게 카리브 해 연안 국가들에 개입한 이유는 무엇일까? 부분적으로는 남쪽의 따뜻한 바다 카리브 해를 자기네 호수로 여기는 미국인들의 사고방식 때문인 듯하다. 하지만 1950년대 이후로는 '시거를 문 사나이(쿠바의 카스트로)'와 더 큰 관련이 있다.

1965년, 쿠바 집권 6년째를 맞은 카스트로는 집권 이후 자신이 상대하는 세 번째 미국 대통령인 린든 존슨을 분노로 몰아넣었다. 카스트로가 보수 정권의 복귀를 목적으로 한 도미니카 쿠데타를 지원했다는 정보 때문이었다. 미국을 '베트남 전쟁'이라는 큰 재앙으로 몰고 가던

존슨 대통령은 "미국인의 생명을 보호하고" 공산주의 폭동에 맞선다는 명분하에 1965년 도미니카의 산토도밍고에 해병대를 투입했다. 하지만 도미니카의 정치 불안은 사실상 미국이 독재자 트루히요를 수년간 지원한 데 이어 민주적으로 선출된 진보 성향의 보슈 대통령의 복귀를 방해했기 때문이라고 보는 편이 옳다.

아무튼 미국 해병대와 '82 공수 부대'는 도미니카 공화국을 침공했고, 그 과정에서 약 3천 명의 도미니카 인이 희생되었다. 이제는 당시의 '공산주의 위협'이 크게 과장된 일이며, 미국인을 포함한 현지 외국인들이 위험에 처하지도 않았었다는 사실이 명백히 드러났다. 도미니카의 한 학자는 다음과 같이 설명한다.

"미국 정부는 '제2의 쿠바'를 용납할 수 없다는 우려에 사로잡혀 있었고, 그것이 1960년대 초반 내내 도미니카 공화국을 바라보는 미국 관리들의 시각을 결정했다."

후안 보슈는 과테말라의 대통령이었던 아르벤스를 비롯한 여타 개혁 성향의 인물들과 마찬가지로 공산주의자가 아니었고, 소련이나 쿠바와는 아무런 관계도 없었다. 미국이 도미니카를 침공하고 점령한 사건은 미국이 앓고 있는 편집증적 망상을 드러내는 대표적인 사례이다. 이로 인해 도미니카에서는 개혁 정책이 후퇴하여, 이후 수십 년간 국가운영은 파탄에 직면했으며 국민들은 계속되는 탄압에 신음했다. 그리고 트루히요의 꼭두각시인 호아킨 발라게르가 35년간 독재자로 군림하는 결과를 낳았다. 그 기간 내내 도미니카 국민들은 비참한 가난을 겪어야만 했다.

087

1983년, 그레나다

━━━━━━━━━━ 레이건 대통령은 돌파구를 찾고 있었다. 어디선가 그의 묵시록적 언사에 딱 들어맞는 공산주의자를 찾아내 흠씬 두들겨 팰 필요가 있었다. 1983년, 운명의 날이 다가오기 전에는 이름조차 거의 들어 본 적 없는 카리브 해의 섬나라 그레나다가 이 조건에 정확히 들어맞았다. 이 나라는 몇 가지 점에서 쿠바와 닮은꼴이었다. 준(準)사회주의자 카스트로의 친구로서 나라를 비교적 성공적으로 이끌어 오던 모리스 비숍이 반대파의 소요로 투옥되자(결국은 처형되었다) 나라가 혼란에 빠진 것이다. 이것은 레이건 대통령에게 "미국인의 생명을 구하기 위해" 그레나다를 침공해야 한다는 구실을 제공했다.

하지만 그레나다 침공의 진짜 이유는 다른 데 있었다. 미군이 '절박한 분노(Urgent Fury)'라는 이름의 그레나다 침공 작전을 개시하기 이틀 전, 베이루트 주둔 미군 2백41명이 자살 폭탄 테러로 사망하는 참사가 발생했던 것이다. 미국은 이 사건에 대한 국민들의 관심을 딴 데로 돌릴 무언가가 필요했다.

"뭐야, 나쁜 소식이라고? 그럼 관심을 딴 데로 돌려!"

침공의 명목은 그레나다에 있던 미국인 학생 몇 명이 위험에 처했다는 것이었다. 물론 날조된 것이었지만, 그 정도면 충분했다. 예상했던 대로 상황은 몇 시간 만에 끝났다. '교훈'은 카스트로에게 전해졌으나 그는 전혀 개의치 않았다. 현지인 수십 명이 살해되었고 실제 투입된 병력보다 더 많은 수의 무공 훈장이 수여되었다. 모두가 승자였다. 우익이 정권을 잡으면서 압제와 불평등으로 고통을 겪은 그레나다를 제외하고.

1989년, 파나마

---------- 1981년, 민족주의자였던 파나마의 오마르 토리호스 대통령이 의문의 비행기 사고로 사망하자, 마누엘 노리에가가 미국의 도움으로 실권을 장악하게 되었다. 오랫동안 CIA의 아낌없는 지원을 받았으며, 마약 거래의 중심에 서 있다고 알려진 노리에가는 그로부터 2년 후, 파나마 군 최고 사령관의 자리에 오른다.

그는 레이건 정부의 마약 전문가로부터 "마약 거래 단속 정책을 열심히 펼쳤다"고 칭찬을 받은 적도 있다. 또한 레이건의 측근인 에드윈 미즈 법무 장관은 미 법무부 변호사들이 노리에가에 대한 조사에 착수하자 그 과정에 개입하여 조사를 중단시켰다. 이것은 미국이 수십 년간 노리에가를 유용한 하수인으로 활용하는 과정에서 보여 주었던 각종 특혜의 하이라이트였다.

파나마의 역사는 곧 미국의 식민 지배 역사의 한 부분이다. 1903년 시어도어 루스벨트 대통령이 콜롬비아에서 파나마를 독립시켜 운하를 건설한 과정이 바로 파나마 역사의 시작이었다. 이후 미국은 파나마 운하에 대한 운영과 관리를 포함해 배타적인 권리를 행사해 왔다.

노리에가는 미 당국의 총애를 받는 과정에서 미국의 공인된 마약상들에게까지 상당히 부담스러운 존재로 변질되었고, 국제 마약 밀매 사업에 지나치게 깊숙이 개입하는 바람에 이해 당사자들을 곤혹스럽게 만들었다. 이렇게 되자 그를 제거해야 할 필요성이 대두되었고, 결국에는 그렇게 되고 말았다. 이 과정에서 미국은 엄청난 화력을 동원했으며, 불필요한 발포로 수백 명의 민간인이 희생되었고 그보다 더 많은 수의 부상자가 발생했다. 아버지 부시 대통령은 파나마에 개입해야만 하는 이유로 네 가지를 내세웠다. 즉, 미국인의 생명을 보호하고, 파나마 운하에 대한 권리를 유지하며, 파나마의 민주 헌정을 회복하고, 마약 밀매 혐의자인 노리에가를 미국 법정에 세운다는 것이었다. 하지만 네 가지 모두 엉뚱하고 근거 없는 이유들이었다.

노리에가가 추악한 인간이라는 것은 의심할 여지가 없다. 하지만 그는 '미국의 여러 친구들' 중 하나였고 레이건 정부는 그의 유용성을 거듭 강조한 바 있다. 파나마가 미국의 무력 개입으로 입은 상처를 회복하는 데에는 오랜 시간이 걸렸다.

089

1991년, 이라크

----------- 우리가 '중동'이라고 부르는 광대한 지역에 미국이 직접 개입한 사례는 많지 않다. 라틴 아메리카나 카리브 해 연안 국가들에 대한 무력 개입, 한국과 베트남 등 아시아에서 치른 두 차례의 대규모 전쟁과 비교하면 더욱더 그러하다. 이스라엘-팔레스타인 분쟁 당시 두 번에 걸쳐 지상군을 레바논에 상륙시킨 정도가 가장 큰 개입이라고 할 수 있다. 당시 미국은 유례없는 강도로 이스라엘을 지원했다. 그 외에 이란과 사우디아라비아, 터키, 이집트 등에 대규모 군사 장비를 제공한 바 있고 1983년 리비아 공습이 있었다.

물론, 직접 개입이 아닌 비밀공작은 광범위한 지역에서 빈번하게, 추악한 방법으로 이루어졌다. 대부분의 비밀공작은 석유 확보에서 소련보다 전략적 우위를 선점하기 위한 것이었고, 그 밖에 인종적 차원에서 이스라엘을 향한 지원이 이루어지기도 했다. 하지만 실제로 현지에 지상군을 투입해 총을 쏘아 대는 모험을 기준으로 할 경우, 직접 개입이라

고 할 만한 사례는 별로 없었다. '사막의 폭풍' 작전이 있기 전까지는.

'사막의 폭풍' 자체가 크게 잘못된 작전이라기보다는 이 전쟁에 의미를 부여한 전후 상황에 문제가 있다고 하겠다. 사담 후세인의 권력을 유지하기 위한 미국의 헌신적인 노력과, 미국-이라크 관계에 걸림돌이 되는 것은 모두 제거하려는 시도는 그 서막의 일부였다. 과대망상에 빠진 후세인이 쿠웨이트를 점령하자 미국은 마침내 전쟁을 선택했고, 사막에 전선(戰線)을 구축하여 새로운 세계 질서를 추구하기에 이르렀다. 미국은 쿠웨이트에서 후세인을 대패시킴으로써 베트남 전쟁의 상처를 단숨에 극복했다. 그리고 그 과정에서 패주하는 이라크 병사들을 '등 뒤에서 쏘는' 만행으로 수천 명을 학살했다. 전후 청사진이 없었던 탓에 시아파가 대량 학살되고 쿠르드 족 난민이 발생했다. 더욱이, 이라크를 고립시킨 제재 조치로 무고한 이라크 인 50만 명이 희생되었다. 이러한 일련의 사태로 인해 미국은 2003년 또 한 번 이라크에 개입하게 된다.

군사 개입이란 해병대를 상륙시킨 후 엄지손가락을 번쩍 들어 올려 임무 완수를 알리는 단순한 행동이 아니다. 그것은 과거에 뿌리를 둔 역사적 사건이며 미국인들이 곧잘 망각하는 과오의 일부이다. 그리고 그 결과는 언제나 비참하며 치명적이고 긴 후유증을 남긴다. '사막의 폭풍'은 군사적으로 결함이 없고, 완전하게 승리했으며, 정당성을 지닌 1급의 성공적인 군사 작전으로 평가받는다. 하지만 실제로는 기만으로 가득했으며, 몇 년간 계속되어 온 가장 파괴적인 군사 정책으로, 이후 이라크에서 벌어질 대규모의 학살은 안중에도 없었다. 미국은 군사 개입이 그것을 둘러싼 역사적 상황과 무관하게 전격적으로 이루어지는 사건이라는 생각을 버리고 좀 더 신중하게 재고하는 태도를 가져야 할 것이다.

090

1992~93년, 소말리아

             미국이 소말리아에 개입한 사건은 퇴임을 앞둔 미국 대통령이 마지막으로 벌인 인도주의적 과업이었다. '희망 살리기 작전(Operation Restore Hope)'이라고 이름 붙여진 이 군사 개입은 혼돈에 빠진 소말리아를 구원한다는 명분하에 시작되었다.

파나마 침공과 사막의 폭풍 작전, 소련 붕괴 등을 거치며 숨 가쁘게 대통령직을 수행해 온 조지 부시는 '아프리카의 뿔(Horn of Africa. 아프리카 북동부의 10개국을 일컫는 말·옮긴이)' 지역에서의 인도적 구출 작전으로 유종의 미를 거두겠다고 결심했다. 하지만 당시에도 여러 사람이 지적했듯이, 이 작전은 적절한 시점에 이루어진 것이 아니었다. 소말리아는 이미 1년 이상 지속된 극도의 위기 상황으로 30만 명이 목숨을 잃은 상태였다. 그때까지 부시 행정부의 국가 안보 팀은 소말리아나 보스니아, 그 밖에 긴급 대응이 필요한 인권 침해 지역에 개입해야 한다는 주장에 꿈쩍도 하지 않았던 것이다. 그러던 부시가 선거에서 클린턴에게 패해 연임에 실패하자 즉시 입장을 바꿔 소말리아 사태에 개입할 것을 지시했다. 한 전문가는 부시의 행동에 대해 이렇게 논평했다.

"부시 대통령과 파월 장군은 진보적 박애주의 정서가 새 행정부를 지배할 것이라고 결론을 내렸다. 그리고 그렇게 되면 미국이 보스니아 사태에 개입해야 한다는 주장이 강력히 대두될 것이라고 믿었다. 정권 이양을 앞둔 상황에서 일련의 인권 위기 사태에 대응해야 한다는 정치적 압력이 거세지자 부시와 파월은, 만일 미국이 개입을 한다면 그것은 보스니아가 아닌 소말리아여야 한다고 결론지었다. 소말리아가 더

쉬울 것이라고 생각했기 때문이다."

결국 그것은 여러 가지 면에서 판단 착오로 드러났다. 그토록 칭송받았던 인도주의적 결단은 실은 때늦은 것이었으며, 당시의 상황은 개입을 하기에도, 하지 않기에도 너무 늦었다고밖에는 말할 수 없었다. 왜냐하면 미국은 1970년대 후반에서 1980년대에 걸쳐 이미 연간 수천만 달러에 달하는 군사 원조를 소말리아에 제공한 바 있고, 독재자 사이드 바레가 수천 명의 국민을 학살하고 훗날 큰 비극을 가져올 사회 개조 작업을 진행하고 있었음에도 전략적 이익 때문에 이를 수수방관해 왔기 때문이다.

하원 의원을 지낸 아프리카 전문가 하워드 월프는 1980년대에 이미 "군사 원조가 아닌 다른 방법으로 사태를 해결해야 한다"고 주장했던 사람 중 하나이다. 그는 이렇게 말했다.

"지금 이 사태에 대해 다들 무관심하지만, 미국은 그 재앙에 일정 부분 책임이 있다."

그가 말한 다른 식의 접근법에는 스스로 생존할 수 있는 경제를 구축하도록 도와주는 방안이 포함되었을 것이다.

결국 미국은 위기를 불러오는 데 일조하고 나서는 그것을 모른 체하다가 느닷없이 개입하게 된 것이다. 미국의 부적절한 개입은 클린턴 정부에 와서 병사 몇 명의 희생을 치르고서야 끝을 맺었다. 그러나 이 음울한 에피소드에서 우리가 무엇보다도 주목할 점은, 이것이 2003년에 시작된 이라크전의 전조가 되었다는 사실이다. 미국이 오랫동안 독재 정권을 지원하다가 뻔뻔스럽게도 인도주의적 차원에서 사태를 해결하겠다고 군대를 투입하고 나서자 이것을 바라보는 소말리아 인들의 시선에는 명암이 엇갈렸다. 정치학자 스티븐 준스 교수는 이렇게 말했다.

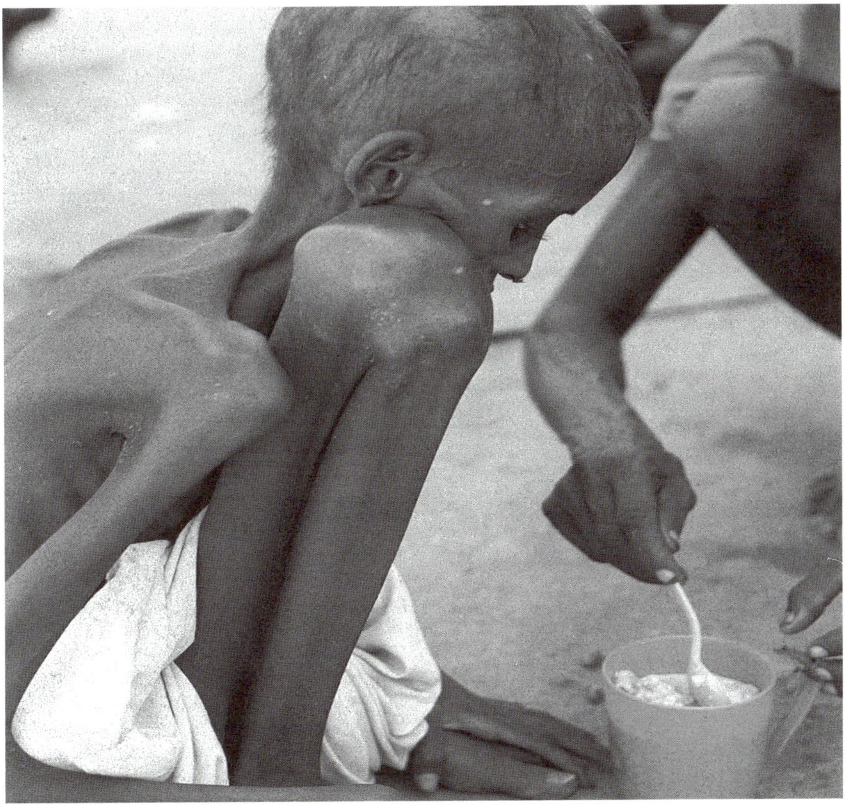

위 적십자 단원이 소말리아 어린이에게 구호 식량을 먹여 주고 있다.

아래 소말리아의 수도인 모가디슈 남부의 한 난민촌.

"식민 지배에서 벗어난 지 겨우 30여 년밖에 안 된 나라에 또다시 위압적인 외국 군대가 출현하자 소말리아 인들의 분노는 고조되었다. 더욱이 이 정예 부대는 인도주의적 사명을 위한 어떠한 훈련도 되어 있지 않았다."

그러한 소용돌이의 결과, 이 나라는 테러와 인권 유린의 현장으로 전락했다.

마지막 10가지 골칫거리

다음 10가지는 굳이 따로 다룰 필요가 없다고 느껴지기도 하지만, 그렇다고 아예 제외시키자니 좀 아쉬운 것들이다. 그중 몇몇은 기후 변화나 전쟁, 세계화 문제만큼 중요하지는 않지만 미국 국내 정치나 문화와 관련해서는 매우 중요한 것들이다. 또 어떤 것들은 심각한 문제이지만 어떤 것들은 그렇지 않다. 그러나 한번쯤은 관심을 가져 봄직한 것들이다. 이런 기세로 나아가면 지금까지 다룬 것 외에도 세계를 망친 또 다른 100가지를 찾아낼 수 있을 듯싶지만, 그렇게 되면 지나치게 불평이 많다는 말을 들을까 봐 이쯤에서 멈추기로 한다.

091
멍청한 미국인을 양산하는 초중등 교육

----------- 붕괴 직전에 이른 미국의 초중등 교육이 멍청한 미국인을 양산한다고 결론 내릴 수 있을까? 믿고 싶지 않지만, 애석하게도 그 증거는 도처에 보인다. 조지 부시의 재선, 리얼리티 쇼, 낸시 그레이스(검사 출신의 CNN 토크 쇼 진행자. 흥미 위주의 공격적 인터뷰로 유명하며, 2006년 실종된 아들을 찾으려고 출연한 입양아 출신 한국계 여성 멜린다 더킷을 마치 범인인 듯 몰아붙여 자살로 몰아넣었다는 비난을 받기도 했다·옮긴이), SUV, 애덤 샌들러(미국의 영화배우. 저질 코미디 연기로 평론가들의 혹평에 시달려 왔다·옮긴이) 등이 그 증거가 아니고 무엇이란 말인가. 학생들의 학력 평가에 대해서는 아직 정확한 결론을 내릴 수가 없다(만 9세 아동들의 경우에는 학력이 다소 향상된 것으로 나타났으나, 17

세 학생들의 경우는 그렇지 않은데, 이것은 심상치 않은 징후이다). 학급 수는 늘어났으나 교사들의 봉급은 늘지 않았기 때문이다.

이 문제의 심각성을 정확하게 드러내는 실질적인 통계 자료는 거의 없지만, 미국에서 덤 앤드 더머 현상이 점점 확실해지고 있는 것만은 분명하다. 그 일례로, 미국의 청소년들이 세계 지리에 얼마나 무지한 가를 보여 주는 증거는 한둘이 아니다. 미 교육부의 보고서에 따르면, 9개국을 대상으로 한 조사에서 18세에서 24세 사이의 미국 젊은이들 5명 중 1명은 윤곽선만 표시된 세계 지도에서 미국을 찾지 못했다고 한다. 보고서는 "이 연령대의 미국 젊은이들은 25세 이상의 미국인들 보다 지리에 훨씬 무지했다. 그리고 18세에서 24세 사이의 젊은이들 이 55세 이상의 노인들보다 지리에 대해 아는 것이 적은 나라는 미국 이 유일했다. 나머지 8개국은 젊은이들이 노인들보다 지리에 대해서 더 많이 알았다."고 전했다.

그러나 이 문제와 관련해서 가장 실망스러운 점은, 조사 대상 미국 인 중 13퍼센트만이 이란이나 이라크가 어디 있는 나라인지 알았던 반면, 34퍼센트가 텔레비전 쇼 〈서바이버〉의 마지막 시즌에 나온 섬이 남태평양에 있다는 사실을 안다는 것이었다.

미국인들은 다른 나라에 대해 무식하기가 마치 미쳐 날뛰는 눈 먼 코끼리 같다.

092

미국 문화의 아이콘, 마이클 잭슨

---------- 만약 "다음 중 미국을 가장 잘 상 징하는 것은?"이라는 문제가 있다면 그 보기에는 반드시 마이클 잭슨

2005년 6월 3일, 아동 성추행 혐의로 샌타바버라 카운티 법정에 출두하는 마이클 잭슨.

이 들어가 있어야 할 것이다. 한때 매우 인상적으로 다가왔던 그의 재능과 세계적인 인기 때문에 나는 그를 팀 맥베이(오클라호마 시 청사 폭파 사건의 주범·옮긴이)나 앤 쿨터(보수 정치 평론가), 패트 로버트슨(유명한 텔레비전 전도사), 제나 제임슨(포르노 배우)을 제치고 가장 미국적인 문화 아이콘으로 선정했다. 물론 그를 이 책의 다른 문화 관련 항목에 집어넣을 수도 있었지만, 그는 사실상 그런 일반적인 해악의 범주를 훌쩍 넘어선다.

마이클 잭슨의 일부 행동은 심각한 반사회적 성향을 나타냈다. 그의 얼굴의 변천사를 보여 주는 사진들을 한번 살펴보라. 정말 무시무시하다. 그가 자기 몸에 어떤 짓을 하건, 그건 그의 자유이다. 문제는, 그럼에도 그가 여전히 다수의 정신 못 차리는 팬들로부터 숭배를 받는다는 사실이다. 게다가 세계적인 뉴스 매체들까지 앞 다투어 그를 쫓아다닌다.

나는 해외를 여행하다가 마이클 잭슨 비슷한 현지 연예인이 언론 매체의 주목을 받는 것을 보았을 때 미국 여권을 감추고 싶었다.

093

게으름뱅이 패션

---------- 내가 유타 주 프로보에 있는 '이미지 관리 연구소(Institute of Image Management)'에 자문할 일은 별로 없지만, 그들의 웹 사이트에 있는 문구는 참으로 매혹적이다.

"우리 미국의 이미지를 업그레이드할 때입니다!"

그들은 '게으르게 입고 다니는 미국인이 너무나 많고, 9·11 사태도 그래서 일어났을지도 모른다'고 주장했다. 글쎄……, 별로 그럴 것 같지는 않다. 하지만 지저분하게 입고 돌아다니는 미국인이 너무 많다는 생각에는 나 역시 동감이다. 그런 현상은 날이 갈수록 심각해진다.

아내와 나는 외국에 나가 있을 때면 카페에 앉아 창밖으로 지나가는 사람들을 보며 내기를 하곤 한다. 한 커플이 반바지를 입고 지나간다. 남자는 헐렁한 반바지에 풋볼 셔츠를 걸쳤고, 여자는 몸에 맞지 않는 색 바랜 반바지를 입었다. 우리는 "미국인이야."라고 중얼거린다. 우리의 추측은 어김없이 들어맞는다.

이것은 나만의 생각이 아니다. 국제 에티켓 연구소의 루스 L. 컨즈는 이렇게 말한다.

"오늘날, 집에서 게으름뱅이 차림을 하고 지내는 미국인이 매우 많다. 그것은 해외여행을 할 때도 마찬가지다. 언제나 똑같은 청바지에 티셔츠를 입는다. 그들은 게으름뱅이처럼 입고 게으름뱅이처럼 행동함으로써 외국인들로 하여금 우리를 잘 씻지도 않는 야만인의 무리라고 생각하게 만든다."

좀 심한 말이긴 하지만, 틀린 말은 아니다. 나는 그 원인을 알고 싶다. 도대체 미국인들이 그처럼 천박한 차림새를 하는 의도가 무엇일까?

나는 청바지와 홀치기염색 티셔츠가 문화적 저항의 상징이었던 1960년대 세대이다. 그러나 그때는 저항할 만한 무언가가 있었다(그것이 억압적이고 부르주아적인 규율이었음은 새삼 말할 필요조차 없다). 이제 청바지와 티셔츠가 일반화된 상황에서, 기성세대에 대한 빛바랜 경멸을 어떻게 표시할 것인가? 젊은이들은 서로 조화가 되지 않는 옷을 입고, 속옷을 겉으로 드러내거나(하지만, 그 원조는 마돈나가 아니었나?), 신체로 표현하는 예술을 하기도 한다. 청소년들이 너나없이 입고 다니는 헐렁한 바지는 혹시 무기를 감춘 게 아닐까 하는 의구심마저 불러일으킨다. 하지만 시어즈 백화점에서 그런 바지를 판매한다면 얘기는 달라진다.

30대 이상의 세대가 볼 때, 캐주얼웨어는 값이 싸고, 뚱뚱한 몸매를 감춰 주며, 젊은이다운 느낌을 준다. 하지만 한편으로는 패스트푸드를 먹는 것과 마찬가지로 게을러 보이기도 한다. 저널리스트 대니얼 액스트가 지적했듯이, 우리가 트레이닝복을 즐겨 입고 스니커즈를 즐겨 신을수록 우리의 운동량이 줄어든다는 사실은 아이러니가 아닐 수 없다. 이런 복장은 의복계의 SUV나 마찬가지다.

세계적인 관점에서 볼 때 이 같은 현상에는 두 가지 문제가 있다. 첫째는 루스 컨즈가 잘 지적해 주었듯이 이미지의 문제이다. 다른 하나는 미국이 제3세계에 그런 운동 셔츠와 야구 모자를 특히 많이 수출하고 있다는 안타까운 사실이다. 이제는 그 누구라도 '오클랜드 레이더(미국 프로 풋볼 팀·옮긴이)'가 될 수 있다! 나는 남아프리카에서 다시키(아프리카의 민속 의상)보다 미시간 대학 티셔츠를 더 많이 보았다. 때로는 이처럼 획일적이고 초라한 옷차림 때문에 사람이 멍청해 보이기도 한다. 내 친구는 "나는 지금 말록스(Maalox. 미국산 위장약·옮긴이)가 필요해요."라는 문구가 적힌 티셔츠를 입은 젊은이를 과테말라에서 본 적이 있다고 했다. 사람들은 그 젊은이가 티셔츠 문구의 뜻을 몰랐을 것이라고 생각할 것이다. 하지만 운동복을 입을수록 운동을 하지 않는 아이로니컬한 상황에 비추어 볼 때, 아마도 그는 그 뜻을 정확히 알지 않았을까?

094
전쟁의 광기에 물든 극우 해설가

---------- 당신은 이미 이런 타입의 사람을 여럿 알고 있다. 가령 일간지나 잡지의 칼럼니스트 중에서 뻔하고 지겨우며 부도덕하게도 끊임없이 전쟁을 부추기고, 다른 나라의 전쟁과 테러리스트를 지지하며, 끝없는 군비 지출을 조장하는 한편, "우리가 누군지 잘 모르는 모양인데, 손 좀 봐줘야겠군." 식의 안하무인인 태도를 보이는 사람들 말이다. 이런 자들이 미국을 베트남과 니카라과, 이라크, 아프가니스탄으로 인도했다. 그리고 그 결과는 참담했다. 수백만 명이 죽고, 미국은 증오의 대상이 되었으며, 곳곳이 혼란에 빠졌다. 그런데도 아직 뒷전에 물러앉아 "투덜거리는 인간들을 두들겨서 복종시키지 않는다면 겁쟁이지."라고 훈수를 두는 자들이 있다. 언제나 철이 들려는지.

이런 사람들을 지목하기는 아주 쉽다. 찰스 크로트해머, 노먼 포드호레츠, 윌리엄 크리스톨 등등이 바로 그런 부류이다. 이런 네오콘(Neocon. Neo-conservatives의 약자로 미 공화당의 신보수주의자와 그 일파를 일컫는다·옮긴이)들은 상당히 뻔뻔하고 노골적으로 자신을 드러내는

경향이 있는데, 스스로를 어떻게 부르든 간에 그들이 암적인 존재임에는 틀림없다. 그들의 무기는 허세로 가득한 군국주의이다. 그들은 뉴스 미디어를 비롯한 대중 매체를 통해 정부 고위직에게 지적인 헌사를 바침으로써, 자칫하면 경멸받을 수 있는 자들을 지지한다. 그들은 날카로운 목소리로 떠들어 대며 이성적인 담론을 불가능하게 만든다.

095

톰 크루즈와 사이언톨로지(Scientology)

---------- 이 종교—일단 종교라고 해 두자—를 이해하는 데는 몇 줄의 '제누(Xenu)' 이야기로 충분하다.

'지금으로부터 7천5백만 년 전, 은하계 지배자 제누가 수십억 명의 사람들을 DC-8 수송기에 태워서 지구에 보낸 후 그들을 수소 폭탄으로 날려 보냈다. 그때부터 이 불운한 사람들의 영혼이 산 사람의 육체에 붙어 그들을 지배하게 되었다. 그러나 이 장대한 우주 드라마는 인간의 기원과 그들의 문제에 관련된 여러 외계 존재 중 하나에 관한 이야기일 뿐, 만물은 이보다 훨씬 오래전, 그러니까 지금으로부터 7×10^{85}년 전, 창조 작업과 함께 시작되었다……'

물론 이게 이야기의 다는 아니다. 이 외에도 많고 많은 이야기들이 있다. 그리고 이 이상한 종교를 믿는 사람이 톰 크루즈와 존 트래볼타 뿐만은 아니다. 사이언톨로지는 전 세계에 수많은 지부를 둔 조직으로, 광기 어린 철학과 독단적인 태도로 사람들을 현혹한다. 그런데 이 종교는 불운하게도 전적으로 미국적인 종교이며, 미국이 종교적으로 세상에 기여한 가장 큰 사건이다. 만일 당신이 이것을 터무니없는 이단으로 대수롭지 않게 생각한다면, 글쎄, 좀 더 두고 지켜봐야 하지 않을까.

스페인 마드리드의 사이언톨로지 교회 준공 기념식에서 연설하는 톰 크루즈.

096

소녀들을 유혹하는 음란 패션

---------- 이 문제와 관련하여 모든 책임을 브리트니 스피어스나 크리스티나 아길레라에게 돌릴 수 있을지는 잘 모르겠지만, 아무튼, 이해심 많으며 두 딸의 엄마인 내 친구에게 '세계를 망친 100가지에 들어갈 만한 것을 말해 보라'고 했더니 "어린아이들용의 음란한 복장"이라고 말했다. 그녀의 말이 옳다는 것을 깨닫는 데 그리 오래 걸리지 않았다. 그것은 아마도 '브라츠 베이비즈(Bratz Babyz)' 같은 인형에서 시작된 것이 아닌가 싶다. 이 인형의 광고에는 이런 내용이 있다.

"브라츠가 모든 이들의 사랑을 받는 패션 친구가 되기 전, 그들은 패션에 열정을 가진 어린 소녀였다! 멋진 의상, 화려한 액세서리, 진한 우정! 이것이 그들의 시작이었다. 보라, 브라츠들은 자신만의 멋을 과시할 줄 안다!"

그러니까 요점은 '과시하라'는 것이다. 자신이 무엇을 과시하는지도 정확히 모르는 어린 소녀들에게 이들은 '과시하라'고 유도한다.

"과거에는 어린 소녀들을 위한 의복 코너가 따로 있었는데, 이제는 12세 소녀에게나 18세 소녀에게나 똑같은 옷을 팔아요."

어느 심리학자가 『보스턴 글로브』지 인터뷰에서 한 말이다.

"그것은 아주 어린 소녀들조차 성적 대상으로 만드는 행위입니다. 이게 누구를 위한 일일까요? 그러한 현상은 가부장적 문화와 소비자 중심주의 시장에 기여합니다. 갈수록 어린 여자 아이들에게 섹스를 판매하는 문화가 형성되고 있어요."

이 문제와 관련해서는 광고가 큰 역할을 하지만, 어린이들이 많이 보는 텔레비전 프로에서도 성적 도발의 메시지를 흔히 발견할 수 있다. 그런 메시지를 걸러서 받아들일 수 있는 20세 성인에게는 문제가 없겠지만, 여덟 살 어린이에게는 곤란한 일이다.

그것이 왜 문제인지를 모르는 사람은 없을 것이다. 아이들이 지나치게 빨리 모든 것을 알아 버리면 그들은 유년 시절을 잃어버리게 되고, 정서적으로 황폐해진다. 이 모든 것이 돈 때문이다. 저급한 문화에 대한 수요는 언제나 있었고, 그 수요는 그중에서도 가장 저급한 곳으로 몰린다. 그리고 그 수요는 이제 해외로 퍼져 나가고 있다. 외국의 대중문화는 미국 것을 따라가는 경향이 있으므로.

낡은 사회 관습과 규범에 도전해 온 미국인들의 자유정신은 높이 살만하다. 그렇다고 해서 그러한 도전이 언제나 옳다는 것은 아니다.

097

존 매케인의 호전성

---------- 그는 강직한 인상을 가졌다. 존 매케인은 온건주의자는 물론이고 일부 자유주의자들에게까지 사랑받는다고 알려진 보수파이다. 솔직하고 청렴하며 분별력 있다는 것이 일반적인 평가이다.

하지만 그는 외교 정책에서 위험한 성향을 보이며, 국내 문제에는 냉혹한 호전적 우파이다. 선거 자금 개혁법이나 고문 방지법 등과 관련해서는 훌륭한 면모를 보이고, 존 케리나 존 머사를 겨냥한 인신공격에 맞설 정도의 인격까지 갖추고 있을지는 모르지만, 이런 것들은 희생이 따르지 않는 일이다. 더 중요한 문제들에서 그는 1백퍼센트 골수 우파이다.

가령 북한 문제를 살펴보자. 그는 "부시 행정부가 혼란스럽고 유화적인 접근을 함으로써 북한 정책을 망쳤다"고 말했다. 부시를 가리켜 유화적이라고 말하는 것은 교황을 바람둥이라고 말하는 것이나 마찬가지다.

그는 2004년 공화당 전당 대회에서 연설을 시작할 때부터 줄곧 이라크에서 전쟁을 벌여야 하는 이유들을 끌어다 대려고 애썼다. 또한 대량 살상 무기와 테러 때문에 전쟁이 불가피하다고 역설했다.

"우리들 중에 완전히 착각에 빠진 사람을 제외하고는 모두 이 전쟁에 동의할 것입니다."

그는 이렇게 말하고 나서 9·11 테러를 상기시켰다.

그는 "이라크 전쟁 반대론자들의 말은 모두 거짓"이라면서, 어떻게든 전쟁으로 끌고 가려는 부시의 거짓말을 적극 옹호했다. 그런데 그는 1999년에는 '빌 클린턴이 거짓말을 했다' 면서 클린턴 탄핵안을 지지한 사람이다. 그사이에 어떻게 그렇게 거짓말에 대해 관대해졌는지 모르겠다.

그는 아이티가 '통통 마쿠트'의 악몽에 빠져 들어가도 아랑곳하지 않았고, 클린턴이 아리스티드를 대통령직에 복귀시키려 하자 이에 반대했다. 그는 "미국은 아이티에 빚진 것이 없다"고 말했다. 역사 공부 좀 하시지, 매케인!

다윈의 진화론에 맞서기 위해 나온, 멍청한 창조 이론인 '지적 설계(intelligent design)'에 대해 매케인은 그것을 가르칠지 여부는 "학생들이 결정하도록 하자"고 말했다. 차라리 학생들에게 셰익스피어를 읽을지 아니면 스파이더맨을 읽을지 결정하라고 하는 게 나을 것이다. 그는 동성 결혼, 세금 감면, 군사비 지출에 대해서도 판에 박은 우파의 입장을 고수해 왔다.

매케인은 근본적으로 우파의 원칙에 충실한 위협적인 존재이다. 그
는 그런 식의 행보를 통해 백악관 입성을 꿈꾸고 있다.

098
다문화주의(multiculturalism)의 독선

━━━━━━━━ 미국의 학교에서 '다문화주의'를
가르치는 풍조가 급속히 확산된 것과 관련하여 토드 기틀린(Todd
Gitlin. 미국의 사회학자 · 옮긴이)은 다음과 같은 글을 썼다.

"우리 신좌파가 평론 활동을 통해 그들에 맞서는 동안 그들은 의회
를 접수했다. 다문화주의—소수 인종들의 집단 정체성 추구—는 미
국의 교육을 지배하는 강력한 힘이다. 물론 다문화주의에도 미덕은 있
다. 특히 오랫동안 미국을 지배해 왔던 '백인-유럽-이성애' 문화에 대
항하여 흑인, 히스패닉, 아시아 인, 동성애 등의 위상을 높이려는 시도
는 칭찬할 만하다. 다문화주의는 현재 유럽과 캐나다에서 중요한 관심
사로 떠올랐으며, 서서히 전 세계로 퍼져 나간다."

그러나 다문화주의의 확산은 매우 곤란한 흐름이다. 다문화주의는
사실상 '분리'와 '문화적 구분'을 요구한다. 어떠한 범주로 특징지어지
기를 원치 않는 사람들에게까지 일정한 정체성을 부여한다. 모든 형태
의 보편주의를 거부하며, 보편적인 원칙 추구를 '패권 그룹의 책략'으
로 치부한다. 차이의 중요성을 강조함으로써 인간의 전체적인 유대를
폄하하고, 그 결과 다문화주의 옹호론자들이 그토록 치를 떠는 최악의
정치적 지배를 부른다.

그들은 '모든 문화는 고유의 특권을 가진다'고 주장함으로써, 지난
수십 년 동안 힘들게 쟁취한 법과 정의의 진보적 기반(가령 시민권이나

페미니즘 등)을 해친다. 예를 들어, 어떤 문화는 여성에게 최소한의 동등권을 부여하는 것도 거부하며, 더 나아가 여자들에게 극도로 해로운 사회 관습을 장려하기도 한다. 과연 이런 문화가 보호받을 자격이 있을까? 그러나 다문화주의의 원칙에 의하면 그 대답은 "그렇다."이다. 아동 노동이나 어린이의 성적 보호, 강제 결혼 등에 대해서도 그들은 같은 이야기를 한다. 만약 그런 것들이 어떤 문화에서 받아들여지고 있다면 그것을 문화의 한 측면으로 존중해야 한다는 것이다.

물론, 식민주의와 인종 차별의 역사를 올바르게 인식하고, 현존하는 인종적, 성적 차별에 대해 솔직하게 논의하는 것은 중요하다. 또, 사회를 통합하고 사회 전체의 유대를 강화한다는 점에서 다양성은 존중되어야 한다. 하지만 극단적인 다문화주의는 분열을 조장하고 죄의식을 불러일으키며 새로운 형태의 스테레오 타입을 형성한다. 권리의 보편성을 획득하기 위한 투쟁은 아직 갈 길이 먼데, 안타깝게도 다문화주의는 그 길에 걸림돌 역할을 한다.

099

전문 대학원의 확산

---------- 미국의 대학들이 세계 최고라는 것은 의심할 여지가 없다. 하지만 최근에는 심지어 엘리트 대학들조차 사업을 확장하려는 기색이 역력하다. 전문 대학원들의 성장이 그 결과인데, 특히 눈에 띄는 것이 경영 대학원과 언론 대학원이다. 오래전부터 있었던 로스쿨의 경우도 결코 문제가 덜하지는 않다.

물론 기업 경영이나 뉴스 미디어, 법률 시스템에 전문성이 보태지는 것은 환영할 만한 일이지만, 과연 전문 대학원 사업의 폭발적인 성장

이 필요하고 바람직한 것인지는 의문이다. 미국의 모든 것이 그러하 듯, 전문 대학원도 외국인들을 끌어들여 전 세계에 그 모델을 전파하고 있으며, 미국의 행동 방식과 세상을 보는 관점에도 영향을 미치고 있다.

사람들이 흔히 지적하듯이 미국에는 법률가들이 너무 많으며, 그들은 자신들이 훈련받은 것―오직 그들만이 해석할 수 있는 법률과 규칙을 만드는 일―에 열중한다. 조만간 10개의 로스쿨이 새로 문을 열 예정이라고 한다. 주지하다시피, 미국에는 이미 2백 개의 국가 인증 로스쿨과 다수의 주 정부 인가 로스쿨이 있고, 활동 중인 법률가는 73만 5천 명에 이른다. 다수의 보고서가 법률가 양성 기관의 수준에 대해 문제점을 제기했고, 법률 전문가들의 직업윤리―특히 공공 서비스에 대한 책임 의식―는 끊임없이 불만의 대상이 되어 왔다.

MBA 사업 또한 번성하고 있다. 1956년에 MBA 학위를 받은 사람은 3천 명에 불과했다. 최근에는 매년 10만 명 이상의 MBA가 배출된다. 이 사업은 해외로도 급속히 뻗어 나가고 있다. 경영 대학원들은 기업체 임원 대상 교육으로 한 해 40억 달러 이상을 벌어들인다. 하지만 이런 전문 대학원에 쏟아지는 비난은 엄청나다. 현실과 동떨어진 낙후된 교육 내용도 비난의 대상 중 하나이다. 이에 대한 비판의 목소리를 들어 보자.

"우리는 MBA라는 기이하고도 상상조차 할 수 없는 교육 시스템을 구축했다. 이 교육은 학생들을 균형 잃은 사고와 비인간적인 감정, 일그러진 영혼을 가진 존재로 왜곡하고 있다."

그렇다면 언론 대학원은 과연 무엇을 가르치는 곳일까? 다른 학과들이 가르치지 못한 취재와 글쓰기 기술을 그들이 가르칠 수 있다는 것인가? 언론 대학원은 사회 과학이나 인문 과학, 자연 과학과 마찬가

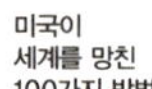

지로 문제 해결력이나 비판적 사고 능력을 가르치지 않으며, 가르칠 수도 없다. 오랜 세월 동안 신문 편집자로 일해 온 어떤 사람은 이렇게 말했다.

"컴퓨터 기사 작성 기술에 숙달된 언론 대학원 졸업생보다는 초서(『캔터베리 이야기』로 유명한 영국의 시인·옮긴이)에 관한 훌륭한 졸업 논문을 쓴 학부 졸업생을 기자로 채용하겠다."

언론사에 근무하는 기자들의 절반 이상이 학부 졸업자들이다. 기자들 중에는 보도의 아마추어 정신을 중요한 직업윤리로 여기는 사람도 많다. 몇 가지의 기초적인 방식을 사용하면 그 무엇에 관해서나 보도할 수 있으며, 취재하려는 주제에 관한 전문적인 지식은 전혀 필요 없다는 것이다. 주제에 관해 많이 알게 되면, 어떠한 사실을 의도적으로 알리고자 하는 사람들, 즉 돈으로 PR를 살 수 있는 부유한 사람들에게 좌우되기 쉽다는 것이 그들의 생각이다.

각 분야의 핵심 인물들은 전문 대학원의 문제점을 알고 있다. 그럼에도 전문 대학원들은 법률가, MBA, 저널리스트 등 소위 '전문직'이라는 딱지가 붙은 인력을 마구 쏟아내고 있다. 이들은 어떤 문제에 대하여 창의적이고도 윤리적으로 사고하는 법을 알지 못한다. 그런 것들은 학교에서 가르칠 수 없기 때문이다. 그리고 전문 대학원 확산 현상이 전 세계로 퍼져 나가면서 이러한 문제들은 더욱 심화되고 있다.

100

'미니트맨(The Minutemen)'

---------- 리오그란데 강을 따라 멕시코 불법 이민자들을 추적하는 사람들만큼 우스꽝스럽고 당혹스러운 것이 또 있을까? 자칭 '미니트맨 민방위대'는 불법 입국자와 테러리스트들을 미국 땅에서 몰아내자는 목표 아래 결성된 국경 순찰 조직으로, 8천여 명의 민간인들로 구성되어 있다.

쉽게 말해 그들은 '세상을 바로잡겠다!'는 사람들이다. 제아무리 부시라도 이들 무리와는 거리를 두어야 했다. 그들은 대통령에게 이렇게 호소했다.

"우리는 같은 편에 서서 싸우는 두 명의 지휘관이나 마찬가지입니다. 저 문을 어떻게 닫을 것인가에 대한 의견이 다를 뿐입니다. 적은 이제 문 앞에 다다랐고, 우리는 문을 단단히 걸어 잠가야 합니다!"

그들은 '만약 개입을 하지 않는다면 멕시코 불법 이민자들이 미국 내에 작은 국가를 형성할 것'이라고 말한다. 출입국 관리소와 국경 경비를 보조하고 있는 이 민간단체의 지도자는 웹 사이트를 통해 "나는 불법 이민이 이 나라의 안보와 일자리, 주권을 위협하는 것에 대해 걱정하는 민족주의자이자 헌법 옹호론자, 그리고 한 사람의 부모이다. 정부가 이 일에 대해 아무런 조치를 취하지 않는 것은 매우 우려되는 일이다."라고 밝혔다.

최근의 미국 역사에서는 민병대가 다소 미미한 존재였다. 미시간, 아이다호를 비롯해 몇몇 지역의 민병대는 오클라호마 시 청사 폭발 때 반짝 조명을 받았을 뿐 곧바로 사라진 듯했다. 하지만 미니트맨 민방위대는 미국 역사 초창기 자위대의 자랑스러운 전통을 이어 가고 있다. 그들은 K.K.K.나 '낙태 의사 살해 집단', 흑인 교회 폭파 단체 등 미국 특유의 인종들과 어깨를 나란히 한다.

하지만 그들 역시 언젠가는 사라질 것이고, 그 후에는 또 다른 피해 망상적인 우익 음모 조직들이 명멸할 것이다. 총과 카메라, 외국인이 존재하는 한 그들의 존재는 영원할 것이다.

미국이라는 나라를 어떻게 생각할 것인가.

　이런 화두를 던지면 참으로 많은 생각이 몰려오는 것을 느낀다. 내가 대학에 다닐 때에는 '미국으로 이민 가서 아메리칸 드림을 이루어 보고 싶다'고 얘기하는 학생이 많았다. 당시는 유신 시절이었으므로, 이런 나라에 무슨 비전이 있느냐는 한탄과 자조가 함께 섞여들기도 했다. 그 후 회사에 취직하여 알게 된 옆 자리 동료는 미국에서 박사 학위를 받아 와 대학에 자리를 얻기까지 잠시 백과사전 편집 업무를 맡아보게 되었는데 입만 열면 미국에 다시 돌아가고 싶다는 얘기를 했다. 왜 그렇게 미국에 다시 가고 싶으냐고 물어보니, 그 나라는 너무나 자유롭다는 것이었다. 나 또한 미국에 대하여 아주 잊어버릴 수 없는 추억을 하나 가지고 있다. 1950년대 후반, 강원도 산골 초등학교의 저학년이었던 나는 학교에서 밀가루나 우유 가루를 배급받아 오는 일이 종종 있었다. 그 밀가루 포대나 우유 포대에는 성조기를 악수하는 손 모양으로 변형시킨 마크가 붙어 있었다. 그때 책보자기에 우유 가루를 싸 가지고 집에 와 어머니와 함께 먹으면서 미국은 참 좋은 나라라고 생각했던 기억이 있다.

　이렇게 미국이라고 하면 마음씨 좋은 나라, 자유를 숭상하는 나라, 우리를 도와준 나라라고 알면서 성장했으나, 최근에 와서는 미국에 대

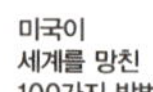

한 생각이 여러 가지로 복잡해지는 것을 느낀다. 가령 두 명의 여중생 피살 사건, 환경오염 된 미군 기지 반환 등을 위시하여 FTA, 햇볕 정책에 대한 제동, 더 나아가 북핵 문제를 둘러싼 한미 동맹의 균열, 9·11 사태 이후 복잡해진 미국 입국 절차, 미국의 이라크 전쟁 등, 과연 미국을 일방적으로 좋은 나라라고만 볼 수 있겠느냐는 의문이 드는 것이다.

이런 생각을 하고 있는 차에, 최근에 미국의 힐튼 호텔 가문 상속녀인 패리스 힐튼의 음주 운전 사건이 매스컴에 널리 보도되었다. 뒤이어 힐튼 기사를 다루지 않겠다며 그것을 찢어 버린 MSNBC의 앵커 미카 브레진스키 사건도 발생했다. 미카는 텔레비전에서 "전 패리스 힐튼 얘기가 톱뉴스가 되어야 한다고 생각하지 않아요. 특히 오늘 같은 날에는요." 하고 말했다. 그날은 공화당 원로 격인 리처드 루가 상원 의원이 부시 대통령의 이라크전을 비판한 이례적인 날이었다. 그런데 이 뉴스가 패리스 힐튼의 출옥 기사 뒤로 밀려나 있었던 것이다.

패리스 힐튼 사건은 오늘날 미국의 현실을 잘 보여 주고 있다. 이 책의 저자 존 터먼도 미국이 세계를 망친 100가지 사항 중 30번, '선정주의 뉴스 매체', 35번, '패리스 힐튼과 유명 인사 문화' 등의 기사에서 이것을 다루고 있다. 노자의 『도덕경』에 중위경근(重爲輕根. 무거움은 가벼움의 뿌리가 된다)이라는 말이 나오는데, 터먼은 마치 이 잠언을 잘 알고 있기라도 하듯, 미국의 언론이 이처럼 경박하게 된 것은 실은 미국이 안고 있는 많은 무거운 문제 때문이라고 논평한다. 이라크 전쟁, 대 테러 전쟁, FTA, 무슬림의 반미 감정, 남미 국가들의 저항 등 무거운 문제들이 너무 많다 보니 일부러 그것을 회피하기 위하여 사람들의 말초적인 호기심을 충족시키는 뉴스, 가령 '어떤 신부가 결혼식 직전에 실종되었다더라', '패리스 힐튼이 술 먹고 운전하다가 감방에 갔다더라' 등에 더욱 몰두하게 된다는 것이다. 저자 터먼은 국민을 이처럼 우민화하는 언론과 그것을 방치하는 정부가 과연 제대로 된 언론이며 정부냐며 예리하게 비판하고 있다.

사실 무뇌적(無腦的)으로 편안하게만 살고자 한다면, 패리스 힐튼의 예쁜 얼굴을 쳐다보면서 저렇게 돈 많은 처녀가 무슨 까닭으로 포르노 비디오를 찍고 술을 마시고 음주 운전을 할까, 그 포르노는 얼마나 화끈할까, 그 나라에는 대리 운전도 없나, 예쁘게 생겼는데 한번 봐줄 수도 있잖아, 하면서 넘어갈 수도 있다. 하지만 이것은 패리스 힐튼의 예쁜 얼굴에 가려진 추악한 현실을 외면해 버리는 것이다. 다시 말해 미국의 좋은 점만 보고 그 뒤의 추악한 점은 애써 무시하는 자기기만을 저지르게 되는 것이다. 이것은 개인을 위해서나 공동체를 위해서나 별로 좋은 일이 아니다. 여기서 논의를 조금만 더 확대해 보면, 미국이라는 나라를 정말 제대로 이해하려면 좋은 점만 달달 외우기보다는 나쁜 점도 함께 알아야 한다는 판단이 나온다. 그래야 상대방이 어떤 식으로 나와도 놀라지 않고 대응할 수 있다.

이 책은 오늘날 미국이 잘못하고 있는 일, 과거 냉전 기간에 잘못한 일, 예전 개척 시대에 잘못한 일 등 미국의 대표적 잘못 100가지를 지적하고 있다. 미국의 잘못을 지적하는 이 책의 어조는 어쩌면 중립적 의도를 가진 독자들에게는 너무 냉소적이고 풍자적으로 들릴지도 모르겠다. 하지만 우리는 어릴 때부터 일제의 압박에서 우리를 해방시킨 나라, 6·25 때 공산화의 위기에서 우리를 지켜 준 나라, 대학교수의 절반 이상이 박사 학위를 따 오는 나라, 일단 유사시에 즉각 한반도에 달려와 대한민국을 지켜 줄 나라라며 미국을 칭송하는 말만 많이 듣고 자라 왔다. 그런 만큼 이제 이런 색다른 목소리에도 귀를 기울여 볼 때가 되었다.

로마의 시인 카툴루스는 "나는 미워하면서 사랑한다(odi et amo)"고 말했다. 옆에 있던 사람이 "어떻게 그게 가능한가."라고 묻자 그는 "그 질문에 대하여 조리 있게 설명할 수는 없지만, 고문대 위에서 고통을 당하면서 비로소 사랑을 느끼게 되었으니 한 점 틀림 없는 진실한 감정이다."라고 대답했다. 그러니까 카툴루스는 진짜 사랑은 미움과 사랑이 하나로 합쳐진 것이라고 말한 것이다. 미국의 나쁜 점을 다 알고 그것을 이겨 낼 방법을 궁리하고 그러고서도 상대를 사랑할 수 있다면 그것은 아주 강력한 사랑이 되리라. 이것은 한국어를 모국어로 사용하는 사람이 영어를 아주 잘하게 되면 오히려 그의 한국어가 더 깊어지는 것과 같은 이치이다. 이 책을 읽고 미국이라는 우방에 대한 이해와 애정이 더욱 깊어지는 계기가 되었으면 한다.

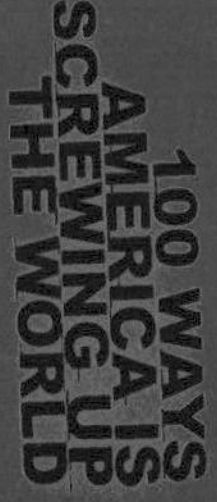
100 WAYS
AMERICA IS
SCREWING UP
THE WORLD